JPC
HK

U0938493

中國古代服飾文化

孫機 著

責任編輯　　龍　田

書籍設計　　吳冠曼

書籍排版　　楊　錄

書　　名　　**中國古代服飾文化**

著　　者　　孫　機

出　　版　　三聯書店（香港）有限公司

香港北角英皇道 499 號北角工業大廈 20 樓

Joint Publishing (H.K.) Co., Ltd.

20/F., North Point Industrial Building,

499 King's Road, North Point, Hong Kong

香港發行　　香港聯合書刊物流有限公司

香港新界荃灣德士古道 220-248 號 16 樓

印　　刷　　美雅印刷製本有限公司

香港九龍觀塘榮業街 6 號 4 樓 A 室

版　　次　　2025 年 7 月香港第 1 版第 1 次印刷

規　　格　　16 開（170 mm × 240 mm）336 面

國際書號　　ISBN 978-962-04-5715-9

目錄

壹・周代的組玉佩......001

貳・深衣與楚服......025

叄・進賢冠與武弁大冠......045

肆・南北朝時期我國服制的變化......079

伍・從幞頭到頭巾......097

陸・唐代婦女的服裝與化妝......127

柒・中國古代的帶具......173

捌・霞帔墜子......239

玖・明代的束髮冠、䯼髻與頭面......255

拾・中國古代服飾文化考釋三則......299

洛陽金村出土銀著衣人像族屬考辨......300

漢代軍服上的徽識......314

說"金紫"......320

壹・周代的組玉佩

在大量使用磨製石器的新石器時代中，質地最精的"美石"—— 玉的被利用，既合乎情理又異乎尋常。說它異乎尋常是因為這種瑩潤堅致的礦物不僅產量稀少，而且其高硬度和由於結晶狀態不同而表現出的各種特性，如頂性、臥性、韌性、擰性、斜性以及脆性、燥性、凍性等，使許多玉料無法通過鑿擊取形，碾琢工藝則極為繁難。只是在先民以驚人的熱忱投入巨大的創造性努力的情況下，玉器才在古代中國嶄露頭角，放射出奪目的光彩。它所包含的勞動量極大，從而其價值也被推上極峰，成語所稱"價值連城"即源於對玉器的估價[1]。因此到了歷史時期，玉器 —— 特別是琢製精美的玉器，一般很少有人拿它當工具來使用。就勞作的實際需要而言，更廉價，更易製作，且便於修理加工和回爐重鑄的金屬製品比玉器更佔優勢。所以玉器基本上可以歸入禮器和禮器以外的工藝品等兩大類。夏鼐先生曾把商代玉器分作禮玉、武器和工具、裝飾品三類。但夏先生的論文中又指出：這些"武器有許多只是作儀仗之用，不是實用物"。[2] 其實幾乎所有的玉製刃器均不耐衝擊，不適宜在戰場上用於格鬥。它們既被視為儀仗，則仍然屬禮器。所以像《越絕書 · 外傳 · 記寶劍》所稱"至黃帝之時，以玉為兵，以伐樹木為宮室，鑿地"的說法，則與實際情況不符，因為不可能普遍用玉器作為伐木和挖土的工具，更難以據此推導出一個"玉兵時代"或"玉器時代"來。由於質脆價昂等特點，玉器的使用範圍受到限制，使它成為在精神領域中影響大，在生產實踐中作用小的一個特殊器類。所以像 C.J. 湯姆森提出的以生產工具之材質為依據，將史前時期分成石器、青銅器、鐵器等時代的體系裏，也安排不上玉器的位置。

玉禮器中最被古人看重的是瑞玉，但這裏面有些器物的含義既神秘，造型又比較奇特，如琮、璋之類，性質不容易一下子說清楚。可是瑞玉中的璜和璧，特別是與璧形相近的瑗和環，早在原始社會中就同玉管、玉珠等玉件組合在一起，形成了組玉佩的雛形。組玉佩既有禮玉的性質，又有引人注目的裝飾功能，隨著其結構的複雜化和制度化，乃逐漸成為權貴之身份的象徵或標誌。它的起源悠古，歷代傳承，其胤裔一直綿延到明代尚未絕跡。尤其是兩周時期，組玉佩在服制和禮制中都有舉足輕重的地位，然而其演變過程卻長期未曾得到較明晰的解釋。清・俞樾《玉佩考》說："夫古人佩玉，詠於《詩》，載於《禮》；而其制則經無明文，雖大儒如鄭康成，然其言佩玉之制略矣。"[3] 所幸近年新資料的不斷發現，始為此問題的解決提供了一條約略可辨的綫索。

璜和璧類均出現於新石器時代，從北方的紅山文化、山東的大汶口文化、中原的河南龍山文化到江南的良渚文化中都有它的蹤跡，並發展出多種式樣。"弧形璜較常見（仰韶、馬家窰、大溪、馬家浜、崧澤、寧鎮地區等），折角璜應屬弧形璜的變例（馬家浜、良渚、大溪），半璧璜常見於長江流域（崧澤、良渚、薛家崗、大溪等），扇形璜則多在黃河流域（仰韶、中原龍山、馬家窰等）。其他的特例有薛家崗文化的花式璜、良渚文化的龍首紋璜、紅山文化的雙龍首璜等"[4]。在這時的遺物中已經發現用璜充當一串佩飾之主體的作法，它被串連在玉佩中部的顯著位置上。如江蘇南京北陰陽營出土的玉佩飾，由二十四件玉管和三件玉璜組成[5]（圖 1-1）。當時的人們將它套在頸部，垂於胸前，所以考古學文獻中或稱之為項鏈；周代的組玉佩很可能正是在這類項鏈的基礎上發展出來的。不過周代的和原始時代的玉佩之間的承襲關係目前還說不清楚，因為在商代尚未發現可以作為其中間環節的標本。如安陽婦好墓出土各種玉飾達二百六十六件，卻看不出有哪些是串連成上述組玉佩形的。所以本文僅以周代的組玉佩作為主要的考察對象。

在西周，以璜為主體的組玉佩很早就出現了。山西曲沃曲村 6214 號西周早期墓中出土的兩套組玉佩，下部正中皆懸垂二璜，上部有玉或石質的蟬、鳥、魚形，並以瑪瑙、綠松石、滑石製作的小管串連起來。這兩套組玉佩各有二璜，可稱為二璜佩[6]（圖 1-2：1）。陝西長安張家坡 58 號西周中期墓出土的組玉佩，以三璜四管和瑪瑙珠串成，可稱為三璜佩[7]（圖 1-2：2）。也屬西周中期的陝西寶雞茹家莊 2 號墓棺內出的則是一串五璜佩，不過這串玉佩

◎圖 1-1　新石器時代的玉佩飾（南京北陰陽營出土）

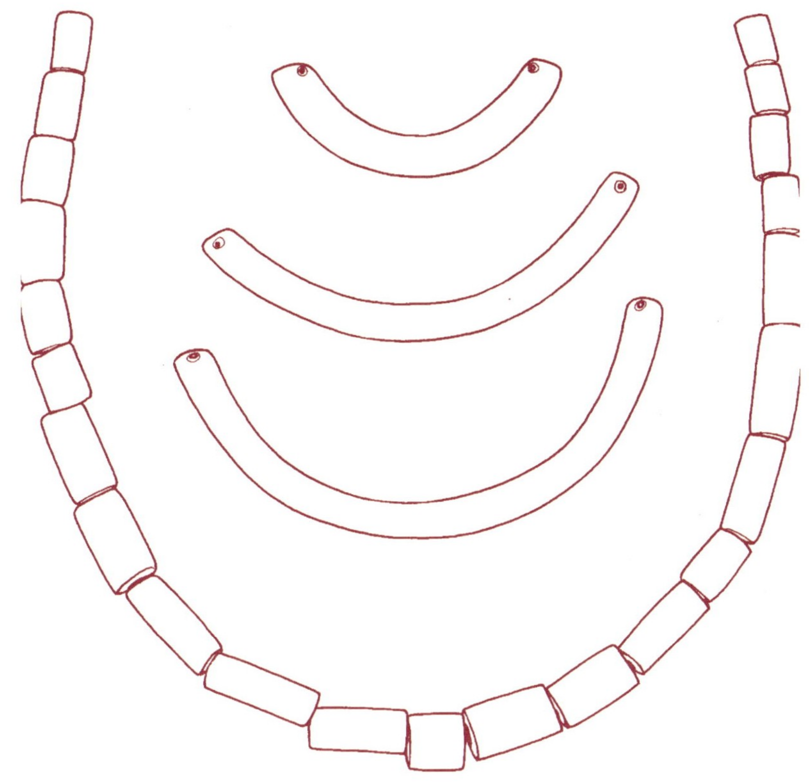

和其他各種玉飾件混雜在一起，發掘報告中沒有把它明確地單獨列出來[8]。同類五璜佩在山西曲沃北趙村 91 號西周晚期墓中出過一串，五件璜自上而下弧度遞增，安排得很有規律[9]（圖 1-2：3）。在西周晚期的大墓中，以多件玉璜和瑪瑙珠、綠松石珠、料珠等串連成的組玉佩已發現不少例。北趙村 31 號墓出土的六璜佩，上端套在墓主頸部，下端垂到腹部以下[10]（圖 1-2：4）。河南三門峽市上村嶺 2001 號墓出土七璜佩，七件璜自上而下，從小到大依次排列，其下端亦垂於腹下（圖 1-2：5）。此墓墓主虢季是虢國的國君。同一墓地之 2012 號墓墓主為虢季的夫人梁姬，則以五璜佩隨葬[11]。多璜組玉佩中已知之璜數最多的一例見於北趙村 92 號墓，為八璜佩，這串玉佩中還繫有四件玉圭，恰與金文的記述相符[12]（圖 1-2：6）。由於它們皆以多件玉璜與玉管、玉珠等組合而成，故可名為“多璜組玉佩”。

上述組玉佩雖均出自墓葬，但它和覆面上的那些玉飾件的性質完全不同，大多數應是墓主人生前佩帶之物，即《禮記・玉藻》所說，“古之君子必佩玉”，“君子無故玉不去身”。有人把它們籠統地歸入葬玉的範疇，不確。雖然，本文上面的敘述給人以西周晚期組玉佩用璜較多的印象，但璜數的變化並不是按照時代先後直綫增加的。因為除了時代的因素外，它還受到地區差別的影響和墓主社會地位的制約。在當時的社會生活中，組玉佩是貴族身份在服飾上的體現之一，身份愈高，組玉佩愈複雜愈長；身份較低者，佩飾就變得簡單而短小了。這種現象的背後則與當時貴族間所標榜的步態有關，身份愈高，步子愈小，走得愈慢，愈顯得氣派出眾，風度儼然。《禮記・玉藻》:“君與尸行接武，大夫繼武，士中武。”孔穎達疏:“武，跡也。接武者，二足相躡，每蹈於半，半得各自成跡。繼武者，謂兩足跡相接繼也。中，猶間也。每徙，足間容一足之地，乃躡之也。”也就是說，天子、諸侯和代祖先受祭的尸行走時，邁出的腳應踏在另一隻腳所留足印的一半之處，可見行動得很慢。大夫的足印則一個挨著前一個，士行走時步子間就可以留下一個足印的距離了。不過這是指“廟中齊齊”的祭祀場合，平時走得要快些，特別當見到長者或尊者時，還要趨。《釋名・釋姿容》:“疾行曰趨。”這種步態有時是致敬的表示。《禮記・曲禮》:“遭先生於道，趨而進。”《論語・子罕》:“子見齊衰者、冕衣裳者與瞽者，見之雖少必作，過之必趨。”從而可知步履之徐緩正可表現出身份之矜莊，而帶上長長的組玉佩則不便疾行，又正和這一要求相適應。故當時有“改步改玉”或“改玉改行”的說法。《左傳・定公五年》說季平子死後“陽虎將以璵璠斂。仲梁懷弗與，曰‘改步改玉’”。楊伯峻注:“據《玉藻》鄭注及孔疏，越是尊貴之人步行越慢越短。……因其步履不同，故佩玉亦不同；改其步履之疾徐長短，則改其佩玉之貴賤，此改步改玉之義。”又《國語・周語中》:“晉文公既定襄王於郟，王勞之以地。辭，請隧焉。王不許，曰:‘……先民有言曰:改玉改行。’”韋昭注:“玉，佩

◎圖 1-2　西周的多璜組玉佩

① 二璜佩（山西曲沃曲村 6214 號墓出土）

② 三璜佩（陝西長安張家坡 58 號墓出土）

③ 五璜佩（山西曲沃北趙村 91 號墓出土）

④ 六璜佩（山西曲沃北趙村 31 號墓出土）

⑤ 七璜佩（河南三門峽市上村嶺 2001 號墓出土）

⑥ 八璜佩（山西曲沃北趙村 92 號墓出土）

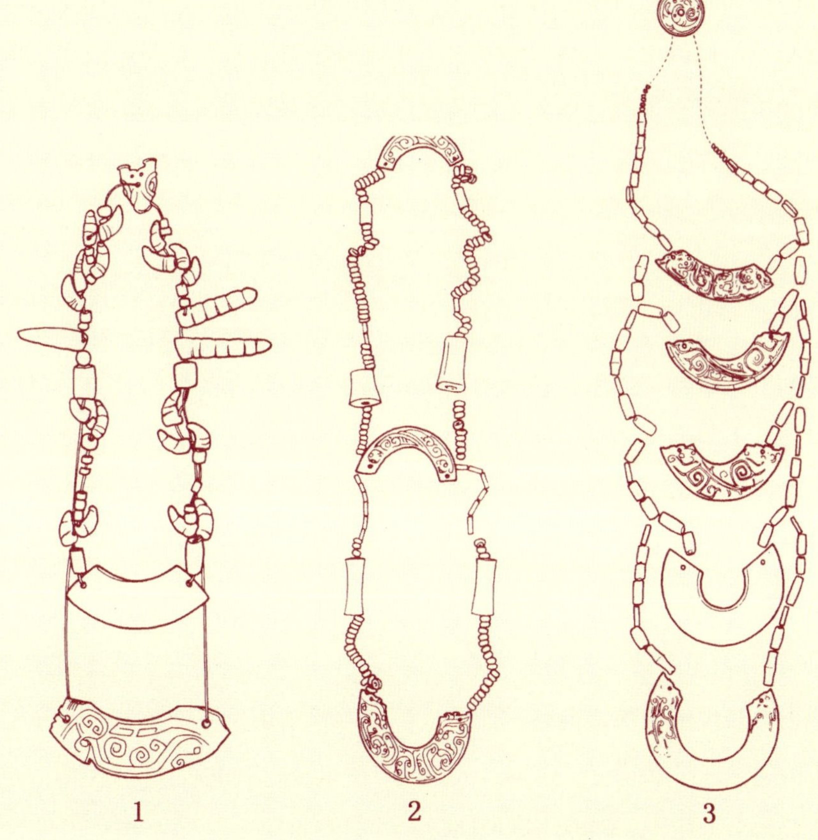

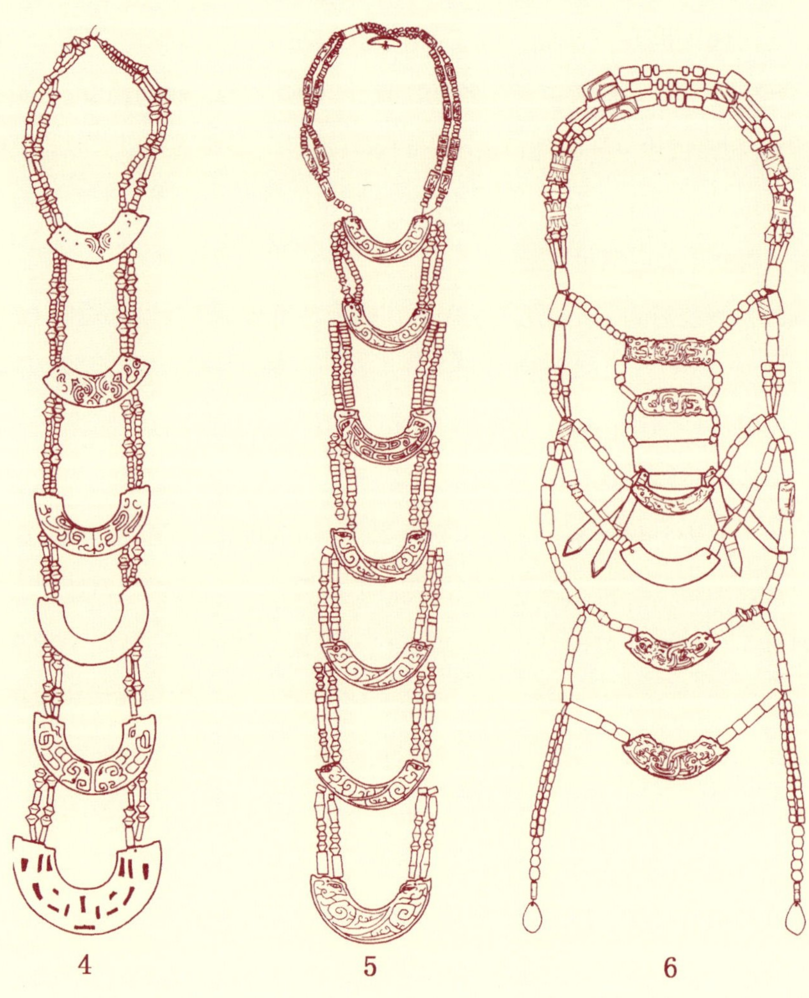

4　　　　　5　　　　　6

玉，所以節行步也。君臣尊卑，遲速有節，言服其服則行其禮。以言晉侯尚在臣位，不宜有隧也。”此制不僅適用於王侯，大夫等人著朝服時亦須遵循。《禮記・玉藻》:“將適公所，……既服，習容，觀玉聲，乃出。”正義:“既服，著朝服已竟也。服竟而私習儀容，又觀容，聽己佩鳴，使玉聲與行步相中適。玉，佩玉也。”等而下之，一般貴族也視以佩玉節步為禮儀之所需。《詩・衛風・竹竿》:“巧笑之瑳，佩玉之儺。”毛傳:“儺，行有節度。”鄭箋:“美其容貌與禮儀也。”雖然目前出土的資料不足，還無法將組玉佩的規格和貴族的等級準確對應起來，但它的功能性的作用是節步，禮儀性的意義是表示身份。對此，似已無可置疑。

同時也應注意到，《禮記・玉藻》在提到君子玉不去身時，還說:“君子於玉比德焉。”《禮記・聘義》中認為玉有“十一德”。《管子・水地》則認為玉有“九德”。《荀子・法行》認為玉有“七德”。到了漢代，許慎在《說文解字》中將玉德歸納為五項:“潤澤以溫，仁之方也；䚡理自外，可以知中，義之方也；其聲舒揚，專以遠聞，智之方也；不撓而折，勇之方也；銳廉而不忮，潔之方也。”盧兆蔭先生對這段話的解釋是:“‘五德’概括了玉的質感、質地、透明度、敲擊時發出的聲音以及堅韌不撓的物理性能。五德中最主要的德是‘仁’，是‘潤澤以溫’的玉質感。‘仁’是儒家思想道德的基礎，所以儒家學派用‘仁’來代表玉的質感和本質。”[13]然而並非所有玉器都是玉德之恰當的載體，在一枚玉韘或玉弭上，似乎難以全面地反映出這許多道理來。而代表君子身份的組玉佩，對此卻可以有較完整的體現。本來古人就看重佩飾的象徵意義，如佩弦、佩韋之類。而帶上組玉佩，“進則揖之，退則揚之，然後玉鏘鳴也”。經常聽到佩玉之聲，則“非闢之心無自入也”，豈不正顯示出玉德的教化作用嗎？鄭玄在《玉藻》的注中又說，當國君在場時，世子則“去德佩而設事佩，闢德而示即事也”。這裏出現了兩個名稱：德佩、事佩。據孔穎達疏:“事佩：木燧、大觿之屬。”則事佩乃如《內則》中所記“子事父母”時所佩戴的那些小用具。而德佩顯然指的就是組玉佩了。

◎圖 1-3　玉牌聯珠串飾（均為山西曲沃北趙村 92 號墓出土）

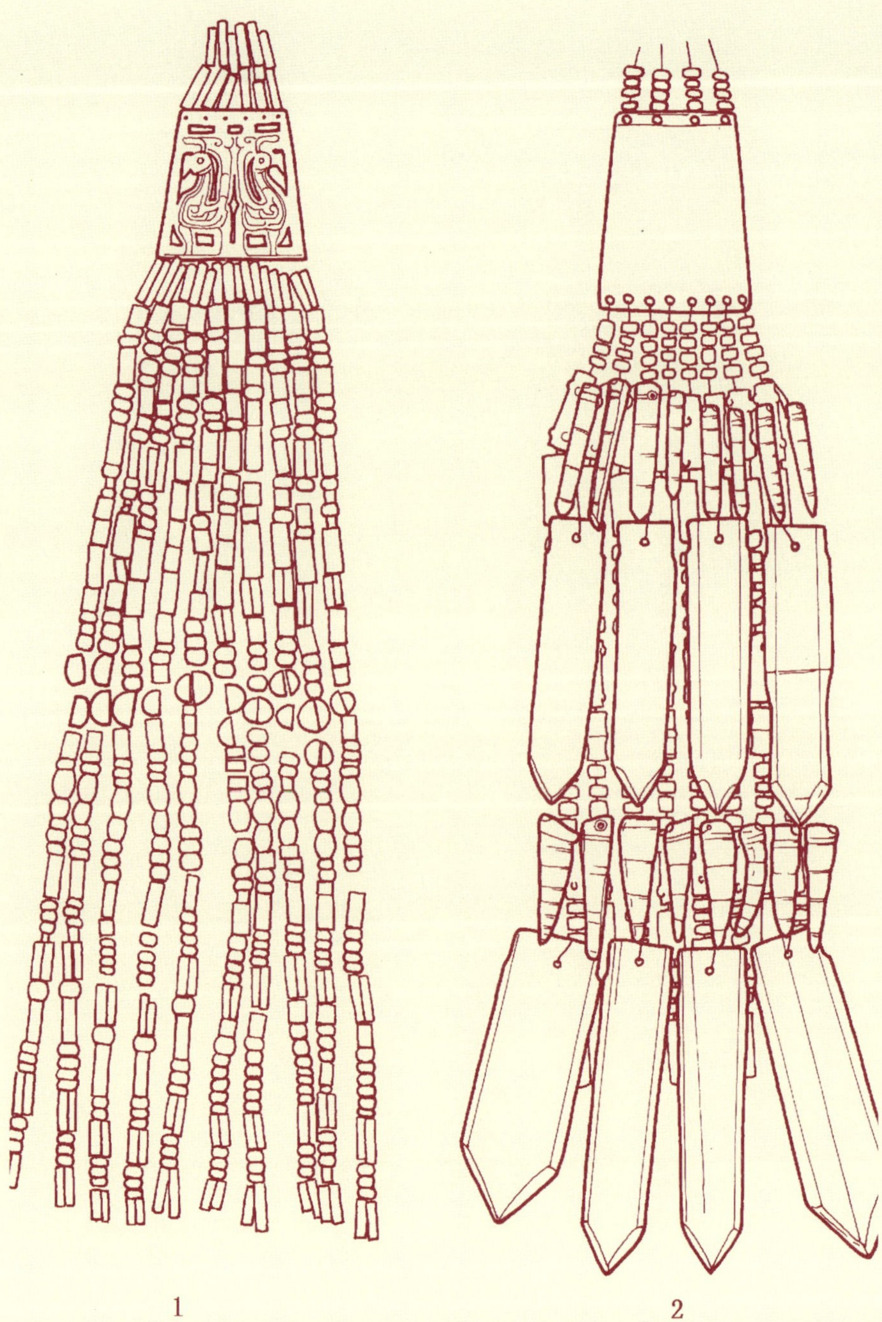

1　　2

◎圖 1-4　單璜佩

① 洛陽中州路西工區東周墓出土

② 信陽 2 號楚墓出土

③ 廣州象崗西漢南越王墓出土

不過周代的玉佩也不能都包括在德佩和事佩兩類中，有些佩飾雖不知其當時的名稱，卻似乎應劃在這兩類之外，它們在出土物中也一再見到。比如一種玉牌聯珠串飾，早在陝西岐山鳳雛村西周早期的甲組建築遺址內已出土，玉牌呈梯形，雕雙鳳紋，其所繫之珠串雖不存，但在玉牌底邊上有繫珠串用的十個穿孔[14]。曲沃曲村 6214 號西周墓早期出土的這種佩飾比較完整，其梯形牌為石質，雕對鳥紋，牌下端繫有十串以瑪瑙、綠松石管和滑石貝、珠等組成的串飾[15]。至西周晚期，實例增多，河南平頂山應國墓地及山西曲沃北趙村 31、92 號墓均出[16]。其中北趙村 31 號墓的玉牌聯珠串飾與六璜佩伴出，一同掛在墓主胸前。玉牌亦呈梯形，雕龍紋，其上端有六個穿孔，繫六串瑪瑙珠，下端有九個穿孔，繫九串珠飾，整套佩飾長 67 厘米，亦可垂至腹間。而 92 號墓出土的兩組玉牌聯珠串飾，一組出在墓主右股骨右側；另一組中雜綴玉蠶、玉戈、玉圭等飾件，出於墓主左肩胛骨下，原應佩於肩後（圖 1-3）。其佩戴方式互不一致，顯得頗不規範，它們的地位應比多璜組玉佩為低。另外還有各種小型玉佩，有的只以幾件玉管、玉珠或玉環、玉蠶等物組成，結構不固定。還有一種以一環一璜組成，在洛陽中州路西工區、信陽 2 號楚墓和廣州南越王墓出土的人像身上，都刻劃出這種佩飾[17]（圖 1-4）。這些人物為小臣、舞姬之流，身份不高，他們的玉佩中只有一璜，可名“單璜佩”。《韓詩外傳》卷一稱“孔子南遊適楚，至於阿谷之隧，有處子佩璜而浣者”；她佩戴的大約也是單璜佩。此類佩飾的地位是不能和多璜組玉佩相提並論的。

多璜組玉佩既然是代表大貴族身份的儀飾，那麼如此重要的玉器在周代青銅器銘文之冊命辭所記錫物的名目中應有所反映。陝西扶風白家莊 1 號窖藏所出的西周懿孝時的八件“㾓簋”和四件“㾓鐘”，銘文中都說是因王“錫佩”而作器[18]。錫佩作器之記事他處雖罕見，可是命服中的“赤市幽黃”、“赤市匇黃”、“赤市冋黃”、“朱市五黃”[19]等，其所謂“黃”就是佩飾中的璜；《五年雕生簋》中正作“璜”，《縣妃簋》中還提到“玉璜”，更足以為證。“赤市幽黃”、“赤市勿黃”無疑就是《玉藻》中的“再命赤韍幽衡，三命赤韍葱衡”。而《詩·曹風·候人》毛傳作“再命赤芾黝珩，三命赤芾葱珩”。則黃即璜，即衡，即珩。《小雅·采芑》說：“服其命服，朱芾斯皇，有瑲葱珩。”還為葱珩加上反映其質地的形容詞。毛傳：“瑲，珩聲也。”充分說明珩是玉製品。以上各點本來極清楚，但唐蘭先生於 1961 年發表的《毛公鼎“朱韍、葱衡、玉環、玉瑹”新解》一文中卻提出了不同的看法，他認為黃、衡不是珩，而是繫市的帶子。他說：“兩千多年來，‘韍’與‘衡’的制度久已失傳，今天，如非掌握大量兩周金文資料，對漢代學者所造成的錯誤是很難糾正的。至於玉佩的制度，由於‘葱衡’不是佩玉，過去學者的許多說法，都已失去根據。”[20] 唐說得到了陳夢家先生和林巳奈夫先生的支持。陳先生說：“金文名物之‘黃’不是玉器而是衣服的一種。”“金文的朱黃、素黃、金黃、幽黃、葱黃即《玉藻》的朱帶、素帶、錦帶、幽衡、葱衡；而幽衡和緇帶可能是同類的。”[21] 林先生說：“秦以後有表明身份差別的垂帶‘綬’”以黃赤、赤、綠、紫、青、黑、黃等色的絹絲組織成帶。關於綬的起源，據傳是在韍、佩廢止後，由其紐一部分殘存而成的。另方面《禮記·玉藻》也有關於‘衡’因身份高下而顏色不同的記載，西周金文上連著市的各種顏色的黃（衡），當然應該是與身份的高下區別有關了。黃相當於衡，也有橫的意思，是在市上面與市本身成直角的帶子，……這條帶子被稱為衡即黃是很有可能的。”[22]

以下試對三位先生的說法略事分析；匪敢逞其私臆，唐突鴻彥，只是因為受到近年之出土文物的啟發，感到已有條件對這個問題重新加以考慮。首先，唐先生認為金文中“葱黃”、“幽黃”、“朱黃”、“金黃”之葱、幽、朱、金“是顏色，但決非玉色”[23]。林先生補充說：“金文中‘朱黃’之例數見，朱色的‘黃’被當作佩玉是不合理的，因為在殷及西周時代，不僅佩玉，一切工藝品中都沒有使用赤玉的例子，上村嶺虢國墓發現的雞血石之類紅色小玉算是很早的例子，春秋後期有若干紅色瑪瑙環等，《說文》有‘璊，絟色玉也。瑕，玉小赤也’等記載，可見紅色玉的語彙不是沒有，但紅色系統的半寶石類在古代中國向來不為人所尊重。此項事實與唐蘭所謂金文中‘黃’上面的形容詞是有關染色的名稱一並探討，可知‘黃’非佩玉是無庸置疑的。”[24] 但事實上古人很重視玉色，稱之為玉符[25]。漢・玉逸《正部論》說：“或問玉符。曰：赤如雞冠，黃如蒸栗，白如脂肪，黑如淳漆，此玉之符也。”曹丕《與鍾大理書》中也有相同的說法[26]。至於認為中國不用赤色玉，亦不儘然。不少古玉表面塗有一層均勻的朱色，有的較厚，應是當時有意識地塗上去的，稱此類塗朱之玉璜為“朱黃”應是合理的。葱（素）、幽（黝）色的玉更為常見。至於“金黃”，亦不無可能乃指銅珩而言。

再對“五黃”試作探討。《師兌簋》說：“市五黃。”《元年師兌簋》說：“乃且市，五黃。”《師克盨》：“赤市五黃。”將“五黃”釋為五璜佩，本來順理成章。但唐先生和陳先生都沒有見過後者的實例。唐先生認為“五黃”是市上的五條帶子。但市的形狀有如蔽膝，繫市用一條帶子足夠，一件市何以要縫上五條帶子，既無根據也不合理。陳先生說：“五黃猶婕黃，疑指交織之形。”林先生說：“假設古時候‘吾’讀為‘梧’，梧即青桐，‘五黃’就是以這種樹皮的纖維來作‘黃’；可是此纖維相當粗這點又說不過去。”此二說連提出者也缺乏充分的自信。

陳先生又說：“金文賜市多隨以黃，亦有單錫‘黃’者（如《康鼎》），可證帶是獨立的服飾。《玉藻》謂韠的‘肩革帶博二寸’，就是附屬於韠的革帶，和大帶不同。”他認為“黃”是大帶，而不是韠（即市）上的帶子，這一點與唐說略有區別。但他又認為黃不是整條大帶，說：“帶分別為橫束繞腰與下垂於前的兩部分，下垂者為紳，橫束者即金文之‘黃’，《玉藻》之衡，衡、橫古通用而橫從黃。”然而既認為“黃”可以單錫，是“獨立的服飾”，那麼又怎能只賞賜一條大帶上之橫束的部分，而不及其下垂的部分呢？《詩・小雅・都人士》：“彼都人士，垂帶而厲。”毛傳：“厲，大帶之垂者。”則大帶橫向束腰以後，下垂的剩餘部分名“厲”，而不叫“紳”；“紳”是指整條大帶。陳先生之所以斷大帶為兩截以證成其說，或緣牽合衡、橫相通之義而發。

◎圖 1-5　龍形佩

① 河北平山中山王墓出土

② 山西長子 7 號墓出土

③ 湖北隨縣曾侯乙墓出土

④ 山東曲阜魯故城 58 號墓出土

⑤ 安徽長豐楊公 8 號墓出土

再如唐先生所說，金文中“‘黃’次在‘市’與‘舄’之間，可見‘衡’（按指黃）是屬‘韍’的服飾。……決不是佩玉”。又說：“古書中所見的衡（葱衡、幽衡等）也寫作珩，毛萇說是佩玉，金文作黃，或作亢。我曾根據金文中黃的質料和顏色，認為佩玉說是錯的。……現在《師𩛥簋》的‘赤市朱𩍐’，𩍐字正從市旁，證明它從屬市而非佩玉。這雖然是很小的問題但可以說明毛萇儘管是西漢初人，對古代事物已經有很多不了解了。”[27]陳先生也說：“西周金文中的賞賜，命服與玉器是分開敘述的，‘黃’隨於‘市’之後而多與‘玄衣黹屯’、‘玄袞衣’、‘中絅’、‘赤舄’等聯類並舉；尤其是《師酉簋》的‘朱黃’介於‘赤市’與‘中絅’之間，《舀壺》的‘赤市幽黃’介於‘玄袞衣’與‘赤舄’之間，《師嫠簋》的‘金黃’介於‘叔市’與‘赤舄’之間，可證‘黃’是整套命服的一部分。”認為黃屬整套命服的提法並不錯，組玉佩本來就是服飾的組成部分，歷代史書中的《輿服志》講祭服、朝服的構成時，也大都把玉佩包括在內。周代的大型組玉佩拖垂到腰下腹前，這裏正繫著市，從外表看，組玉佩和市是重疊在一起的。何況根據金文的描述，市和黃的顏色須互相配合，更使二者間形成緊密的聯繫，所以說黃從屬市也是合理的。但唐先生卻強調：“如果‘衡’（按：指黃）確是玉佩，就不應該插入‘韍、舄’之間。”實則金文言錫物時，既有種類多少之別，也有敘述詳略之分，比如《毛公鼎》說：“易女……朱市、匆黃、玉環、玉琭。”黃不是正和玉環、玉琭等玉製品相次嗎[28]？環在佩飾中常見，琭則是玉圭之類。《玉藻》說“天子搢珽”，“諸侯荼”。《荀子·大略篇》：“天子御珽，諸侯御荼，大夫服笏。”荼（即琭）雖然下天子之珽一等，式樣亦應有小殊，但無疑仍屬圭類。而北趙村 92 號西周晚期墓出土的八璜佩中正將玉圭組合在內，堪稱確證。黃為命服中的玉佩，至此已無可置疑。唐先生如能親見這些新出的實例，想必也會對其舊說作出修正的。

古書中常以璜代表玉佩，如《山海經·海外西經》說：“夏后啟佩玉璜。”漢·張衡《大司農鮑德誄》說：“命親如公，弁冕鳴璜。”然而析言之，有時

◎圖 1-6 “珩”形佩

① 河北平山中山王墓出土

② 山東曲阜魯故城乙組 52 號墓出土

③ 北京故宮博物院藏

④ 安徽長豐楊公 2 號墓出土

⑤ 美國華盛頓弗利爾美術館藏

1

4

2

5

3

◎圖 1-7　東周至西漢的組玉佩

① 洛陽中州路 1316 號戰國墓出土

② 曲阜魯故城乙組 58 號戰國墓出土

③ 台北故宮博物院藏戰國組玉佩

④、⑤ 廣州象崗西漢南越王墓出土

也只用它指玉佩中的一個部件。《國語・晉語二》韋昭注："珩，佩上飾也，珩形似磬而小。《詩傳》（按：係轉引《周禮・玉府》鄭注所引《韓詩》的傳）曰：'上有葱珩，下有雙璜。'"似乎只有一串玉飾上部的磬形提樑才是珩，璜則是玉佩下部懸掛的弧形垂飾。珩和璜古音皆屬陽部匣母，本可通假。而且先秦時，珩和璜的區別並不嚴格，西周並無磬形之珩，儘管是一組玉佩最頂上那一件，亦作圓弧形。但是為什麼後來會產生珩在上、璜在下的說法呢？其原因應和這類佩飾的形制在東周時的劇烈分化有關。當然並不是說多璜組玉佩至東周已然絕跡，太原春秋晚期晉趙卿墓主棺內出玉璜十八件、龍形佩十件，還有大量水晶珠[29]。雖然由於棺椁坍塌，隨葬器物受震移位，但從出土時的分佈狀況看，其中的若干件可能原本是一副多璜組玉佩。戰國早期的曾侯乙墓，墓主內棺出土玉璜三十六件。放置的情況是："墓主腰部以上有九對和四個單件；腰部以下有四對和六個單件。"[30]其中有的原也可能組成一副多璜組玉佩。可是上述兩例佩飾之部件間的聯繫痕跡不明，已無法復原。值得注意的是，兩座墓中都出土了一類玉"龍形佩"。根據中山王譻墓出土之此類佩上的墨書銘文，它被稱為"玉珩"[31]（圖1-5：1），而與成組的東周玉佩相對照，此物都作為垂飾，是安排在組玉佩最下部的璜。目前雖難以確知西周時是否已有"珩"字[32]，但縱然這時已出現珩、璜二名，它們的界限也必然是模糊的。

東周以降，組玉佩的形制產生了較大的變化。自春秋晚期起，組玉佩不再套於頸部，而是繫在腰間的革帶上。望山 2 號墓 50 號竹簡稱："一革綼（帶），備（佩）。"佩與革帶連言，表明佩玉附於革帶。形象材料也證實了這一點，信陽 2 號墓與江陵武昌義地楚墓出土的彩繪木俑身上所繪玉佩，都從腰帶上垂下來[33]。同時，構成組玉佩的部件也多有創新。以組玉佩下部所垂龍形璜而論，山西長子 7 號春秋晚期墓所出者，龍身較短肥，蜷曲的程度不甚劇烈，代表角、鰭、足、爪等部位的突出物尚未充分發育[34]（圖1-5:2）。同時期的山西太原趙卿墓所出者，尾部雖稍稍加強，但整體變化不大[35]。

◎圖 1-8　郭寶鈞所擬“戰國組玉佩模式圖”

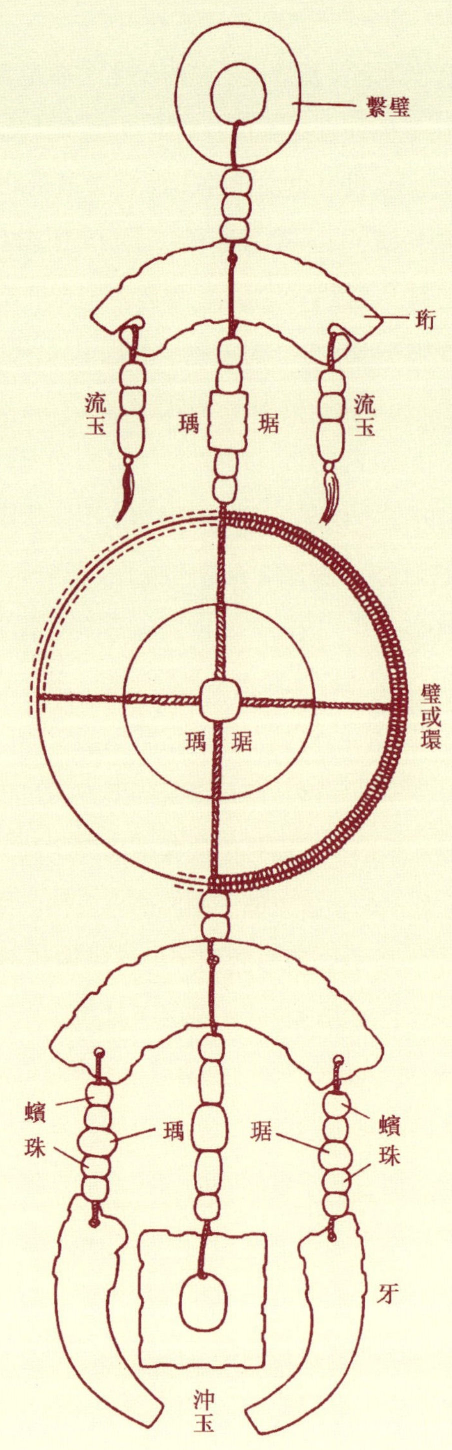

戰國早期的龍形佩，如湖北隨縣曾侯乙墓所出者，體型變瘦，蜷曲度增大[36]（圖 1-5：3）。戰國中期的河南信陽長台關 1 號墓、山東曲阜魯故城 58 號墓等地所出者，龍身更加瘦長，更加蜷曲，而且頭尾兩端的曲綫趨於對稱[37]（圖 1-5：4）。至戰國晚期，如安徽長豐楊公 8 號墓所出者，身姿蜿蜒，鰭爪紛拿，有飛舞騰踔之勢[38]（圖 1-5：5）。雖然中山王嚳墓出土的此類玉件名"珩"[39]，但它們卻從來不出現在一組玉佩頂端起提樑作用的位置上。相反，嚳墓所出另一種亦自名為"珩"的部件[40]（圖 1-6：1），與出土實例相對照，卻常被安排在組玉佩頂端或當中的關鍵部位，以牽引提掣其他佩玉。起初，它們還保持著弧形璜的基本構圖，只不過附加上不少透雕紋飾。以後越來越複雜，越來越不適於放到組玉佩底端充當垂飾了（圖 1-6：2-5）。東周玉佩飾中的其他部件如各類璧、瑗，或出廓，或遍施透雕，構圖往往新穎奇巧。再如從韘形演變出來的"雞心佩"、活潑生動的玉舞人等，碾琢工藝也都得到長足進展，其中不乏極具匠心的精美之作。這時的組玉佩已經突破了西周之疊加玉璜的作法，出現了不拘一格、鬥奇爭妍的盛況。可惜出土時原組合關係未被擾動的東周玉佩為數很少，而且由於其結構無定制，復原起來很困難。洛陽金村周墓出土之著名的金鏈玉佩，由於部分玉件已從金鏈上脫落，就出現了兩種復原方案[41]。圖 1-7 所舉諸例，如洛陽中州路和曲阜魯故城所出者，形制比較簡單。台北故宮博物院所藏者，其組合亦帶有某些復原的成分[42]。廣州南越王墓所出者，時代則晚到西漢初，不過它們無疑還保留著東周遺風[43]。這類成組的實例儘管不夠多，亦足以證明大量存世的單件佩玉本是從組玉佩中遊離出來的。而且若干東周時期之精緻的玉佩件，已嫻熟自如地運用了透雕技法，花紋雖繁縟密集，圖案仍灑脫流利，有不少例堪稱我國古文物中的瑰寶。但對個別部件的極力加工和整套玉佩之組合的不斷創新，卻使自西周以來組玉佩為反映貴族身份而建立起來的序列規範受到削弱；這和東周時舊制度逐步瓦解、"禮崩樂壞"的歷史潮流也是合拍的。以前郭寶鈞先生曾擬出一幅戰國組玉佩的模式圖（圖 1-8），但近五十年來的出土物罕有與之相合者。現在看來這時的組玉佩正處在更迭變化的過程中，要為它確立一種模式是很困難的。並且由於郭先生不贊同以實物與文獻相結合的方法進行研究，主張“玉器自玉器，文獻自文獻，分之兩真，合之兩舛”，就更使他的探討難以得出令人信服的結論[44]。

至西漢中晚期，組玉佩已不多見，朝服普遍用綬，這是服飾史上的一次重大變化。綬雖與繫玉之組在淵源方面有所關聯，但它是用於佩印的。從這個意義上說，綬和組玉佩具有完全不同的作用。就形式而言，也不宜直接比附了。

注　釋

1　《藝文類聚》卷八三引《尹文子》：“魏田父有耕於野者，得玉徑尺。……王問其價，玉工曰：‘此無價以當之，五城之都，僅可一觀。’”《史記・廉頗藺相如列傳》：“趙惠文王時，得楚和氏璧。秦昭王聞之，使人遺趙王書，願以十五城請易璧。”

2　夏鼐：《商代玉器的分類、定名和用途》，《考古》1983 年第 5 期。

3　俞樾：《春在堂全書・俞樓雜纂之十・玉佩考》。

4　鄧淑蘋：《新石器時代玉器圖錄・試論中國新石器時代的玉器文化》頁 24，台北，1992 年。

5　中國玉器全集編委會編：《中國玉器全集》卷 1，圖 57；卷 2，圖 273，河北教育出版社，1993 年。

6　北京大學考古學系編：《燕園聚珍》圖 85-87，文物出版社，1992 年。

7　中國玉器全集編委會編：《中國玉器全集》卷 1，圖 57；卷 2，圖 273，河北教育出版社，1993 年。

8　盧連成、胡智生：《寶雞強國墓地》上冊，頁 363，文物出版社，1988 年。

9　北京大學考古學系等：《天馬—曲村遺址北趙晉侯墓地第五次發掘》，《文物》1995 年第 7 期。至於北趙村 63 號墓出土的四十五璜玉佩，總長度已超過人的體高，難以佩帶。參加發掘的先生有的認為，這本來不是一組佩玉，初步整理時誤連為一。玉佩中繫玉圭之記載，見下文所引《毛公鼎銘》。

10　山西省考古研究所等：《天馬—曲村遺址北趙晉侯墓地第三次發掘》，《文物》1994 年第 8 期。

11　河南省考古研究所等：《三門峽虢國墓》第一卷上冊，頁 154、275-277、531，文物出版社，1999 年。

12　北京大學考古學系等：《天馬—曲村遺址北趙晉侯墓地第五次發掘》，《文物》1995 年第 7 期。至於北趙村 63 號墓出土的四十五璜玉佩，總長度已超過人的體高，難以佩帶。參加發掘的先生有的認為，這本來不是一組佩玉，初步整理時誤連為一。玉佩中繫玉圭之記載，見下文所引《毛公鼎銘》。

13　盧兆蔭：《玉德．玉符．漢玉風格》，《文物》1996 年第 4 期。

14　陝西周原考古隊：《陝西岐山鳳雛村西周建築基址發掘簡報》，《文物》1979 年第 10 期。

15　北京大學考古學系編：《燕園聚珍》圖 85-87，文物出版社，1992 年。

16　平頂山應國墓地出土者，見《中國文物精華》（1990 年）圖 56。北趙村 31 號墓出土者，見《文物》1994 年第 8 期。北趙村 92 號墓出土者，見《文物》1995 年第 7 期。

17　洛陽中州路西工區出土玉人，見 *Mysteries of Ancient China*. fig.73. 信陽楚墓出土木俑，見沈從文《中國古代服飾研究》頁 18、19。廣州南越王墓出土玉舞人，見《西漢南越王墓》下冊，圖版 148。

18　陝西省考古研究所等：《陝西出土商周青銅器》卷 2，文物出版社，1980 年。

19　《唐蘭先生金文論集．毛公鼎"朱韍、葱衡、玉環、玉瑹"新解——駁漢人"葱珩佩玉"說》，紫禁城出版社，1995 年。

20　《唐蘭先生金文論集．毛公鼎"朱韍、葱衡、玉環、玉瑹"新解——駁漢人"葱珩佩玉"說》，紫禁城出版社，1995 年。

21　陳夢家：《西周銅器斷代》，《燕京學報》新 1 期，1995 年。

22　林巳奈夫：《西周時代玉人像之衣服及頭飾》，《史林》55 卷 2 號，葉思芬譯文載《故宮季刊》第 10 卷第 3 期。

23　《唐蘭先生金文論集．毛公鼎"朱韍、葱衡、玉環、玉瑹"新解——駁漢人"葱珩佩玉"說》，紫禁城出版社，1995 年。

24　林巳奈夫：《西周時代玉人像之衣服及頭飾》，《史林》55 卷 2 號，葉思芬譯文載《故宮季刊》第 10 卷第 3 期。

25　盧兆蔭：《玉德．玉符．漢玉風格》，《文物》1996 年第 4 期。

26　王逸：《正部論》，玉函山房輯本。曹丕：《與鍾大理書》，載《文選》卷四二。

27　《唐蘭先生金文論集．用青銅器銘文來研究西周史》。

28 《番生簋》說："易朱市、匆黃、鞞鞍、玉睘、玉琭。"所敘錫物名目與《毛公鼎》類似。鞍為璲字之假，亦是玉器。至於《番生簋》和《毛公鼎》銘所稱玉琭，雖屬圭類，但並非分封土地、頒賜策命時所授之"命圭"。《考工記・玉人》鄭注："命圭者，王所命之圭也，朝覲執焉，居則守之。"命圭又稱介圭，《詩・大雅・崧高》："王遣申伯，路車乘馬。我圖爾居，美如南土。錫爾介圭，以作爾室。往近王舅，南土是保。"鼎銘中之玉琭如果是這麼重要的、可視為諸侯鎮國之寶的命圭，則在錫物的名單中不會排列到玉環之後，所以它只能被認為是組玉佩中的部件。

29 據山西省考古研究所等：《太原晉國趙卿墓》頁 175-179 所載出土遺物登記表統計，文物出版社，1996 年。

30 湖北省博物館：《曾侯乙墓》頁 409，文物出版社，1989 年。

31 河北省文物研究所：《𰯌墓 —— 戰國中山國國王之墓》頁 440，文物出版社，1995 年。

32 唐蘭先生在注 19 所揭文中說："'璜'是古字，'珩'是春秋以後的新字。"

33 湖北省文物考古研究所：《江陵望山沙塚楚墓・望山 1、2 號墓竹簡釋文與考釋》，文物出版社，1996 年。武昌義地楚墓出土木俑見《中國玉器全集》卷 2，頁 40，河北美術出版社，1993 年。

34 山西省考古研究所：《山西長子縣東周墓》，《考古學報》1984 年第 4 期。

35 見注 29 所揭書，頁 148。

36 見注 30 所揭書，頁 416。

37 楊建芳：《戰國玉龍佩分期研究》，《江漢考古》1985 年第 2 期。

38 安徽省文物工作隊：《安徽長豐楊公發掘九座戰國墓》，《考古學集刊》第 2 集，1982 年。

39 河北省文物研究所：《𰯌墓 —— 戰國中山國國王之墓》頁 440，文物出版社，1995 年。

40 河北省文物研究所：《𰯌墓 —— 戰國中山國國王之墓》頁 440，文物出版社，1995 年。

41 第一種復原方案見梅原末治《洛陽金村古墓聚英》（東京，1937 年）。第二種復原方案見 T.Lawton，*Chinese Art of the Warring States Period.*（華盛頓，1982 年）。

42 鄧淑蘋：《藍田山房藏玉百選》圖 62，台北，1995 年。

43 廣州市文物管理委員會等：《西漢南越王墓》下冊，彩版 4、10，文物出版社，1991 年。

44 郭寶鈞：《古玉新詮》，《歷史語言研究所集刊》第 20 本下冊，1949 年。

貳・深衣與楚服

由於形象材料極其缺乏，在研究我國古代服裝發展演變的歷史時，西周這一段難以說得具體。此時在這方面留下的史料，主要是《尚書》、《詩經》等書中的描寫以及金文中有關錫衣的記述。這些文字材料告訴我們，西周貴族的服裝不外乎冠冕衣裳。所謂“衣裳”，指上衣下裳，是一種上下身不相連屬的服制。到了春秋、戰國之交，出現了一種新式的、將上衣下裳連在一起的服裝，稱為“深衣”。《禮記·深衣篇》鄭注：“深衣，連衣裳而純之以採者。”正義：“以餘服上衣下裳不相連，此深衣衣裳相連，被體深邃，故謂之深衣。”《深衣篇》把這種服裝的制度與用途說得很詳細：“深衣蓋有制度，以應規、矩、繩、權、衡。短毋見膚，長毋被土，續衽鈎邊，要縫半下。”並說這種衣服“可以為文，可以為武，可以擯相，可以治軍旅，完且弗費，善衣之次也”。給了它以很高的評價。實際上深衣是戰國至西漢時廣泛流行的服裝式樣。只是到了魏晉以後，由於它已被別的服式所取代，才逐漸湮沒不彰，從而所謂“續衽鈎邊”等裁製法也使後人感到難以理解了。清·江永《深衣考誤》一書中復原的深衣圖樣（**圖 2-1**），二百年來影響頗大，現代治服裝史者，仍有人持以為據。然而江氏所理解的“續衽鈎邊”，只不過是在衣內掩一小襟而已，它和清代長衫中的小襟差不多，而與戰國深衣的鈎邊卻相去很遠。

案《深衣篇》“續衽鈎邊”，鄭注：“續猶屬也，衽在裳旁者也。屬連之，不殊裳前後也，鈎讀如鳥喙必鈎之鈎，鈎邊若今曲裾也。”正義：“今深衣，裳一旁則連之相著，一旁則有曲裾掩之，與相連無異，故云屬連之不殊裳前後也。鄭以後漢時裳有曲裾，故以續衽鈎邊似漢時曲裾，是今朝服之曲裾也。”漢時的曲裾是什麼樣子呢？這在《漢書·江充傳》中曾描述過：“充衣紗縠禪衣，曲裾，後垂交輸。”顏注：“如淳曰‘交輸割正幅，使一頭狹若燕尾，垂之兩旁，見於後。是《禮記·深衣》：續衽鈎邊。賈逵謂之衣圭。’蘇林曰：‘交輸如今新婦袍上袿，全幅角割，名曰交輸裁也。’”《釋名·釋衣服》也說：“婦人上服曰袿，其下垂者，上廣下狹，如刀圭也。”而在江永的圖上

◎圖 2-1　深衣

左：馬王堆 1 號漢墓出土信期繡深衣

④、⑤ 打開左襟

⑥ 打開右襟

右：江永所擬深衣圖樣〔經原田淑人修訂〕

① 背面

② 正面

③ 打開前襟後，可見內部的小襟

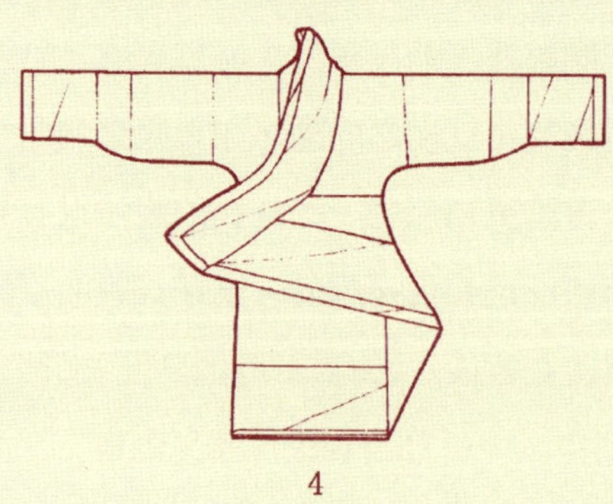

4

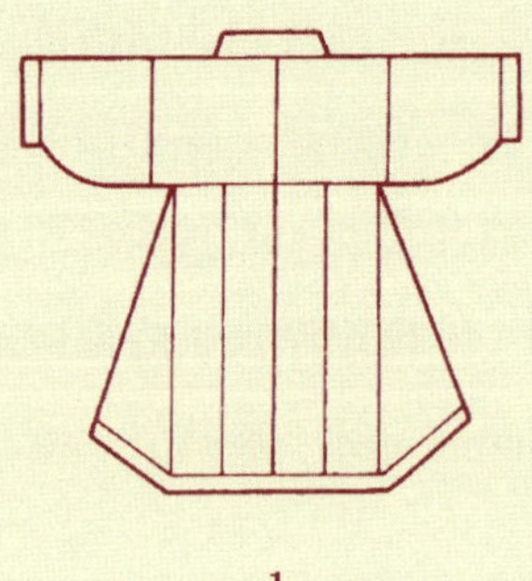

1

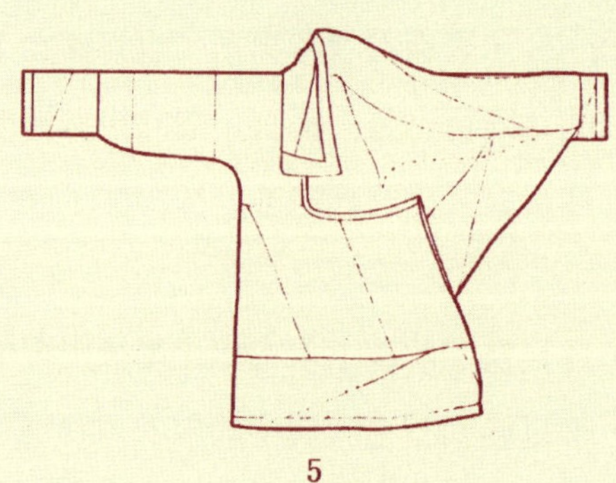

5

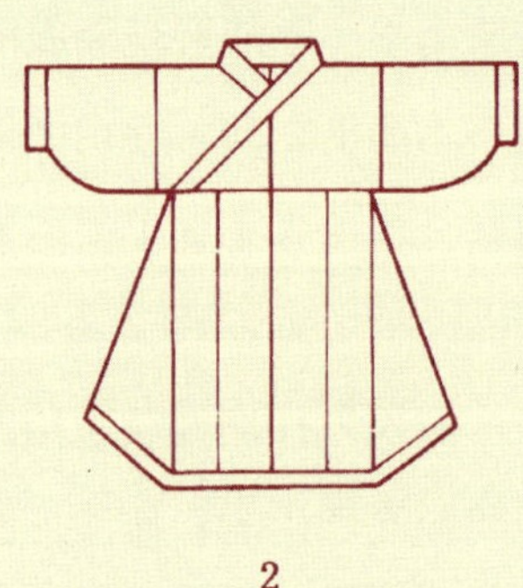

2

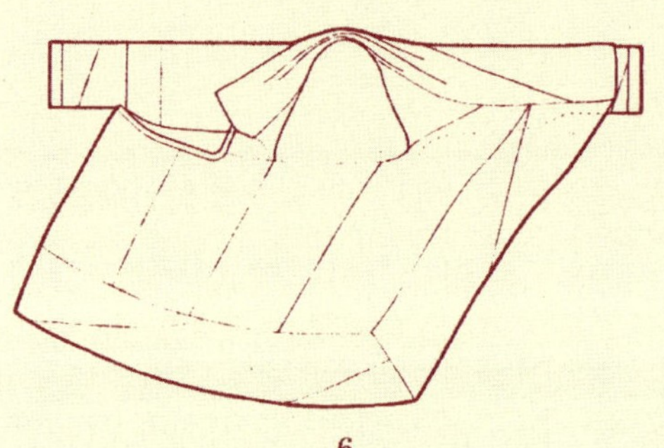

6

3

卻看不出這些特點來。

到了清代中葉，任大椿於《深衣釋例》中始提出新說：“案在旁曰衽。在旁之衽，前後屬連曰續衽。右旁之衽不能屬連，前後兩開，必露裏衣，恐近於褻。故別以一幅布裁為曲裾，而屬右後衽，反屈之向前，如鳥喙之句曲，以掩其裏衣。而右前衽即交乎其上，於覆體更為完密。”任氏的說法很有見地，他指出深衣用曲裾擁掩，這同實際情況是相當接近的。惟任氏說曲裾反屈向前，卻不無疏失。因為著衣服時裾當在背後。《方言》卷四郭注：“裾，衣後裾也。”《釋名·釋衣服》：“裾，倨也。……亦言在後，常見踞也。”考古材料中見到的情況也證明了這一點。

由於深衣在戰國時廣泛流行，所以從這時周、秦、齊、魏以及中山等國的遺物中，都能發現深衣的蹤跡[1]（圖 2-2）。著深衣者有男子，也有婦女，但不論國別如何，性別如何，這種服式的共同特點是：都有一幅向後擁掩的曲裾。長沙馬王堆 1 號西漢墓出土的九件深衣，雖時代略晚，卻提供了最明確的實證（圖 2-1：4-6）。

深衣為什麼要裁製出此類曲裾呢？這是為了解決上下衣相連屬後出現的新問題而產生的新作法。因為漢以前，華夏族固有之服裝中的內衣，特別是褲，還相當不完備。《說文》：“褲，脛衣也。”王念孫《廣雅疏證》卷六：“膝以上為股，膝以下為脛。”則脛衣即兩條褲管並不縫合的套褲[2]，人們還要在股間纏褌。而上層人士，特別是婦女，為了使這樣一套不完善的內衣不致外露，所以下襟不開衩口。既不開衩口，又要便於舉步，於是就出現了這種用曲裾擁掩的服式。

上面所說的情況都是就中原地區華夏族的服式而言的。立國於江漢地區的楚，他們的服裝式樣又是怎樣的呢？史稱，西周初“封熊繹於楚蠻”（《史記·楚世家》），楚被認為是蠻夷之地。《國語·晉語》：“昔成王盟諸侯於岐陽，楚為荊蠻，置茆蕝，設望表，與鮮卑守燎，故不與盟。”其地位還和當時不太開化的鮮卑相當。西周末年，楚子熊渠說：“我蠻夷也，不與中國之號

◎圖 2-2　北方各國的深衣

① 周玉佩（洛陽金村出土）

② 趙國陶器殘片（山西侯馬出土）

③ 中山國銀首人形燈座（河北平山出土）

④ 秦國壁畫（人物只存下半身，咸陽 3 號宮殿遺址出土）

⑤ 齊國漆盤紋飾（臨淄郎家莊出土）

1

2　3

4　5

謚。”直到春秋初年，楚武王熊通仍然自稱：“我蠻夷也”，“我有敝甲，欲以觀中國之政”。還把自己劃在當時所說的中國之外。既然作為蠻夷之邦，楚服理應與中原諸夏有所不同。但檢尋先秦文獻，卻沒有哪一處提到過楚有什麼獨特的服制。《淮南子・齊俗》總括各族服裝的特點時說：“三苗髽首，羌人括領，中國冠笄，越人劗鬋。”三苗和羌人的服制雖不知其詳[3]，但越人的裝束文獻中一再說他們是“鬋髮文身”（《逸周書・王會篇》），“錯臂左衽”（《戰國策・趙策》），“越人跣足”（《呂氏春秋・本味篇》），“首不加冠”（《新論》）；而楚服卻不曾被這樣描寫過。不僅如此，相反，春秋時楚國君臣戴冠弁的記事屢見不鮮。《墨子・公孟篇》：“楚莊王鮮冠組纓，絳衣博袍，以治其國。”《左傳・昭公十三年》說，楚靈王“皮冠，秦復陶，翠被，豹舄”。同書《僖公二十八年》說楚子玉“自為瓊弁玉纓”。《韓詩外傳》卷七說，楚莊王賜其群臣酒，日暮酒酣，有牽王后衣者，“后仡冠纓而絕之”。王曰：“與寡人飲，不絕纓者，不為樂也。”於是“不知王后所絕冠纓者誰”。可見楚國君臣的裝束都可以歸入“中國冠笄”一類。到了戰國時，從各地楚墓出土木俑的服飾來看，楚人已普遍著深衣。由於楚俑數量多，保存狀況良好者不乏其例，因此在論及深衣制度時，楚俑比北方各國的遺物提供了更為充分的材料。木俑中所見深衣的下襬，因為擁掩得比較緊湊，還不算太肥大；在楚墓帛畫中所見者，其下襬卻極為褒博，有一大片拖曳在背後，更顯得雍容華貴[4]（圖 2-3）。而戰國時代男、女兩式深衣的區別也只能借楚俑分辨清楚。長沙 406 號楚墓出土的男俑身上的深衣，其曲裾只向身後斜掩一層，長沙仰天湖 25 號楚墓出土的女俑，其曲裾卻向後纏繞數層，而且前襟下還垂出一枚尖角形物。男、女兩式深衣的這種區別，西漢時依然沿襲了下來，湖北雲夢大墳頭 1 號墓與江蘇徐州北洞山崖墓所出著深衣俑，女俑之曲裾都纏繞得更繁複些[5]（圖 2-4）。至於女式深衣下垂的尖角形物，在西漢俑上也可以見到，徐州米山出土者，後裾之下垂尖角兩枚，其狀很像“燕尾”，每一枚也正是上廣下狹如刀圭（圖 2-5）；這和男式深衣的式樣是不同的。江充謁見漢武帝時所

◎圖 2-3　楚帛畫上所見深衣

① 長沙子彈庫楚墓出土

② 長沙陳家大山楚墓出土

1　　　2

著之深衣，後垂兩枚燕尾，被蘇林譏為好像是新婦的袍袿，大約就是因為他故弄風姿，穿了接近女式的深衣之故。

春秋時楚服用冠笄，戰國時楚服著深衣，反映出楚俗與中原實無大異。楚雖地處江漢，但楚人自稱是顓頊、祝融之後，早在殷商時代，三楚地區就建起了像湖北黃陂盤龍城、湖南寧鄉炭河裏這類出土物與中原商器無多大差異的邑聚。西周初年的周原甲骨中又出現了“楚子來告”的刻辭。其後，楚人與中原的交往更為頻繁，楚人華化的進程更為迅速。至春秋、戰國時，楚人華化已深。雖然楚、夏語音有別，書體微殊，但語言文字是相同的。雖然楚俗尚鬼，但楚國思想家與中原人士的思想感情是相通的，這只要看屈原《天

◎圖 2-4　男、女深衣俑（1、3、5. 男子　2、4、6. 婦女）

① 長沙 406 號楚墓出土

② 長沙仰天湖 25 號楚墓出土

③、④ 湖北雲夢大墳頭 1 號西漢墓出土

⑤、⑥ 江蘇徐州北洞山西漢墓出土

◎圖 2-5　西漢女式深衣上所見“燕尾”（徐州米山西漢墓出土陶女俑）

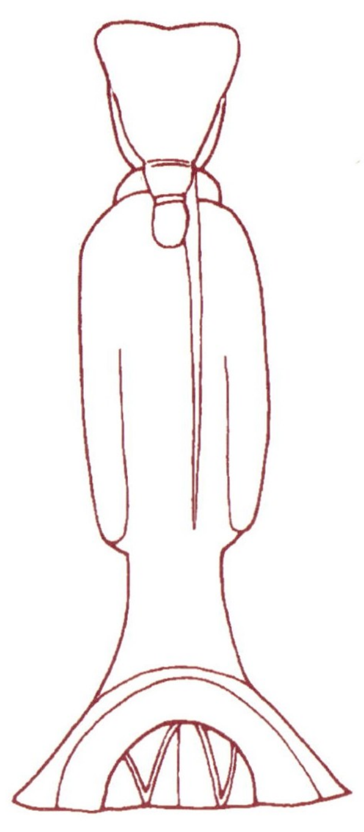

問》中提出的“古賢聖怪物行事”等問題中，歷數夏、商、周史實，而其主旨不外乎“以有道而興，無道則喪。……頌三王五伯之美武，違桀紂幽厲之覆轍”[6]，便可得知。所以楚材可以晉用。楚文化是當時中國文化統一體中之重要的、生氣勃勃的、然而又是有機的組成部分。曲裾深衣的楚士完全可以比肩於六國冠冕。問鼎周室，逐鹿中原的楚，是當時的文明大國。

那麼，是不是楚的服裝完全混同於北方各國，沒有自己的地方特點呢？不是的。《戰國策・秦策・五》說：“（呂）不韋使（秦公子異人）楚服而見（華陽夫人）。王后悅其狀，高其知，曰‘吾楚人也’。而自子之。”姚宏注：“楚服，盛服。”鮑彪注：“以王后楚人，故服楚制以悅之。”《史記・叔孫通列傳》：“叔孫通儒服，漢王憎之。乃變其服，服短衣楚制，漢王喜。”索隱引孔文祥曰：“高祖楚人，故從其俗裁製。”這兩件事例相近，都是在干謁權貴之關鍵時刻用著楚服的方法引起對方的鄉情而博得好感，因知楚服也有不

◎圖 2-6　漆瑟彩繪中的獵人（信陽長台關楚墓出土）

同於北方各國的服飾之處。根據《叔孫通列傳》的敘述，楚服是一種短衣。楚國的勞動者或穿短衣。如河南信陽長台關楚墓所出漆瑟之彩繪中的獵人，上身著短衣，下身光著腿[7]（圖 2-6）。但同一彩繪中的樂工則穿長衣，貴族更是褒衣博袖。故公子異人與叔孫通在上述場合，大約不會打扮得如同彩繪中的獵人，因為那樣就不成其為"盛服"了。所謂短衣應作別的解釋。按《楚辭・九辯》云："被荷裯之晏晏兮。" 裯無疑是一種楚服。王注："裯，袛裯也。"《說文・衣部》："袛裯，短衣。" 則裯既是楚服又是短衣，它也叫汗襦。《方言》卷四："汗襦，或謂之袛裯。" 清・錢繹《方言箋疏》說："凡字之從需、從耎、從而者，聲皆相近。短衣謂之襦，猶小兔謂之㕧，小鹿謂之麛，小栗謂之栭也。小與短同義。" 他又認為通行本《方言》中"褕謂之袖"一語當校正作"褕謂之半袖"。可見襦本身短小，有的還是短袖。再看《釋名・釋衣服》所說："汗衣，近身受汗垢之衣也。《詩》謂之'澤'，受汗澤也。或曰'鄙袒'，或曰'羞袒'。作之用六尺，裁足覆胸背，言羞鄙於袒而衣此爾。" 則這種上衣（裯、袛裯、汗襦、汗衣）"裁足覆胸背"，它的袖子一定相當短。裯字有直由切、都牢切兩讀。《說文》說裯字"從衣，周聲"，則古音當依前讀。從而可知江陵馬山 1 號楚墓出土的係有墨書竹楬"緊以一緥衣見於君"

◎圖 2-7　短袖的“緅衣”（湖北江陵馬山 1 號楚墓出土）

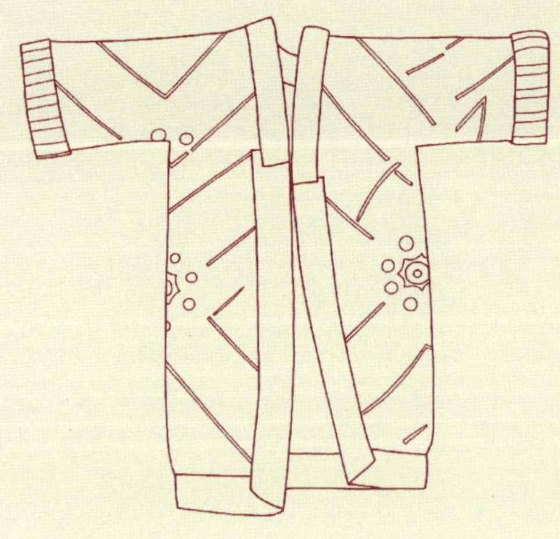

之笥中所盛短袖的緅衣就是裯[8]（圖 2-7）。緅、裯皆為幽部字，當可通假。馬山 1 號墓出的這件緅衣用紅棕色絹地鳳紋繡裁製，是用於助喪之縮小了的衣服模型，通長 45.5、袖長 13、袖寬 10.7 厘米。如折合成實用的尺寸，以衣長為 80 厘米，則袖長也只合 23 厘米許。南方濕熱，穿短袖的衣服符合實際需要。《淮南子・原道》說，“九疑之南”，“短袂攘捲”。其實此風大約通行於江南。浙江湖州埭溪出土的人形銅鐏，就穿著短袖的上衣[9]（圖 2-8：2）。但是穿這種衣服能不能登大雅之堂呢？看來並不成問題。因為湖北隨縣曾侯乙墓所出編鐘之鐘虡上的銅人，穿的也是短袖上衣[10]（圖 2-8：1）。編鐘是宮廷雅樂，又是重器，鐘虡銅人自應著盛服。曾侯乙墓雖然不是楚墓，但出土物帶有濃重的楚風，研究者認為此墓當與楚墓並論，列入廣義的楚文化範疇之內[11]。故可據此銅人以言楚服。公子異人與叔孫通穿這樣的衣服謁見華陽夫人或漢王劉邦，應不失體統。此外《方言》還說：“裯謂之襤。”郭注：“袛裯，弊衣，亦謂之襤褸。”在《左傳》中，宣公十二年和昭公十二年兩次提到楚之先王“篳路藍縷”以開發林莽。路即輅，篳路是用荊竹製的帶有楚之特色的車。藍縷即袛裯，是帶有楚之特色的衣服。楚之先王乘篳路而著藍縷，正表示他們與本地居民打成一片。訓袛裯為弊衣，當是後起之義。如果

◎圖 2-8　短袖上衣

① 鐘虡銅人（湖北隨州曾侯乙墓出土）

② 人形銅鐏（浙江湖州埭溪戰國墓出土）

1

2

認為楚之先王穿的就是“敝衣”甚至“破衣”[12]，其尊貴的地位則將難以體現。從而可知，短袖的裯衣是有代表性的楚服，《秦策》與《叔孫通列傳》所說的楚服當與之相近。

當然，楚人的服裝在深衣、裯衣之外，還有各種直裾長衣，馬山 1 號墓的出土物中就有不少實例。但由於這種長衣在北方也常見，馬山出土者未見新的特點，這裏就不作討論了。

楚服中的冠則比較特殊。《左傳．成公九年》記楚．鍾儀被俘的故事說：“晉侯觀於軍府，見鍾儀。問之曰：‘南冠而縶者誰也？’有司對曰：‘鄭人所獻楚囚也。’”杜注：“南冠，楚冠。”可見晉侯看到鍾儀戴的南冠，就知道他不是晉人，證明楚的冠制不同於北方。但鍾儀戴的南冠到底是什麼式樣，目前尚無法作出準確的判斷。在古文獻中，另一種常被提到的楚冠是高冠。

《離騷》："高余冠之岌岌兮。"《九章·涉江》："冠切雲之崔嵬。"王注："戴崔嵬之冠，其高切青雲也。"《說苑·善說篇》也說："昔者荊為長劍危冠。"長沙所出的人物御龍帛畫中的男子所戴的冠很高，上部呈"8"字形，或與所謂高冠即切雲冠相近。但它和漢代的通天、遠遊、進賢一系冠式不同，在漢代很少見，只有洛陽老城西漢墓壁畫中的武士戴此類冠[13]。然而前者在楚國文物與後者在漢代文物中均為孤例，其定名與二者之間的關係尚無法作進一步的說明。第三種著名的楚冠是獬冠。《淮南子·主術》說："楚文王好服獬冠，楚國效之。"高誘注："獬豸之冠，如今御史冠。"《太平御覽》卷六八四引《淮南子》作"楚莊王好觟冠，楚效之也"。許慎注："今力士冠。"其文雖異，但獬冠和觟冠實為同物，它們都得名於獬豸或觟鯱，這個名稱應來自楚的方言，所以記音時用字或不盡一致。《魏書·崔辯傳》："（崔）楷性嚴烈，能摧挫豪強。故時人語曰：'莫獡獬，付崔楷。'"其所謂獡獬，大約也來自同一語源，它含有剛直倔強之意，楚人用它作為一種神獸之名。漢·楊孚《異物志》說"北荒之中有獸，名獬豸，一角，性別曲直。見人鬥，觸不直者；聞人爭，咋不正者。楚王嘗獲此獸，因象其形以製冠"（《晉書·輿服志》引）[14]。漢·王充《論衡·是應篇》說："觟鯱者，一角之羊也。性知有罪。皋陶治獄，其罪疑者，令羊觸之，有罪則觸，無罪則不觸。"可見獬豸即觟鯱，這種神話應源於古代的動物神判觀念。而獬冠則應取象於獬豸的獨角。漢·應劭《漢官儀》說："秦滅楚，以其冠賜近臣，御史服之，即今解豸冠也。古有解豸獸，觸不直者，故執憲以其角形為冠，令觸人也。"則秦漢的法冠都是從獬冠演變而來。但在漢代的大量形象資料中，卻始終未能找到戴這種冠的人像。目前所掌握的較清楚之一例，為敦煌莫高窟 285 窟南壁西魏壁畫《五百強盜成佛因緣圖》中的法官所戴者，雖然時代去東周已遠，但其冠前確有一角狀物[15]。根據這一綫索和《淮南子》許慎注認為觟冠即力士冠的說法再進行考察，又可知江蘇銅山洪樓漢畫像石中的力士所戴豎一角之冠當即源自獬冠的力士冠[16]。《淮南子》說楚王作獬冠後，"楚國效之"，可見它曾在楚國廣泛流行。西漢時，長沙馬王堆 1、3 號墓亦曾大量出土頭頂立直棒的木俑，它們顯然不夠戴獬冠的資格，此直棒或代表力士冠。當然，這些問題一時難以論定，尚有待繼續探討。至於楚俑中常戴的扁平形帽狀物，因為不是"帣持髮"之具，所以不屬"冠"的範疇，按照當時的標準，此物只能稱為帽。而古代華夏族重視冠、冕，帽是被人看不起的。《說文·冃部》就說："冃，小兒及蠻夷頭衣也。"楚俑中戴帽的這麼多，倒從一個側面反映出這裏的社會風尚畢竟有別於中夏。

從淵源上說，楚人著深衣係效法北方各國。但及至西漢，由於開國君臣多為楚人，故楚風流佈全國；北方原有的著深衣之習為楚風所扇而益盛。出土的戰國文物中還能看到一些著直裾半長衣與褲，接近於當時所稱胡服的人像[17]（圖 2-9），這時卻看不到了。包括士兵、廝役在內的各種人物無不著深衣，雖然這些人的深衣較短，掩在身後的衣衽也較窄，但終歸和直裾之衣不同。而在式樣上更加翻新的是女式深衣，這時不僅將以前垂於衣下的一枚尖角增為兩枚一組的"燕尾"，並添加飄帶，形成了一套稱為"襳"與"髾"的裝飾。《文選·子虛賦》："蜚襳垂髾。"六臣注："司馬彪曰：'襳，袿飾也。髾，燕尾也。襳與燕尾，皆婦人袿衣之飾也。'銑曰：'髾，帶也。'"《漢書·司馬相如傳》顏注："襳，袿衣之長帶也。髾謂燕尾之屬。皆衣上假飾。"[18]又枚乘《七髮》："雜裾垂髾。"傅毅《舞賦》："華帶飛髾而雜襳羅。"均對襳和髾著意描寫。這種服裝不僅在東漢畫像磚上能夠看到，而且在東晉時的朝鮮安岳冬壽墓壁畫，顧愷之的《洛神賦圖》、《列女傳圖》及北魏·司馬金龍墓漆屏風彩繪、西安草場坡十六國墓出土陶俑，甚至到 6 世紀中葉莫高窟 285 窟西魏大統五年（539 年）的壁畫中還能見到[19]（圖 2-10：1-5），流行的時間極長。隋唐時，雖然因為服式發生大的變化，曲裾深衣在現實生活中已經消失，但在若干擬古的場合，唐代畫師筆下的古裝人物仍有穿綴襳髾的深衣者，如莫高窟 334 窟初唐壁畫維摩詰經變中帳前之天女、莫高窟 45 窟盛唐壁畫觀音經變中現大自在天身之觀音均作此種裝束[20]（圖 2-10：6）。而當時

◎圖 2-9　銅人（山西長治分水嶺韓墓出土）

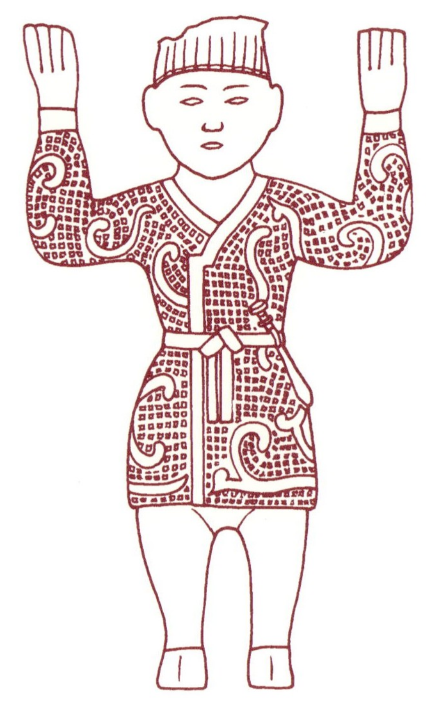

若干盛裝女俑所著蔽膝在兩側綴以尖角，亦可視為襳髾之餘緒[21]（圖 2-10:7）。

男式深衣的歷史則沒有這樣長，東漢時，男子著深衣的已很罕見。畫像石中的人物多著寬大的直裾長衣，應即襜褕。《說文》："直裾謂之襜褕。" 它雖然是直裾，但由於很寬大，所以與戰國時的直裾半長衣之外觀大不相同。《方言》卷四："襜褕，江淮南楚謂之襢褣。" 襢褣為寬鬆下垂狀[22]。《釋名・釋衣服》："襜褕，言其襜襜宏裕也。" 亦著眼於其寬大。襜褕在西漢時已經出現，但當時還不認為是正式的禮服。《史記・武安侯列傳》說田恬 "衣襜褕入宮，不敬"。索隱："謂非正朝衣。" 東漢時卻不然，《東觀漢記》說："耿純，字伯山，率宗族賓客二千餘人，皆衣縑襜褕、絳巾，奉迎上於費。上目之，大悅。"[23] 則到了東漢初年，襜褕在社會上一般人士心目中的地位已非昔比。襜褕是從深衣發展出來的，所以它有時也被認為是深衣的一種。不過據《急就篇》顏注說："襜褕，直裾禪衣也。" 而禪衣又因 "似深衣而褎大，亦以其無裏，故呼為禪衣"。所謂似深衣，只是說它們之間存在著淵源關係。從具體式樣上看，二者已沒有多少共同之點了。

◎圖 2-10　襳、髾及其演變

① 河南新野出土東漢畫像磚

② 朝鮮安岳東晉．冬壽墓壁畫

③ 東晉．顧愷之《列女傳圖》

④ 西安草場坡十六國墓出土陶俑

⑤ 莫高窟 285 窟西魏壁畫

⑥ 莫高窟 45 窟唐代壁畫中的著古裝者

⑦ 唐彩繪陶俑（傳世品）

4

5

6

7

注 釋

1 周玉佩，見梅原末治《洛陽金村古墓聚英》（東京，1973 年）。趙國陶器殘片為山西侯馬出土，標本藏山西省考古所侯馬工作站。中山國銀首人形燈，見《中國美術全集 · 青銅器下》。秦國壁畫，見咸陽市文管會等：《秦都咸陽第三號宮殿建築遺址發掘簡報》，《考古與文物》1980 年第 2 期。齊國漆盤，見山東省博物館：《臨淄郎家莊 1 號東周殉人墓》，《考古學報》1977 年第 1 期。

2 直到漢代，兩條褲管尚多不縫合。有襠的被特稱為“窮褲”，見《漢書 · 上官皇后傳》顏注。又《禮記 · 曲禮》“暑毋褰裳”，“不涉不撅”等禮法要求，也是由於褲不完備，不得不有所防範而提出的。《墨子 · 公孟篇》甚至說：“是猶裸者謂撅者為不恭也。”則簡直把揭開外衣和裸體等量齊觀了。

3 《左傳 · 襄公十四年》記戎子駒支云：“我諸戎飲食衣服不與華同，贄幣不通，言語不達。”羌人亦屬西戎，其衣服亦當不與華同。

4 長沙陳家大山楚墓出土的人物龍鳳帛畫，經科學處理後顯示，畫中婦女的深衣之下襬的兩衽角在身後相交叉，底下的衽角上還畫有楚俑衣上常見的曲折菱紋。或將底下的衽角視為“大地”（《江漢論壇》1981 年第 1 期，頁 93）、“魂舟”（《湖南考古輯刊》2，頁 167）、“龍舟之尾”（《楚史與楚文化研究》頁 314）等，恐均有可商。

5 長沙 406 號楚墓出土俑，見《長沙發掘報告》圖版 28。長沙仰天湖 25 號墓出土俑，見《考古學報》1957 年第 2 期，頁 91。雲夢大墳頭出土俑，見《文物》1973 年第 9 期，頁 31。徐州北洞山出土俑，見《文物》1988 年第 2 期，頁 10。

6 清 · 王夫之：《楚辭通釋》。

7 沈從文：《中國古代服飾研究》頁 20、59、15、226，香港商務印書館，1981 年。

8 湖北省荊州地區博物館：《江陵馬山一號楚墓》頁 24，彩版 7，文物出版社，1985 年。

9 《中國美術全集 · 青銅器下》圖版 80、89、90，文物出版社，1986 年。

10 《中國美術全集 · 青銅器下》圖版 80、89、90，文物出版社，1986 年。

11 李學勤：《東周與秦代文明》頁 146，文物出版社，1984 年。

12 “敝衣”見《左傳 · 宣公十二年》，杜預注。“破衣”見楊伯峻：《春秋左傳注》頁 731，中華書局，1981 年。

13 沈從文：《中國古代服飾研究》頁 20、59、15、226，香港商務印書館，1981 年。

14 原作“因象其形以製衣冠”，衣字衍，茲刪去。

15 敦煌文物研究所：《中國石窟 · 敦煌莫高窟 · 一》圖版 101，文物出版社 / 平凡社，1982 年。

16 江蘇省文物管理委員會：《江蘇徐州漢畫像石》圖 56，科學出版社，1959 年。

17 沈從文:《中國古代服飾研究》頁 20、59、15、226,香港商務印書館,1981 年。

18 對婦女袿衣上的襳、髾,注家的解釋有互相抵牾之處。《史記・司馬相如傳・大人賦》集解引《漢書音義》"髾,燕尾也",則仍以訓髾為尖角形的燕尾為是。

19 敦煌文物研究所:《中國石窟・敦煌莫高窟・一》圖版 101,文物出版社 / 平凡社,1982 年。

20 敦煌文物研究所:《中國石窟・敦煌莫高窟》卷 3,圖 78、132,文物出版社 / 平凡社,1987 年。

21 沈從文:《中國古代服飾研究》頁 20、59、15、226,香港商務印書館,1981 年。

22 "襌褣"在《小爾雅》中作"童容"。《詩・氓》鄭箋:"帷裳,童容也。"襜褕也被稱為襌褣,意味著其寬鬆之狀猶如帷裳。

23 《北堂書鈔》卷一二七引。

叁 • 進賢冠與武弁大冠

古代華夏族“束髮”，以有別於少數民族的“披髮”、“斷髮”、“編髮”、“髡髮”等髮式。冠起初只是加在束起的髮髻上的一枚髮罩，所以《白虎通·衣裳篇》稱之為“惓持髮”之具，《釋名·釋首飾》稱之為“貫韜髮”之具。早期的冠“寒不能暖，風不能鄣，暴不能蔽”[1]，它的意義首先是禮儀性的。《晏子春秋》謂“冠足以修敬”，就說明了這一點。我國古代士以上階層的男子二十歲行冠禮而為成人。舉行冠禮是他們一生中的頭一件大事，所以《儀禮》的第一篇就是《士冠禮》。《說苑·修文篇》說：“冠者所以別成人也。”“君子成人必冠帶以行事，棄幼少嬉戲惰慢之心，而衎衎於進德修業之志。”《禮記·冠義》也說：“凡人之所以為人者，禮義也。禮義之始在於正容體、齊顏色、順辭令。……冠而後服備，服備而後容體正、顏色齊、辭令順。故曰：冠者禮之始也。”可見對冠的重視。但先秦冠制頗繁，如《周禮·司服》孫詒讓正義所說：“冠則尊卑所用互異。”而可持之以相印證的形象資料又極缺乏，還難作出具體說明。所以下面的考察集中在自漢到唐這一階段的兩種主要的冠式：即文職人員所戴進賢冠類型之冠，和武職人員所戴武弁大冠類型之冠。

漢、唐的進賢冠

進賢冠是我國服裝史上影響極為深遠的一種冠式。在漢代，上自“公侯”，下至“小史”，都戴這種冠。而且這時皇帝戴的通天冠，諸侯王戴的遠遊冠，也都是在進賢冠的基礎上演變出來的。漢以後，自南北朝迄唐、宋，進賢冠在法服中始終居重要地位。明代雖不用進賢之名而改稱梁冠，實際上仍然屬進賢冠的系統。在我國服裝史上，進賢冠被沿用了一千八百多年，其形制幾度變易，導致早、晚期式樣差別很大，因而有必要予以清理。

《續漢書·輿服志》（以下簡稱《續漢志》）對進賢冠的描述是探討這種冠式的主要依據：“進賢冠……文儒者之服也。前高七寸，後高三寸，長八寸。公侯三梁，中二千石以上至博士兩梁，自博士以下至小史、私學弟子皆一樑。宗室劉氏亦兩樑冠，示加服也。”現代考古學者中首先據此而對進賢冠的形制作出推斷的是李文信先生[2]。他說：“其形前高七寸，樑長八寸，後高三寸。若前後以豎立擬之，冠底亦應長八寸，漢尺雖短，其長已超人頂縱長直徑。……其上長八寸，下無文者，蓋以髮髻為大小，略之也。故知其前七寸，後三寸必斜立無疑。若前七寸直豎，上八寸向後低斜，以三寸之高為內斜，不特短不能及髻，而全冠重量位於腦後，既不美觀，亦欠安牢。以其尺寸揣之，必以前高七寸、上長八寸之二綫作銳角而前突於頂上，始與人首部位、冠之重心均稱也。”[3]李說甚核。在漢畫像石上，常常可以看到有些人頭戴前端突出一個銳角的斜俎狀之冠。與附有榜題的例子中所表明的人物身份相推勘，可知這種冠正是進賢冠。不過漢畫像石大多數成於東漢，那上面的進賢冠也大都是東漢式的。而東漢和西漢的進賢冠，在形制方面卻存在著相當大的差別，倘若用上述西漢及其前的文獻對冠的描述來衡量它們，會覺得有點不太相符。這主要是西漢之進賢冠單著，而東漢卻在冠下加幘，以致其構造和作用都有所改變的緣故。

《續漢志》說：“古者有冠無幘。”這句話裏所說的“古”，其實可以包括西漢。在西漢的玉雕、空心磚上和壁畫中出現的戴冠者都沒有幘，他們的冠正是一種“㡘持髮”的用具（圖 3-1：1-4）。這類冠的側面是透空的，確乎不能障風取暖。它們當中有的呈斜俎形，應該就是進賢冠。有些雖然形式稍異，但其基本結構仍與進賢冠相一致。這類冠遠在戰國時已經出現，河南三門峽與河北平山出土的銅人物燈座及秦始皇陵兵馬俑坑出土的若干陶俑所戴之冠都可以看作是這類西漢冠的先型。

特別值得提出的是，西漢時冠不加幘的作法，東漢人是認識得很清楚的。試看東漢晚期的沂南畫像石上所刻的歷史故事中的人物都戴無幘之冠[4]（圖 3-1：5），與當時的祭祀、飲宴等場面中的人物所戴的有幘之冠判然有別，便可知畫像石的作者是把無幘冠當成前一歷史階段的服飾來處理的。

幘是什麼呢？《急就篇》顏師古注：“幘者，韜髮之巾，所以整亂髮也。

◎圖 3-1　無幘之冠

①-③ 洛陽出土西漢空心磚上的戴冠者（1、2. 據《河南漢代畫像磚》 3. 據 W.C. White, *Tomb tile pictures of ancient China*.）

④ 滿城西漢墓出土玉人

⑤ 沂南東漢畫像石墓所刻歷史故事中的"蘇武"

當在冠下，或單著之。"它起初大約類似包頭布，後來發展得有點像現代的便帽。身份低微的人不能戴冠，只能戴巾、幘。《釋名・釋首飾》："二十成人，士冠，庶人巾。"蔡邕《獨斷》卷下也說："幘，古者卑賤執事不冠者之所服。"不過從記載中看來，西漢時已有將幘納於冠下，使它成為冠的襯墊物的趨勢。《續漢志》說："秦雄諸侯，乃加其武將首飾，為絳帕以表貴賤。其後，稍稍作顏題。漢興，續其顏卻摞之，施巾連題卻覆之；今喪幘是其制也。名之曰幘；幘者，賾也，頭首嚴賾也。至孝文乃高顏題續為之耳，崇其巾為屋，合後施收，上下群臣皆服之。文者長耳，武者短耳。稱其冠也。"這裏敘述的是幘由包頭布狀向便帽狀演變的過程。所謂"作顏題"、"高顏題"，是指在幘下部接額環腦處增設一圈介壁[5]，這是幘脫離其原始的"韜髮之巾"狀之關鍵性的步驟。至於所謂文、武官要使幘耳與冠相稱之說，似乎意味著西漢時已有加幘之冠，但沒有發現過相應的形象材料，大約這種形制當時還不普遍。

在漢代，與進賢冠配合使用的幘叫介幘。《獨斷》卷下說："元帝額有壯髮，不欲使人見，始進幘服之，群臣皆隨焉；尚無巾，如今半幘而已。王莽無髮乃施巾。故語曰：'王莽禿，幘施屋。'"施屋之幘即介幘，這是一頂上部呈屋頂形的便帽。因為要保持屋頂形的輪廓，所以必須作得硬挺些。"介"就是指這種狀態而言（圖 3-10：1）。當時的文職人員都可戴這種幘，即如《晉書·輿服志》所說："介幘服文吏。"並由於自漢元帝時開始，戴幘漸成風氣，進而進賢冠遂被安裝在介幘上，二者結合成為整體。在沂南畫像石中可以看到這種進賢冠的較典型的形象（圖 3-2：2）。

有幘的進賢冠的形制是：下部為位於額上的"顏題"，這一部分延伸至腦後，並突起兩個三角形的"耳"；罩在頭上的是屋頂形的介幘；而跨於介幘之上的，則是斜俎形的"展筩"，它其實就是原來的冠體。這些部位的名稱都比較明確，成問題的是進賢冠上的"樑"。冠樑代表戴冠者身份的高低，理應安裝在顯著的位置上，然而在漢代冠服人物的圖像中，卻不容易把它辨別出來。《漢大官令注》只說："樑，冠上橫脊也。"[6]語意不甚明晰。可是由於進賢冠沿用的時間長，所以可以從晚期的、雖然形狀略有改變但部位較易確定的冠樑中求得旁證。宋·孟元老《東京夢華錄》卷一〇說："冬至前三日，車駕宿大慶殿。正宰執百官皆法服，其頭冠各有品從：宰執、親王加貂、蟬，籠巾，九樑；從官七樑；余六樑至三樑有差。台諫增廌角。所謂'樑'者，謂冠前額樑上排金銅葉也。"在宋代的進賢冠上，展筩和介幘已合而為一，冠樑，即冠前的金銅葉，遂直接排在冠頂上。漢代冠前最顯著的部位是展筩，所以這時的冠樑大概就是穿在展筩當中的鐵骨。宋代進賢冠的式樣大體為明代所沿襲，惟明代稱之為"樑冠"，冠樑更容易識別。今以《三才圖會·衣服圖會》中所載"三樑冠"的圖樣（圖 3-2：1）與沂南畫像石中的進賢冠

◎圖 3-2　明代的梁冠（1）與東漢的進賢冠（2）

①《三才圖會·衣服圖會》所載“三梁冠”

② 沂南畫像石中的戴冠者

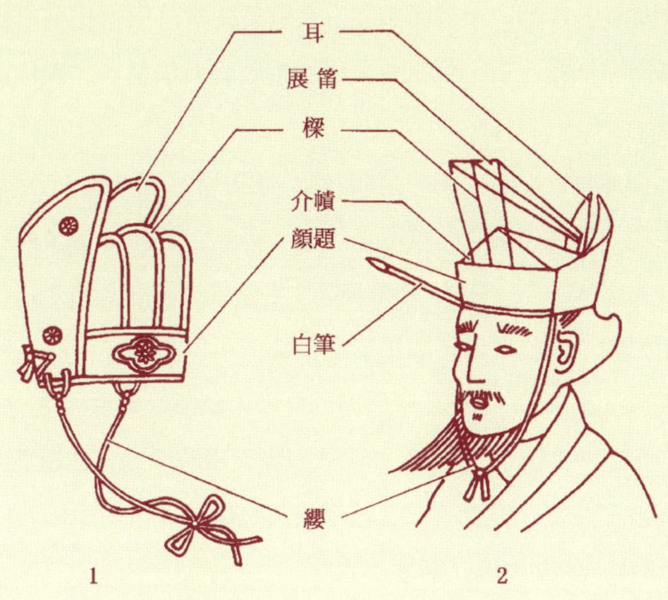

相對照，其上之各部位的名稱乃不難通過比較而確定。漢代進賢冠之展筒的寬度有限，所以梁數最多不過五枚[7]。宋、明的冠梁不受展筒寬度的限制，所以可有七梁、九梁乃至二十四梁之多。由於進賢冠和介幘相結合，使原先僅僅是髮罩的冠得到了幘的補充和襯墊，就成為一頂把頭頂完全遮蓋起來的帽子了。

為什麼宋、明的進賢冠將冠梁直接裝在冠頂上呢？這還需從進賢冠之形制的演變談起。上文說過，冠體本來只是一枚斜俎形的髮罩，只相當於後來的展筒，它要藉助於頍才能固定在頭上。《續漢志》說：“古者有冠無幘，其戴也，加首有頍。所以安物。”證以《儀禮·士冠禮》：“緇布冠，缺項青組纓，屬缺。”鄭注：“缺讀如‘有頍者弁’之頍。緇布冠無笄者，著頍圍髮際，結項中，隅為四綴，以固冠也。”可知《續漢書》的解釋是很正確的。頍是固冠的帶子，它的形象在始皇陵兵馬俑坑出土的陶俑上看得很清楚（圖 3-3）。可是當幘與冠相結合以後，一方面由幘代替了頍的功能，成為承

◎圖 3-3　陶武士俑冠下之頍（據秦始皇陵兵馬俑坑出土俑）

冠和固冠的基座；另一方面又由於幘蒙覆整個頭頂，反而把冠架空了，使起初作為髮罩的冠這時卻與髮髻相脫離。於是原始的冠體之轉化物——展筩遂逐漸萎縮。漢代的進賢冠之展筩是有三個邊的斜俎形，但是到了晉代，許多展筩卻成為只有兩個邊的"人"字形了（圖 3-4：1、2）。與此同時，晉代進賢冠的冠耳急劇升高，冠耳的高度幾乎可與展筩之最高點取齊。到了唐代，如洛陽關林 59 號唐代前期墓出土的陶俑所戴的進賢冠之冠耳升得更高，且由尖變圓；其展筩則由人字形演變成捲棚形[8]（圖 3-4：3）。陝西禮泉咸亨元年（670 年）李勣墓所出之進賢冠尚與之相近[9]。可是一到開元、天寶年間，情況就起了變化。禮泉開元六年（718 年）李貞墓所出陶俑的進賢冠上已無展筩[10]。特別值得注意的是咸陽底張灣天寶三載（744 年）豆盧建墓出土的俑，它所戴的進賢冠在顏題和後壁上都可以看到由於展筩已折斷而餘下的斷痕（圖 3-4：4；3-17：5），但此斷痕在該俑隨葬前曾用白粉塗飾過，似乎這時展筩已可有可無[11]。再晚一些時候，如，西安高樓村天寶七載吳守忠墓之俑和

◎圖 3-4　進賢冠的演變

① 晉當利里社碑
② 長沙晉永寧二年墓出土陶俑
③ 洛陽出土唐代陶俑
④ 咸陽唐天寶三載豆盧建墓出土陶俑
⑤ 唐・梁令瓚《五星二十八宿神形圖》中之"亢星"
⑥ 西安唐天寶七載吳守忠墓出土陶俑

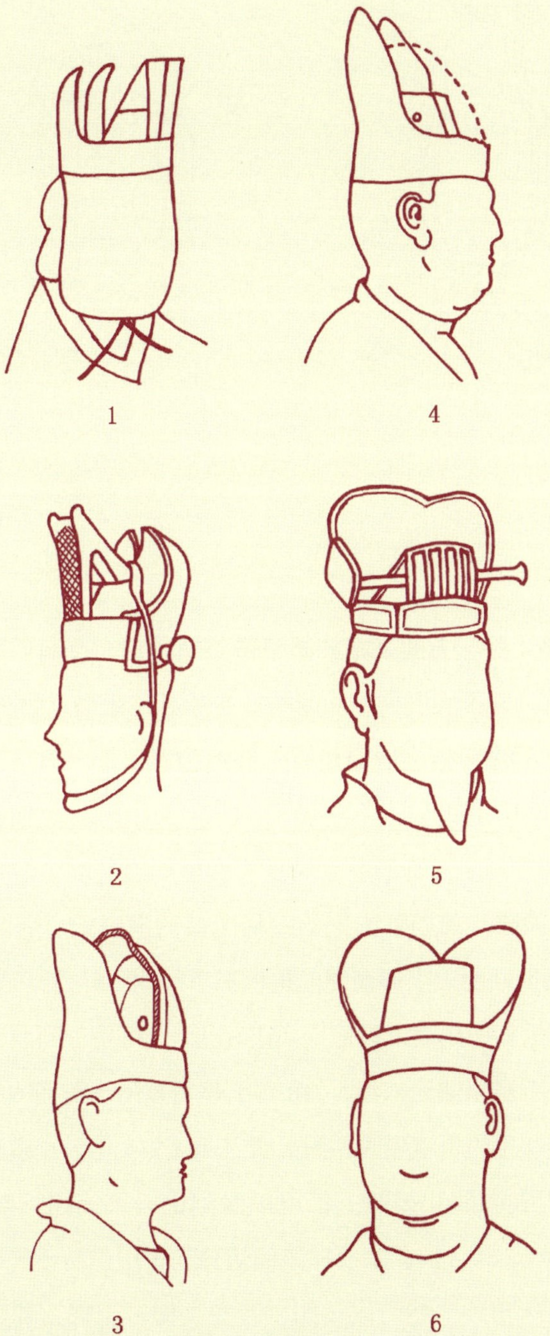

傳唐・梁令瓚筆《五星二十八宿神形圖》中的“亢星”所戴的進賢冠，都把展筒和相當於介幘的冠頂合為一體了[12]（圖 3-4：5、6）。此後，展筒遂不再單獨出現。於是，樑也就只能裝在冠頂上了。

進賢冠與通天冠的異同

在漢代的各類冠中，規格最高的是通天冠。《後漢書・明帝紀》李注引《漢官儀》：“天子冠通天，諸侯王冠遠遊，三公、諸侯冠進賢三樑。”關於通天冠的形制，《續漢志》說：“通天冠高九寸，正豎，頂少邪卻，乃直下為鐵捲樑。前有山、展筒為述，乘輿所常服。”《太平御覽》卷六八五引晉・徐廣《輿服雜注》說：“通天冠高九寸，黑介幘，金博山。”同卷又引劉宋・徐爰《釋問》：“通天冠，金博山，蟬為之，謂之金顏。”則通天冠以前部高起的金博山即金顏為其顯著的特點，因此也被稱為“高山冠”。《隋書・禮儀志》引魏・董巴《輿服志》：“通天冠……前有高山，故《禮圖》或謂之高山冠也。”漢代通天冠的形狀，也可以從當時的畫像石中尋求，而武氏祠畫像石由於人物旁邊常附有榜題，身份明確，更易識別。圖 3-5 上列分別是武氏祠中刻出的“王慶忌”、“吳王”、“韓王”與“夏桀”，他們的冠前面都有高高的突起物，應即金博山。而此圖下列的“縣功曹”、“孔子”、“公孫杵臼”與“魏湯”等人所戴的進賢冠上則無此物，因知前者即通天冠。再看一下其他畫像石的例子，如山東嘉祥焦城村畫像石中之“齊王”，及山東汶上孫家村畫像石中接受朝拜的人物[13]，都戴著這種通天冠，也正和他們的身份相合。

通天冠除了它的金博山以外，式樣同進賢冠頗相類似。作為諸王之朝服的遠遊冠，據傅玄說它的式樣“似通天”[14]，可見也屬同一類型。但漢代遠遊冠的圖像尚難確認，現在所知道的最早的例子是宋摹顧愷之《洛神賦》圖中曹植所戴的那一頂。由於摹本的細部很難完全準確，從這裏僅能大體得知遠遊冠的式樣約介乎通天和進賢之間。只是通天冠前的金博山上飾有蟬紋，遠遊冠上沒有這種裝飾。進賢冠上雖然也不附蟬，但侍中、中常侍等所戴籠冠

◎圖 3-5　武氏祠畫像石中的通天冠（上列）與進賢冠（下列）

① 王慶忌　⑤ 縣功曹

② 吳王　⑥ 孔子

③ 韓王　⑦ 公孫杵臼

④ 夏桀　⑧ 魏湯

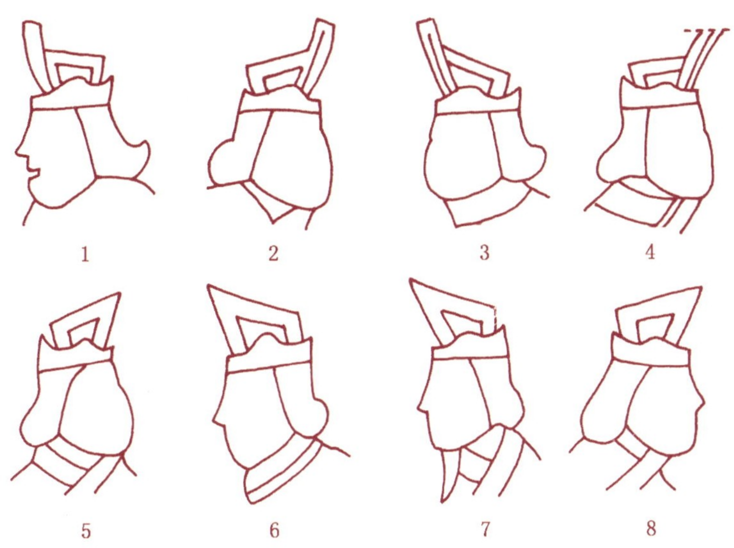

底下的平上幘的金璫上卻有附蟬。不過當這類蟬紋飾件有實物遺存可資探討時，其平上幘已演變為“小冠”，而和那時的進賢冠的式樣相接近了。這一點到下面討論籠冠時再談。

漢代和唐代的進賢冠雖然形制有別，但相互一致的地方還比較多。漢代和唐代的通天冠可就差得很遠，而且它們是沿著不同的途徑演變的，所以漢代進賢和通天之間的類似之處，在唐代的進賢和通天之間卻找不到了。

漢代通天冠的形制上文已初步推定。下面再就譜錄中所載晚期的通天冠舉出二例，即宋代的《三禮圖》與明代的《三才圖會》中的兩幅圖像（**圖 3-6：5、8**）。而永樂宮三清殿西壁元代壁畫中之十太乙，由於宋政和年間規定他們要戴通天冠[15]，所以也能辨認出來（**圖 3-6：7**）。用這四項實例作為基點，就可以排列出通天冠自漢至明的發展系列。

三清殿所畫通天冠，其冠頂向後旋卷，但這一部分並不透空，而北宋·

◎圖 3-6　通天冠的演變

① 武氏祠畫像石

② 龍門賓陽洞北魏《皇帝禮佛圖》（未破壞前），據 É. Chavannes, *Mission Archéologique dons La Chine Septentrionale*. pl. 171.

③ 新疆伯茲克里克石窟盛唐壁畫，據 Le Cop, *Die Buddhistische spätantike in Mittelasien*. V.4, Tafel 17.

④ 莫高窟藏經洞發現的唐咸通九年刊本《金剛般若波羅蜜多經》卷首畫

⑤ 北宋 · 聶崇義《三禮圖集注》中之通天冠

⑥ 北宋 · 武宗元《朝元仙仗圖》中東華天帝君之通天冠

⑦ 元永樂宮三清殿西壁壁畫

⑧《三才圖會 · 衣服圖會》中之通天冠

⑨ 北京法海寺大殿后壁明代壁畫中天帝之通天冠

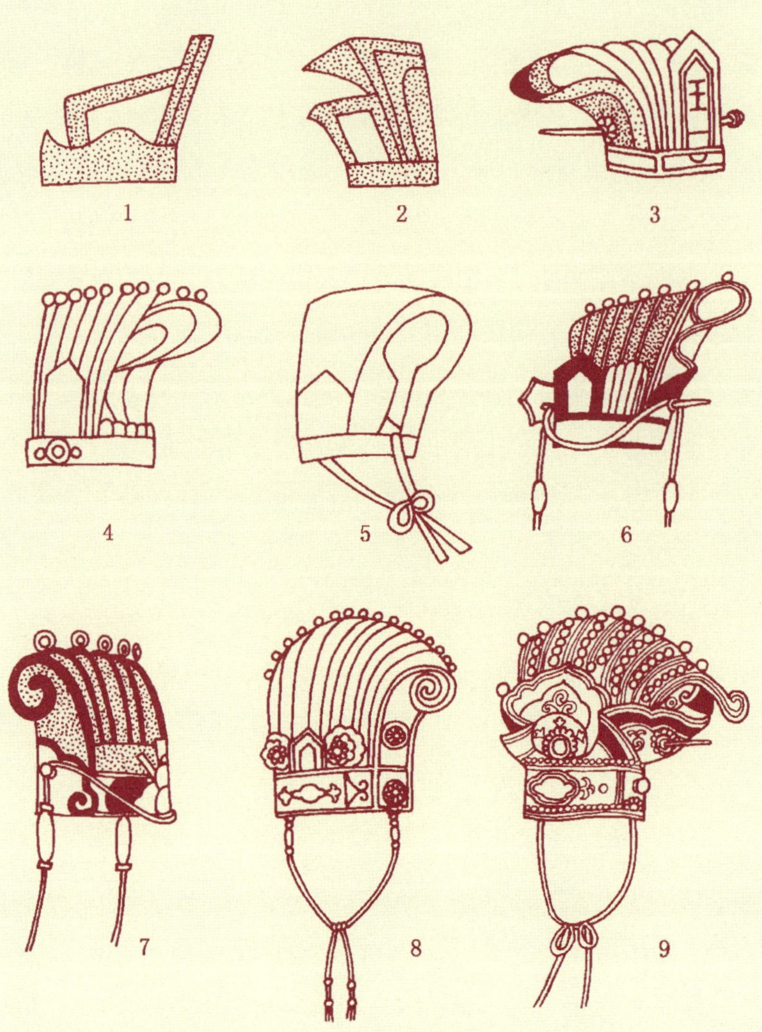

武宗元《朝元仙仗圖》中之東華天帝君所戴通天冠的這一部分卻是透空的，正和《三禮圖》中的畫法相合。唐代通天冠的旋捲部分也透空（圖 3-6:3、4），顯示出是從漢通天之展筩演變而成。可是以圖 3-6：6 與圖 3-6：1 相比較，兩者還是差得多；圖 3-6：2 所舉龍門賓陽洞北魏浮雕《皇帝禮佛圖》中的一例，恰可填補起當中的缺環，使這個發展過程前後能銜接得上。

漢代的通天冠前部有高起的金博山，上面裝有附蟬。這個山後來變成“圭”形，而且逐漸縮小。唐代有時在其中飾以“王”字，明代更在其旁飾以雲朵。但總的說來，唐代的通天冠已經變得更加富麗堂皇了。《舊唐書·輿服志》說：“通天冠，加金博山，附蟬，十二首，施珠翠，黑介幘，髮纓，翠緌，玉若犀簪、導。”其十二首疑指冠頂所飾十二珠。圖 3-6：4 所舉之例，正頂上飾八珠，左側面飾二珠，如再加上圖中看不到的右側之二珠，恰為十二珠。唐·王涇《大唐郊祀錄》卷三說：“十二首者，天大數也。”原田淑人以為十二首即十二個蟬[16]。但唐人《歷代帝王圖卷》上的袞冕只附有一個蟬，故其說恐不確。而且唐代的通天冠加施珠翠，則為漢代所未見。從唐代起，通天冠的圖像上常畫出許多小圓球，即代表這類珠翠。明代的通天冠在這方面愈益踵事增華，北京石景山法海寺明代壁畫中的通天冠（圖 3-6：9），上下綴滿了大小珠翠，更極盡其燦爛輝煌之能事。

弁與漢代的武弁大冠

何謂弁？《釋名·釋首飾》說：“弁，如兩手合抃時也。”《續漢志》說弁“制如覆杯，前高廣，後卑銳。”可見弁的外形猶如兩手相扣合，或者像一隻翻轉過來的耳杯，即是一下豐上銳的橢圓形帽子。《儀禮·士冠禮》鄭注：“皮弁者，以白鹿皮為冠，象上古也。”正義：“上古也者，謂三皇時，冒覆頭句頟繞項。”按《荀子·哀公篇》：“魯哀公問冠於孔子，……孔子對曰：‘古之王有務（鍪）而拘領者矣。’”又《淮南子·泛論》：“古者有鍪而綣領以王天下者矣。”高注：“古者，蓋三皇以前也。鍪，頭著兜鍪帽，言未知制冠也。”

◎圖 3-7　皮弁

①《歷代帝王圖》中的陳後主

②《歷代帝王圖》中的隋煬帝

③《三禮圖集注》中的皮弁

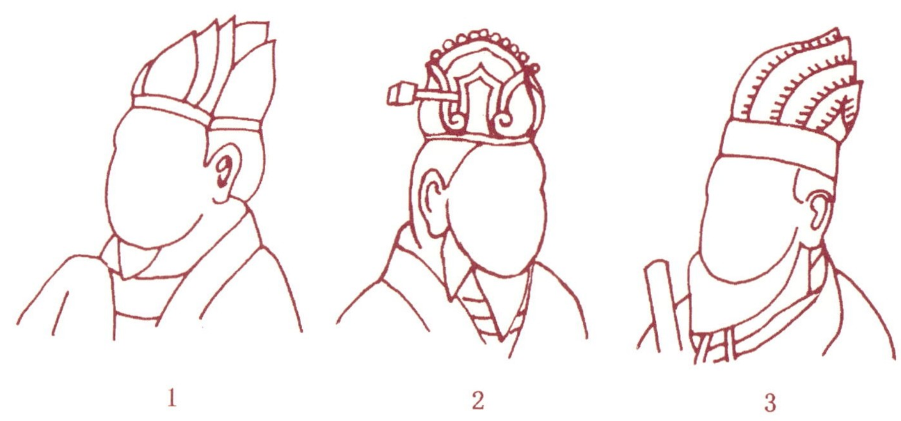

則弁的形狀又有些像兜鍪即胄。《隋書・禮儀志》：“弁之制。案《五經通義》：‘高五寸，前後玉飾。’《詩》云：‘璯弁如星。’董巴曰：‘以鹿皮為之。’《尚書・顧命》：‘四人綦弁執戈。’故知自天子至於執戈，通貴賤矣。……通用烏漆紗而為之。天子十二琪。……案《禮圖》有結纓而無笄導。少府少監何稠請施象牙簪導，詔許之。弁加簪導，自茲始也。”這裏說明從士兵到皇帝都可以戴弁，但皇帝的弁上有十二琪珠。在歷代皇帝當中，特別喜歡戴弁的是隋煬帝，《隋書・煬帝紀》：“上常服皮弁十有二琪。”《通典》卷五七“皮弁”條記隋煬帝時的弁制為：“大業中所造，通用烏漆紗，前後二傍如蓮葉，四閒空處又安拳花，頂上當縫安金梁，梁上加璂，天子十二珠為之。”再看《歷代帝王圖卷》中的隋煬帝，所戴正是皮弁（圖 3-7：2），而且是何稠改制後施簪導的皮弁，弁梁上的琪珠也歷歷可見，所以這一皮弁可以確認無疑。它的形狀也正與上引之似兩手合抃、似覆杯、似兜鍪諸說相合。再看《歷代帝王圖卷》中的陳後主，所戴也是皮弁（圖 3-7：1），不過是何稠改制前未施簪導的皮弁。又宋・聶崇義《三禮圖集注》卷一所繪之皮弁與陳後主戴的那種樣子很相近（圖 3-7：3）。因知聶圖修纂時當有古《禮圖》為據，雖不無舛誤，但絕非盡出臆構。不過從這三例中都看不到《隋書・禮儀志》根據《禮圖》

◎圖 3-8　弁與武弁

① 秦始皇陵兵馬俑坑出土之戴弁陶俑

② 咸陽楊家灣西漢墓陪葬坑出土之戴弁陶俑，弁下已襯有幘

③ 武威磨嘴子 62 號新莽墓墓主所戴武弁大冠

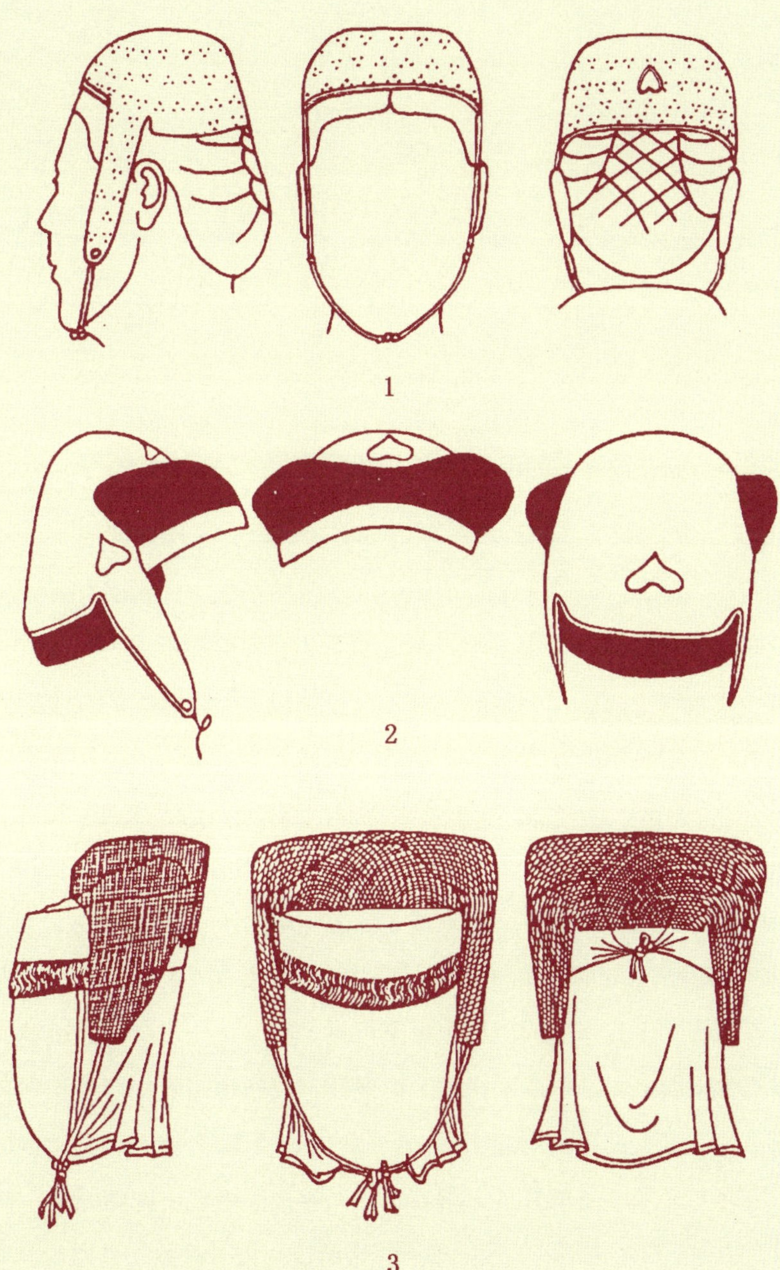

◎圖 3-9　馬王堆 3 號漢墓出土的漆纚紗弁

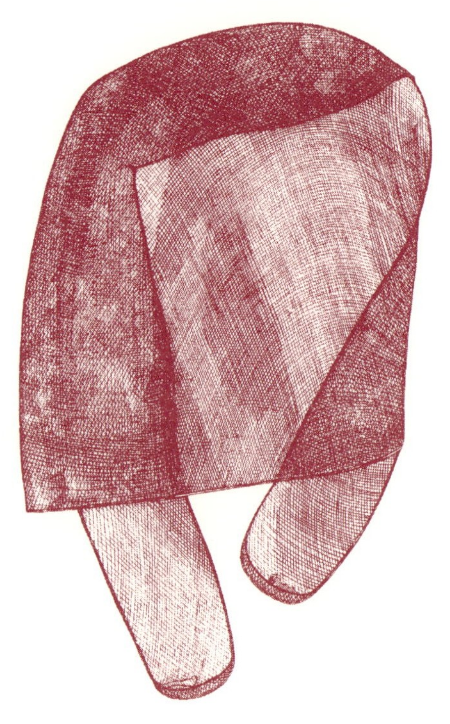

指出的弁上應有的“結纓”。如果把這一層也考慮進去，那麼始皇陵兵馬俑坑出土之騎兵俑所戴者就可以被認為是弁（圖 3-8：1）。不過始皇陵騎俑之弁下露髮，沒有其他襯墊物；而咸陽楊家灣西漢墓從葬坑中出土的甲士俑所戴的弁，雖與上述騎兵俑所戴者完全一致，但有的底下襯著幘，這就是漢代的武弁了（圖 3-8：2）。

前面說過，漢代文職官吏戴進賢冠，武職戴的就是這種武弁。武弁又叫武冠或武弁大冠。《續漢志》：“武冠一曰武弁大冠，諸武官冠之。”《晉書·輿服志》：“武冠一名武弁，一名大冠，一名繁冠，一名建冠，一名籠冠，即古之惠文冠。或曰趙惠文王所造，因以為名；亦云惠者，蟪也，其冠文輕細如蟬翼，故名惠文。”案將惠文冠說成是趙惠文王所造，或是細如蟬翼，均嫌迂闊費解。《釋名·釋採帛》：“繐，惠也。齊人謂涼為惠，言服之輕細涼惠也。”《儀禮·喪服》鄭注：“凡布細而疏者謂之繐。”武弁除用鹿皮做的之外，也有用稀疏的繐布製作的，在漢代更是如此，所以得名為惠（繐）文冠。也有的在上面再塗漆，湖南長沙馬王堆 3 號西漢墓與甘肅武威磨嘴子 62 號新莽墓均曾出漆纚紗弁。前者把弁單獨放在一個漆笥裏，保存得很完整（圖 3-9）；後者還戴在男屍頭上，周圍裹細竹筋，頭頂用竹圈架支撐，內襯赤幘，是武弁大冠的完整實例（圖 3-8：3）。這些弁的纚紗均孔眼分明。不僅實物如此，即使在畫像石中表現武弁時，也往往特地刻出網紋來，表示它的質地確與繐布相近。

但是，漢代的武弁大冠本是弁加幘而構成，與以冠加幘的進賢冠的構成不同，也就是說，它和冠的定義並不符合，所以它的叫法比較混亂，有上面的引文中所列舉的那麼多名稱。根本原因就在於它本來並不是冠，其後卻又被視為冠之一種的緣故。

從平上幘到平巾幘

《續漢志》劉注引《晉公卿禮秩》："大司馬、將軍、驃騎、車騎、衛軍、諸大將軍開府從公者：著武冠，平上幘。"《晉書．輿服志》也說："平上服武官也。"則襯在武弁底下的幘名平上幘。河北望都 1 號漢墓壁畫中之"門下遊僥"，在所戴武弁之下可以看到塗成紅色的平上幘，與《御覽》卷六八七引《東觀漢紀》"詔賜段熲赤幘大冠一具"的記載及上述武威磨嘴子 62 號墓中所見的情況均相合。漢、晉時的軍官與士兵都穿緹（黃赤色）衣或纁（暗赤色）衣，戴赤幘。《漢書．尹賞傳》："群盜探赤丸，斫武吏；探黑丸，斫文吏。"即以其衣、幘的顏色為據。《論衡．商蟲篇》："蟲食穀。……夫頭赤則謂武吏，頭黑則謂文吏所致也。"也是這種用意。《古今注》卷上"五伯"條更直接地說："今伍伯服赤幘，纁衣，素韎。"可見與赤幘配套的確係武弁。只有水軍服黃幘[17]，而文官的衣冠則都是黑色的[18]。

平上幘的形狀如在武威磨嘴子所見者，周圍是一圈由四層平紋方孔紗粘合而成的顏題，額前部分模壓成人字紋，頂上覆軟巾[19]。單獨戴平上幘者，如山東汶上孫家村出土的畫像石中之執戟的士兵（圖 3-10：2）、甘肅武威雷台漢墓出土之銅武士俑。它們的幘頂雖然都比較低平，但輪廓齊整，好像已經把以前的軟巾縫固定了[20]。也有的平上幘頂部中央稍稍隆起，如廣州漢墓所出陶俑[21]及美國納爾遜美術館所藏漢玉俑[22]。這種幘的頂部或已製成硬殼。至東漢晚期，平上幘的後部逐漸加高。《續漢書·五行志》說：“延熹中（158–166年），梁冀誅後，京師幘顏短耳長。”顏短耳長即前低後高。一件傳世的東漢中期灰陶執盾俑[23]（圖3–10:3），幘的後部已略高。光和五年（182年）的望都2號墓所出石雕騎俑之幘[24]（圖3–10:4），前低後高的造型愈加明顯。西晉時，幘的後部更高，長沙永寧二年（302年）墓出土陶俑之幘，其後部的高度幾乎相當於此人面部之半[25]。再往後，在幘頂向後升起的斜面上，出現兩縱裂，貫一扁簪（簞簪），橫穿於髮髻之中（圖3–10:5）。晉式平上幘可以單著，有時它還被稱為“小冠”。如《宋書·五行志》所說：“晉末皆小冠，而衣裳博大，風流相仿，輿台成俗。”輿台所戴的應是平上幘，而《志》中稱之為小冠，可見這時的小冠即指平上幘。平上幘既然也被稱為小冠，它的式樣也就逐漸向冠，特別是向進賢冠靠攏。湖北武昌周家大灣隋墓[26]和陝西禮泉唐·鄭仁泰墓出土的陶裲襠俑所戴的幘，除了沒有兩個冠耳以外，幾乎和進賢冠沒有多大的區別[27]。並且在名稱上，隋以後只用平巾幘之名。《隋書·禮儀志》：“承武弁者，施以笄導，謂之平巾。”同書《煬帝紀》載大業二年制定輿服，“文官弁服，佩玉，……武官平巾幘，褲褶”。安陽隋·張盛墓出土的瓷俑[28]，正是一個手按儀刀的戴平巾幘著裲襠甲的武官。

也就在平上幘向平巾幘演變的過程中，幘的地位逐漸提高。原先只是“卑賤執事”戴的幘，貴胄顯要在其平居之時也常著用。《後漢書·馬援傳》李注引《東觀記》：“援初到，敕令中黃門引入，上在宣德殿南廡下但幘坐。”《三國志·吳志·孫堅傳》：“堅常著赤罽幘。乃脫幘，令親近將祖茂著之。卓騎爭逐茂，故堅從間道得免。”兩晉以降，由於更為簡易的帢帽流行，反以幘為禮服。《世說新語·任誕篇》：“謝鎮西往尚書墓還，葬後三日反哭。諸人欲要之，初遣一信，猶未許，然已停車；重要，便回駕。諸人門外迎之，把

◎圖 3-10　介幘、平上幘與平巾幘

① 沂南東漢畫像石中的介幘

② 山東汶上孫家村東漢畫像石中的平上幘

③ 東漢灰陶執盾俑

④ 望都 2 號東漢墓出土石雕騎俑（以上二例代表從平上幘向平巾幘的過渡）

⑤ 南京石子崗東晉南朝墓出土戴平巾幘的陶俑

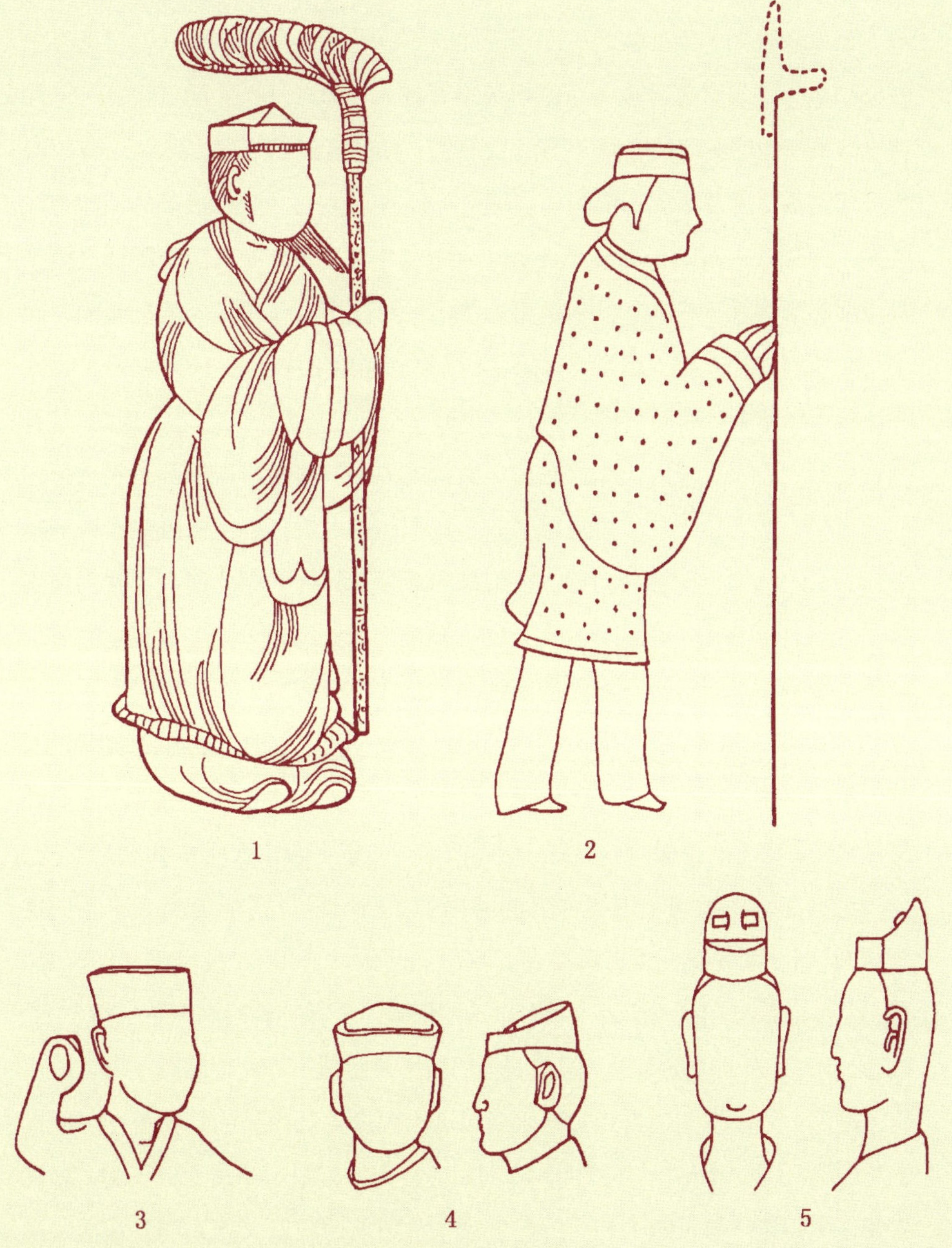

臂便下，裁得脫幘著帽。酣宴半坐，乃覺未脫衰。”《晉書·謝安傳》：“溫後詣安，值其理髮，…… 使取幘。溫見留之曰：‘令司馬著帽進。’其見重如此。”《北堂書鈔》卷九八引《俗說》：“謝萬與太傅共詣簡文，萬來無衣幘可前。簡文曰：‘但前，不須衣幘。’萬著白綸巾、鶴氅、裘、履，板而前。”都可以證明當時把幘看成禮服，而把巾、帽看成燕服。

這時不僅把幘看成禮服，而且更把它當成正式的官服，即所謂“江左……縣令止單衣幘”[29]。在其他傳記材料中也反映出這種情況。《晉書·易雄傳》：“少為縣吏，自念卑淺無由自達，乃脫幘，掛縣門而去。”《南史·卞彬傳》：“延之弱冠為上虞令，有剛氣。會稽太守孟顗以令長裁之，積不能容，脫幘投地。曰：‘我所以屈卿者，政為此幘耳，今已投之卿矣。卿以一世勳門，而傲天下國士。’拂衣而去。”可見這時已經用“掛幘”代替“掛冠”。又《太平廣記》卷三一六引《搜神記》：“陳留外黃范丹字史雲，少為尉從佐，使檄謁督郵。丹有志節，自恚為廝役小吏。及於陳留大澤中，殺所乘馬，捐棄官幘。”《搜神記》汪紹楹校注本改“官幘”為“冠幘”，誤。因“官幘”一語正符合六朝人的說法。

籠冠與貂、蟬

當武弁大冠形成以後，終兩漢之世，它一直被武官戴用（圖 3-11：1）。雖然我國遠在殷、周時已有金屬胄，但並不普遍，其實物在考古發掘中也很少見到。漢代的將軍們常常戴著武弁大冠上陣。咸陽楊家灣出土的軍官俑雖身穿魚鱗甲，但頭上只戴武冠[30]。沂南畫像石墓墓門橫額上表現墓主人與異族作戰的場面中，該墓主人頭上也只戴著武冠[31]。然而東漢晚期的和林格爾大墓與遼陽北園大墓的壁畫中，均有全副甲胄的武士像。此後著甲胄的甲士俑更屢見不鮮。武弁大冠逐漸退出了實戰領域。也就在這個時候，本來結紮得很緊的網巾狀的弁，遂變成了一個籠狀硬殼嵌在幘上（圖 3-11：2），這就是《晉書·輿服志》所稱之“籠冠”。南北朝時，南北雙方都用籠冠，

◎圖 3-11　籠冠的淵源和演變（自圖 3 以下均未表現籠冠上的孔眼）

① 沂南東漢畫像石中的戴武弁大冠者
② 長沙晉永寧二年墓出土陶籠冠俑
③ 北魏陶籠冠俑
④ 武漢周家大灣 241 號隋墓出土陶籠冠俑
⑤ 咸陽唐貞觀十六年獨孤開遠墓出土陶籠冠俑
⑥ 咸陽唐景雲元年薛氏墓出土陶樂俑
⑦《送子天王圖》
⑧ 永樂宮三清殿北壁元代壁畫中的戴籠冠者

在《女史箴圖》、《洛神賦圖》以及北朝各石窟之禮佛圖、供養人像與陶俑中均不乏其例。其下垂的兩耳比西晉時長，但頂部略收斂（圖 3-11：3）。隋代的籠冠頂平，正視近長方形，僅兩側微向外擴展（圖 3-11：4）。至唐代，籠冠的垂耳有長有短（圖 3-11：5、6）。唐末以後，在冠體之下復綴以軟巾（圖 3-11：7、8）。到了明代，軟巾又變成直下而微侈的硬壁（圖 3-12：6）。這種冠式還影響到日本。日本的“武禮冠”即仿宋、明籠冠又稍加變化而成（圖 3-12：7）。

最高級的武冠與籠冠是皇帝的近臣如侍中等人戴的。他們在這類冠上加

◎圖 3-12　從簪貂尾到簪鵰羽

① 武氏祠畫像石中之“二桃殺三士”圖，三士戴貂尾冠

② 北魏孝昌三年寧氏石室綫雕人物中之簪貂尾者

③ 敦煌莫高窟 335 窟唐垂拱二年壁畫中之侍臣

④ 湖北鄖縣唐·李欣墓壁畫中之簪貂者

⑤ 北宋繪本《丞相周益公像》在籠冠上簪雉尾，據 É.Chavannes, *La Peinture chinoise au Musée Cernuschi en 1912.*

⑥ 明十三陵文石，在籠冠上簪鵰羽

⑦ 日本的武禮冠

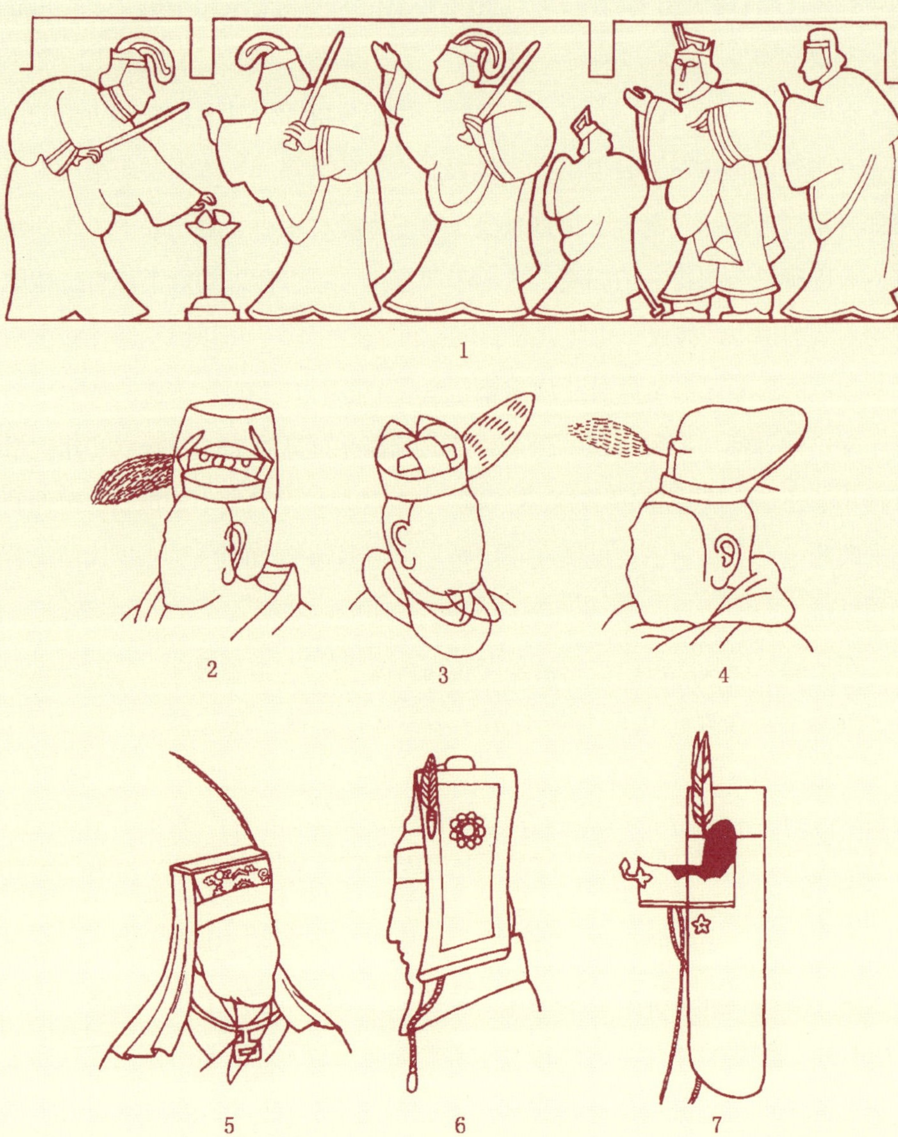

飾貂、蟬。《漢書・谷永傳》：“戴金、貂之飾，執常伯之職者。”顏注：“常伯、侍中。”“金”則指附蟬的金璫。《後漢書・朱穆傳》：“假貂、璫之飾，處常伯之任。”李注：“璫以金為之，當冠前，附以金蟬也。”“貂”則指紫貂的尾巴。《藝文類聚》卷六七引應劭《漢官儀》：“侍中左蟬右貂，金取堅剛，百陶不耗。蟬居高食潔，目在腋下。貂內勁悍而外溫潤。”貂尾不太小，與狗尾相近。《晉書・趙王倫傳》：“（趙王倫篡位）同謀者咸超階越次，不可勝記。至奴卒廝役，亦加以爵位。每朝會，貂、蟬盈坐。時人為之諺曰：‘貂不足，狗尾續。’”漢代簪貂的形象，只能在武氏祠畫像石中找到約略近似的例子。其中一塊畫像石上表現出《二桃殺三士》的故事[32]。圖中右起第一人係侍郎，第二人戴通天冠，應是齊景公，第三人身材短小，應是晏子，第四至第六人則應是公孫接、田開疆、古冶子等三士。這三個人的冠上都有一枚尾狀物，或前拂、或後偃，可能就是貂尾（圖 3-12：1）。可以識別得比較準確的簪貂尾的形象，最早見於北魏寧懋石室[33]（圖 3-12：2），這裏將籠冠、貂尾、平巾幘等都刻得很清楚。唐人簪貂的圖像在莫高窟 235 窟垂拱二年壁畫及湖北鄖縣李欣墓壁畫中均曾發現（圖 3-12：3、4），只是不知道為什麼他們都未戴籠冠，而將貂尾直接插在平巾幘上。這些都是 20 世紀 70 年代前後發現的材料。

至於蟬，在我國古代被認為是“居高食潔”[34]、“清虛識變”[35]的昆蟲。晉・陸雲《寒蟬賦》說：“蟬有五德。……加以冠冕，取其容也。君子則其操，可以事君，可以立身。豈非至德之蟲哉！”推崇備至。漢冠上的金蟬雖尚未發現，但晉與十六國時的蟬紋金牌飾卻有實物出土。最先發表的一例是遼寧北票北燕・馮素弗墓出土的[36]。這是一塊高約 7 厘米的金牌，上部稍寬，下部稍窄，頂部的弧綫在當中合尖處突起，輪廓略近圭形。牌之正面鏤出花紋，並焊有細金絲和小粒金珠，還在上部對稱的位置上鑲有兩顆半球形灰色石片（圖 3-13：1）。它的圖案乍看時頗難辨認，然而當時撰寫發掘簡報的李文信先生卻正確指出應是蟬形，並認為它：“可能就是秦漢以來侍中戴

◎圖 3-13　冠瑠上的金附蟬

① 遼寧北票北燕・馮素弗墓出土

② 甘肅敦煌前涼・氾心容墓出土

③ 江蘇南京東晉・高悝墓出土

1

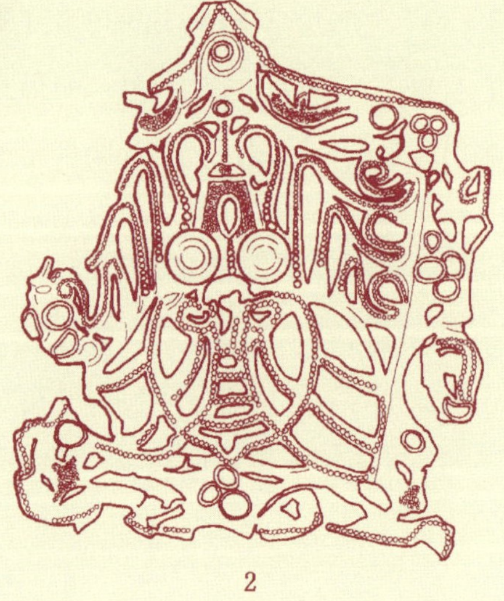

2

3

用的'金璫'。"因為此金牌在鏤孔飾片背後還墊著一塊大小相同的金片，現在看來，所謂金璫，疑指此物。《隋書．禮儀志》引董巴《輿服志》說："內常侍右貂，金璫，銀附蟬。"則其墊片（鐺）用金，鏤孔飾片（附蟬）用銀，與馮素弗墓所出者的規格不同。不過這時可資比較的材料太少，所以李先生又說："這裏只是結合馮素弗的身份，提出這種飾片用途的一種可能；也有把它作為漆器上的裝飾復原的。"不過僅僅過了一年，又發表了敦煌新店台 60M1 號前涼墓出土的金牌[37]。此牌殘高 5 厘米，所飾蟬紋比較清楚（圖 3-13：2）。發掘者馬世長等先生肯定地指出，它"中間鏤出一蟬，雙睛突起"。然而此墓中只有一具骨架，墓主為"張弘妻汜心容"。據《晉書．張軌傳》，張弘為張重華部將，在與前秦的戰爭中歿於戰地。他的屍骨或未歸葬，汜心容墓中遂瘞以亡夫的衣冠。如果此牌確係冠上之蟬璫，那麼它出於汜心容墓不難理解。可是這一點尚屬推測，對其用途並未掌握直接證據，故簡報中仍稱之為"金飾"。1998 年在南京仙鶴觀東晉名臣高悝墓中又出土了一塊金牌，高 6.8 厘米，保存狀況良好，極為完整，其上之蟬紋與張弘金牌上的圖像幾乎完全一致[38]（圖 3-13：3）。但後者已殘去一部分，以致蟬紋頭側的綫條用意不明。對比高悝的金牌，就看得出它原來代表蟬的六足，其安排頗具巧思，且形象完整，構圖飽滿。可是要認定這些金牌就是冠上附蟬的金璫，最有說服力的證據是舉出戴此冠飾之人像。因為其行使的時間長達八九百年；更如左思《魏都賦》所稱："禁台省中，連闥對廊……藹藹列侍，金蜩齊光。"服之者不在少數。然而寧懋石室、莫高窟 235 窟及李欣墓中的圖像，雖出現貂尾，卻並無金璫。後來在山西太原發掘了北齊太傅東安王婁睿墓，其墓門外甬道西壁所繪侍臣戴籠冠、簪貂尾，而且冠前飾圭形璫[39]；惜璫上一無紋飾（圖 3-14：2）。同墓所出籠冠俑，冠前也刻出圭形璫。但不知伊誰作俑，竟認為它們都代表"女官"；實屬誤解。洛陽北魏永寧寺遺址出土之影塑，其中戴籠冠的頭像與婁睿墓所出者肖似，卻有不少件塑出修剪得頗整齊的髭鬚，應當是一些很講究儀表的男性[40]。其中出土的：T1：1104 號頭像，

◎圖 3-14　飾蟬璫之冠

① 河南洛陽北魏永寧寺遺址出土陶影塑

② 山西太原北齊・婁睿墓壁畫（以上兩例璫上之蟬原被略去）

③ 陝西蒲城唐惠莊太子墓壁畫

冠前也貼有一片圭形璫，可惜的是，其上亦無紋飾（圖 3-14：1）。直到 1998 年發表了陝西蒲城坡頭鄉唐・惠莊太子李撝墓壁畫，墓道內所繪執笏進謁的文臣像中，有一人在冠前飾圭形璫，璫上繪出蟬紋[41]（圖 3-14：3）。於是上述金牌即璫上之金附蟬或曰蟬璫，始了無疑義。不過在皇帝之近臣的冠上加一個"目在腋下"而又"清虛識變"的蟬形徽識，要他們既善於韜晦，又通達封建政治的權變之術，真是一個莫大的嘲諷。南北朝後期，此物的使用受到限制。《周書・宣帝紀》："（宣帝）嘗自……冠通天冠，加金附蟬，顧見侍臣武弁上有金蟬……者，並令去之。"隋代雖然恢復了服制中的貂、蟬，但使用範圍較前為小。《隋書・禮儀志》說："開皇時，加散騎常侍在門下者皆有貂、蟬，至是（大業元年）罷之。惟加常侍聘外國者特給貂、蟬，還則納於內省。"至唐代，簪貂之官仍以左右散騎常侍為主[42]，文藻上也沒有用貂蟬稱侍中或中書令的，而都用它稱散騎常侍了。

唐以後，不再簪貂尾。宋代用雉尾充替（圖 3-12：5）。元以後更易以鵰羽。永樂宮三清殿元代壁畫中太乙的侍臣（王遜編號 248、249）所簪已是鵰羽[43]。明代仍如此[44]（圖 3–12：6）。

鶡冠與翼冠

漢代的武冠除武弁大冠以外，還有另一種叫作“鶡冠”。《續漢志》所記武冠就已區分成這樣兩種。那裏說鶡冠的形制是：“環纓無蕤，以青繫為緄，加雙鶡尾豎左右。”又說：“鶡者，勇雉也。其鬥對，一死乃止，故趙武靈以表武士。秦施之焉。”劉注：“徐廣曰：‘鶡似黑雉，出於上黨。’荀綽《晉百官表注》曰：‘冠插兩鶡，鷙鳥之暴疏者也。每所攫撮，應撲摧衄。天子武騎，故以冠焉。’傅玄《賦》注曰：‘羽騎騎者戴鶡。’”這種鶡冠在洛陽金村出土的錯金銀狩獵紋鏡的圖像中已經出現，其鶡尾其實是插在弁上的。西漢空心磚上也有這種鶡冠，不過這裏的弁上加刻出許多網眼，說明其質地已是繐布、纚紗之類。以上兩例在插鶡尾的弁下都未襯幘，而河南鄧縣出土的東漢畫像磚上的人物，卻在正規的襯平上幘的武弁大冠上插雙鶡尾，這就是《續漢志》所說的鶡冠了[45]（圖 3–15）。鄧縣鶡冠所插羽毛中有清晰的橫向紋理，故此時之所謂鶡似是一種雉。鶡又作毼。《後漢書・西南夷傳》李注引《山海經》郭璞注：“毼雞似雉而大，青色，有毛角，鬥敵死乃止。”按此處說的毼雞很可能指褐馬雞，牠有兩簇高聳的白色頰毛，頗類“毛角”。毼亦訓白。《儀禮・士喪禮》：“毼豆兩。”鄭注：“毼，白也。”但褐馬雞卻不善鬥。《史記・佞幸列傳》說：“故孝惠時，郎、侍中皆冠鵔鸃。”鵔鸃冠即武冠之別名，見《續漢志》劉注。鵔鸃也是雉屬。《說文・鳥部》：“鵔，鵔鸃，鷩也。”《爾雅》郭注：鷩“似山雞而小，冠、背毛黃，腹下赤，項綠，色鮮明”。雉尾顏色美麗，以後遂被沿用。《南齊書・輿服志》說：“武騎虎賁服文衣，插雉尾於武冠上。”可見這時已將插雉尾的作法制度化了。

鶡冠除豎插一對鶡尾的類型以外，還有將鶡鳥的全形裝飾在冠上的。《史記・仲尼弟子列傳》：“子路性鄙，好勇力，志伉直，冠雄雞，佩豭豚。”武氏祠畫像石中的子路像，冠上飾有雞形[46]（圖 3–16：1）。這類在冠上飾以整

◎圖 3-15　東漢的鶡冠（河南鄧縣出土畫像磚）

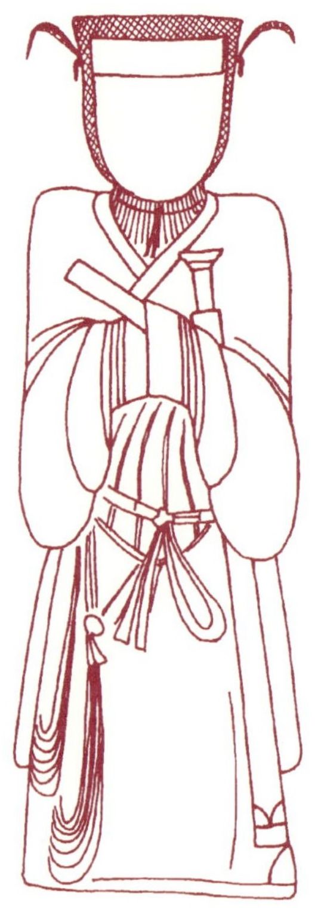

體鳥形的實例雖不多見，但直到唐代卻仍在文獻中被提到。《舊唐書・張說傳》："說因獲巂州鬥羊，上表獻之，以申諷喻。其表：'臣聞勇士冠雞，武夫戴鶡……'"則冠雞與戴鶡為類。唐代最流行的武官之冠，正是在冠上飾以鶡鳥全形的那一種。雖然這種作法與佛教藝術中的鳥形冠，如在莫高窟 257 窟北魏壁畫中所見者不無關係（圖 3-16：3），但仍可將漢代的雞冠視為其固有的淵源。

唐代鶡冠上所飾的鶡鳥並非似雉或似雞的大型鳥類，而是一種小雀。"鶡"到底是哪種鳥，諸書之說本不一致。上引《續漢志》說牠是"勇雉"，曹操則稱牠為"鶡雞"[47]《晉書・輿服志》又說鶡"形類鷂而微黑"，可是也有人認為鶡形似雀。《漢書・黃霸傳》："時京兆尹張敞舍鶡雀飛集丞相府，霸以為神雀，議欲以聞。"顏注引蘇林說："今虎賁所著鶡也。"西安出土的漢代鶡鳥陶範，表現的也是一種小雀，其形與唐代鶡冠所飾者頗相近[48]。

◎圖 3-16　唐代鶡冠造型之淵源

① 東漢武氏祠畫像石孔子弟子圖中子路之雞冠

② 薩珊銀盤之王者像（聖彼得堡愛米塔契博物館藏）

③ 莫高窟 257 窟北魏壁畫之力士

④ 莫高窟 338 窟初唐壁畫之北方天王

⑤《凌煙閣功臣圖》中侯君集所戴的進德冠

⑥ 西安唐天寶四年蘇思勖墓石門綫雕武士

⑦ 唐代陶鶡冠俑（荷蘭阿姆斯特丹 H.K.Westendrop 氏舊藏）

⑧ 日本奈良法隆寺藏唐四天王錦

⑨ 西安唐天寶七載吳守忠墓出土陶俑

⑩ 唐開元十六年鶡冠俑（英 G.Eumorfopoulos 氏舊藏）

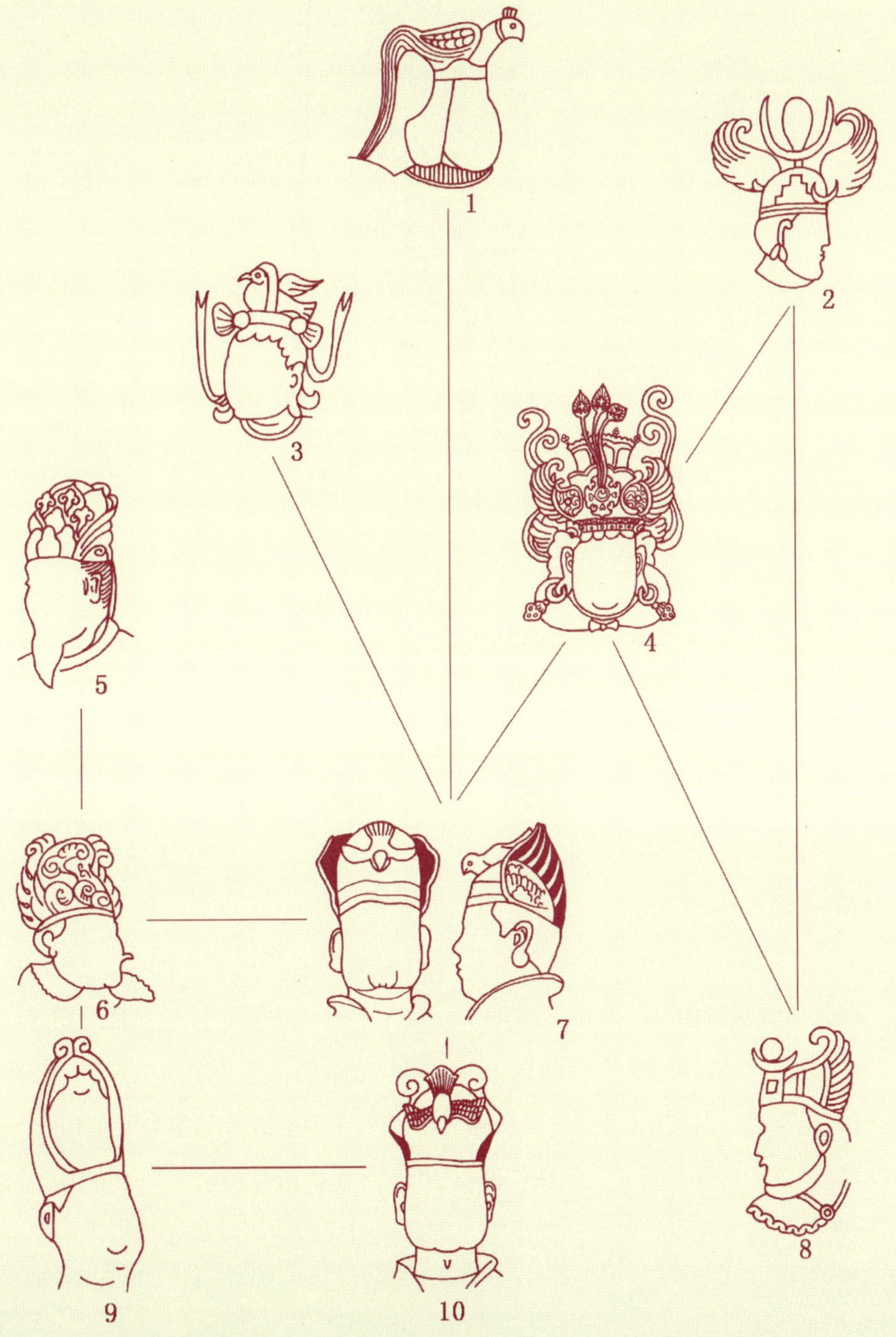

唐代的鶡冠不但飾以鶡鳥全形，而且冠的造型相當高大，冠後還有包葉。這種造型是前所未見的。它的形成，大約一方面是為了和日趨高大的進賢冠相協調，另一方面又受到唐代新創的"進德冠"式樣的影響。《新唐書·車服志》說："（太宗）又製進德冠以賜貴臣，玉琪制如弁服，以金飾梁，花趺。三品以上加金絡，五品以上附山、雲。"這種冠皇太子、貴臣以及舞人都可以戴，流行的時間也比較長。宋元祐五年（1090 年）遊師雄摹刻的《凌煙閣功臣圖》殘石拓本上的魏徵、侯君集二像所戴之冠後部有軟腳，類襆頭，與《新唐書·車服志》所稱"進德冠制如襆頭"之說合[49]。其冠之前部飾以五山、三雲朵，又與"附山、雲"之說合。加以人物的身份正屬貴臣，所以此冠應為進德冠（圖 3-16：5）。以進德冠與唐式鶡冠相較，則發現後者的造型在很大程度上以前者為模式。

此外，唐式鶡冠從外面看去，在兩側的包葉上還畫出鳥翼（圖 3-16：7）。冠飾雙翼，並非我國固有的作風。薩珊諸王的冠上多飾雙翼，如卑路斯（457-483 年）、庫思老二世（590-627 年）的王冠上都有這樣的裝飾（圖 3-16：2），夏鼐先生以為這是太陽或祆教中屠龍之神未累什拉加那（Verethraghra）的象徵[50]。但在波斯阿契美尼王朝時，瑣羅亞斯特教的主神阿胡拉·馬茲達就用帶翼的日輪為其象徵，即古代波斯地區本有崇拜雙翼的傳統。唐代的翼冠確曾受過薩珊的影響。因為薩珊王冠上除翼外，還有成組的日、月或星、月紋，而日本奈良法隆寺舊藏之唐代四天王錦上天王所戴寶冠亦飾有雙翼與日、月[51]（圖 3-16：8），是其證。但從薩珊式翼冠到唐代鶡冠之間，在意匠的傳播過程中或者還以佛教藝術為中介。因為佛教中的兜跋毗沙門天（即北方多聞天王）在西域各國特受尊崇，此種信仰亦流衍於中土，而毗沙門天王像上就戴著有翼的寶冠（圖 3-16：4）。唐式鶡冠上的翼取法於此或更為直接。它們之間的淵源關係與傳播途徑，試表示如圖 3-16。

這種飾鶡雀輔雙翼的鶡冠，實即唐代文獻中所稱之"武弁"。在唐墓所出成組的文、武俑或唐陵的文、武石中所見唐代武官著禮服時所戴之冠，大

◎圖 3-17　唐代著禮服的文武俑

①、② 陝西乾縣唐・李賢墓出土

③、④ 陝西禮泉唐・李貞墓出土

⑤、⑥ 陝西咸陽唐・豆盧建墓出土

⑦、⑧ 上海博物館藏

都是這類鶡冠或是其再經演進的式樣[52]（圖 3-16：7、10；3-17：2、4）。唐中葉以後，鶡冠上的雀形漸次消匿。但武官著禮服時所戴之冠仍是鶡冠之流裔，其冠身加高，上無鳥形，而代以捲草、雲朵、連珠等紋樣。如上海博物館所藏一唐代著裲襠甲的武官俑[53]，冠前部只裝飾著三葉紋和連珠紋，包葉上的翼紋也不見了，僅在冠頂上探出二紐狀物（圖 3-17：8）。咸陽底張灣豆盧建墓出土的武官俑之冠甚至連這樣的紐狀物也沒有了，造型更趨簡化[54]（圖 3-17：6）。不過它們從進德冠那裏接受的影響還是看得出來的。

注　釋

1　《淮南子・人間》。

2　李文信：《遼陽北園壁畫古墓記略》，《國立瀋陽博物院籌備委員會彙刊》第 1 期，1947 年。

3　“前高七寸”之“七”字，李文均誤記為“八”，茲據《續漢書・輿服志》校正。

4　沂南畫像石墓歷史故事部分的人物造型逼肖安徽亳縣董園村 2 號墓所出畫像石，而後者為東漢桓帝前後之墓葬，故沂南墓的時代亦應相去不遠。

5　顏、題本來均指額部。《廣雅・釋親》：“顏、題，額也。”又《戰國策・宋策》：“宋康王……欲霸之速成，故射天笞地，斬社稷而焚之，曰威服天下鬼神。罵國老諫臣。為無顏之冠以示勇。”宋・鮑彪注：“冠不覆額。”則冠顏應位於額上。至於題，如《山海經・北山經》所說：“石者之山有獸焉，其狀如豹而文題。”郭璞注：“題、額也。”可知二者本無分別。故《隋書・禮儀志七》轉述《續漢志》的話時，只說：“至孝文時，乃加以高顏。”《後漢書集解》卷三〇，黃山注：“本單言顏，或連言顏題，後始掍之。《器物總論》：‘華蓋有顏題。’則凡事物亦連言顏題矣。”因知所謂“高顏題”，即加高覆額環腦的一圈介壁。

6　《後漢書集解》卷三〇，黃山注引。

7　因為展筒的寬度有限，容不下許多枚冠梁，故《續漢志》所記進賢冠最多僅有三梁。但《後漢書・法雄傳》說“海賊”張伯路起兵，自“冠五梁冠”。李注：“《漢官儀》曰：‘諸侯冠進賢三梁，卿大夫、尚書、二千石冠兩梁，千石以下至小吏冠一梁。’無五梁制者也。”但《晉書・輿服志》說：“人主元服，始加緇布，則冠五梁進賢。”則此時之皇帝已效法“海賊”，也戴起五梁進賢冠來了。

8　洛陽博物館：《洛陽關林 59 號唐墓》，《考古》1972 年第 3 期。

9 李勣墓所出進賢冠，見《人文雜誌》1980年第4期。

10 昭陵文物管理所：《唐越王李貞墓發掘簡報》，《文物》1977年第10期。

11 陝西省文物管理委員會：《陝西省出土唐俑選集》圖54、55，文物出版社，1958年。

12 吳守忠墓出土俑，見注11所揭書，圖102。《五星二十八宿神形圖》，見阿部孝次郎續輯：《爽籟館欣賞》第二輯。

13 嘉祥焦城村畫像石，見傅惜華編：《漢代畫像全集》初編，圖162。汶上孫家村畫像石，見同書二編，圖87。

14 《晉書·輿服志》引。

15 宋·宋敏求：《春明退朝錄》卷中。

16 原田淑人：《東亞古文化論考·冠位の形態から見だ飛鳥文化の性格》，東京，1962年。

17 楊泓：《中國古兵器論叢·水軍和戰船》，文物出版社，1980年。

18 漢代文官常朝皆著黑衣。詳《中國古輿服論叢》一書《兩唐書輿（車）服志校釋稿》卷三【舊81】注1。

19 甘肅省博物館：《武威磨嘴子三座漢墓發掘簡報》，《文物》1972年第12期。

20 甘肅省博物館：《武威雷台漢墓》，《考古學報》1974年第2期。

21 黎金：《廣州的兩漢墓葬》插圖10，《文物》1961年第2期。

22 《服裝大百科事典》卷上，頁656，文化出版局，1976年。

23 《世界考古學大系》卷17，頁72，平凡社，1963年。

24 河北省文化局文化工作隊：《望都二號漢墓》圖24、25，文物出版社，1959年。

25 湖南省博物館：《長沙兩晉南朝隋墓發掘報告》，《考古學報》1959年第3期。

26 湖北省文物管理委員會：《武漢市郊周家大灣241號隋墓清理簡報》，《考古通訊》1957年第6期。本文所舉之俑在簡報中列為武士俑之第二種。

27 陝西省博物館、禮泉縣文教局唐墓發掘組：《唐鄭仁泰墓發掘簡報》，《文物》1972年第7期。

28 考古研究所安陽發掘隊：《安陽隋張盛墓發掘記》，《考古》1959年第10期。

29 《宋書·禮志》。

30 《中華人民共和國シルクロ[illegible]ド文物展》，第一部，圖1，1979年。

31 曾昭燏等：《沂南古畫像石墓發掘報告》圖版24，文化部文物管理局，1956年。

32 關野貞：《中國山東省に於ける漢代墳墓の表飾》附圖93。簪貂尾本是戰國時山東諸國的習俗，《晉書·輿服志·序》："及秦皇並國，攬其餘軌，豐貂東至，獬豸南來。""二桃殺三士"正是東方齊國的故事，所以三士簪貂尾的可能性很大。

33 趙萬里：《漢魏南北朝墓誌集釋》圖版 262：10，科學出版社，1956 年。

34 《太平御覽》卷六八八引應劭《漢官儀》。

35 《古今注》卷上。

36 黎瑤渤：《遼寧北票縣西官營子北燕馮素弗墓》，《文物》1973 年第 3 期。

37 馬世長等：《敦煌晉墓》，《考古》1974 年第 3 期。

38 《六朝家族墓地考古有重大收穫》，《中國文物報》1999 年 1 月 17 日。

39 山西省考古研究所等：《太原市北齊婁睿墓發掘簡報》，《文物》1983 年第 10 期。

40 中國社會科學院考古研究所：《北魏洛陽永寧寺》彩版 15，中國大百科全書出版社，1996 年。

41 陝西省考古研究所：《陝西新出土文物選粹》圖版 121，重慶出版社，1998 年。

42 《新唐書 · 百官志》：“顯慶二年，分散騎常侍為左右，金蟬珥貂。” 關於唐代以貂蟬稱散騎常侍事，參看岑仲勉《唐史餘瀋》“貂蟬字用法” 條，中華書局，1960 年。

43 王遜：《永樂宮三清殿壁畫題材試探》，《文物》1963 年第 8 期。

44 明 · 周祈：《名義考》卷一一，“冠幘” 條。

45 鄧縣出土鶡冠畫像磚，見周到等編：《河南漢代畫像磚》圖 244，上海人民美術出版社，1985 年。

46 據注 32 之一所揭書附圖 92。

47 曹操：《鶡雞賦 · 序》，《大觀本草》卷一九引。

48 見《文物》1985 年第 4 期，頁 94。

49 金維諾：《〈步輦圖〉與〈凌煙閣功臣圖〉》，《文物》1962 年第 10 期。

50 夏鼐：《中國最近發現的波斯薩珊朝銀幣》，《考古學報》1957 年第 2 期。

51 平凡社戰後版《世界美術全集》第 8 卷，彩版 15。

52 這類文、武俑在發掘中常與一對鎮墓獸和一對甲士俑同出，如在西安唐 · 獨孤思貞墓甬道中所見者（《唐長安城郊隋唐墓》頁 32）。依王去非、徐蘋芳的考證，前兩者即祖明、地軸，後兩者即當壙、當野。而依《大漢原陵秘葬經》所記，在“親王墳堂”的明器神煞中尚應有“大夫”和“太尉”；“公侯卿相墓堂”中尚應有“大夫”和“太保”。這類文、武俑或即“大夫”、“太保”之類。它們雖然可以和其他鎮墓俑相組合，但亦可自成一組。如西安洪慶村 305 號唐 · 李仁墓（景雲元年，710 年）石墓門的門扉上便刻有一對這樣的人物（《西安郊區隋唐墓》頁 12、13）。其冠服應為現實生活中文、武官員之禮服的寫照。

53 上海博物館：《陳列品圖片》第 3 輯。

54 據注 11 所揭書，圖 57。

肆・南北朝時期我國服制的變化

民族融合是南北朝時期突出的歷史現象。十六國初，洶湧南下的草原民族，經過這一時期的大融合，到了隋唐，已經“齊於編民”。由於北朝的統治者為鮮卑族，或已鮮卑化的少數族，所以鮮卑族和漢族成為這時民族融合的兩大主角。以服制而論，儘管這時出現過或漢化或胡化之錯綜複雜的過程，但最後還是根據社會生活的實際要求，在歷史的發展中，重新對各類民族服裝加以改革和組合，終於形成了與漢魏時大不相同的隋唐服制。

建立北魏王朝的拓跋鮮卑，本是從大興安嶺的大鮮卑山遷移出來的一支狩獵民族。他們與“風土寒烈”之地的居民一樣，其服裝也屬衣褲式的“短制褊衣”[1]。其髮型則同於我國古代大多數北方民族的辮髮；《南齊書・魏虜傳》說他們：“被髮左衽，故呼為‘索頭’。”起初，他們對中原上層人士的褒衣博帶頗抱反感。《魏書・序記》說始祖神元帝力微之子沙漠汗曾長期留在洛陽[2]，歸國後，為諸部大人所害，理由之一就是說他的“風采被服，同於南夏”。所以後來從內蒙古赤峰托克托縣出土的太和八年銅佛像基座上的供養人、寧夏固原雷祖廟北魏漆棺上的人物畫及敦煌莫高窟出土的太和十一年刺繡佛像上的供養人等處看到的鮮卑裝[3]，除了獨具特色的鮮卑帽以外，與新疆吐魯番阿斯塔那出土的西涼紙本繪畫中若干平民的服裝相當近似；但不同的是，後一例中所繪貴人著褒博的漢裝，而固原漆棺畫的貴人卻和平民一樣，均著鮮卑裝（圖 4-1）。可見拓跋鮮卑曾注意保持其固有的傳統；至少在孝文帝改制前，並未在本民族的衣著中大力推廣漢族服式。

而從另一方面考察，拓跋鮮卑建立的北魏王朝又有易於接受漢化的條件和傾向。首先，早在北魏建國之初，已改變其舊有的依血族劃分部落、設部落大人進行統治的政治體制。《魏書・官氏志》說：道武帝拓跋珪時“散諸部落，始同為編民”。以賀訥為例，他是道武帝之舅，“其先世為君長”，“訥從道武平中原，拜安遠將軍。其後離散諸部，分土定居，不聽遷徙。其君長大人，皆同編戶。訥以元舅，甚見尊重，然無統領”。[4]足可證明這一點。皇始元年（396 年）道武帝進尊號，建天子旌旗，並“初建台省，封拜公侯、

◎圖 4-1　北魏遷洛前的服裝（1、2）與十六國服裝（3）的比較

①、② 寧夏固原北魏漆棺畫

③ 新疆吐魯番出土的西涼紙本繪畫

1　　2

3

將軍、刺史、太守；尚書郎以下悉用文人”[5]。表明較完備的國家機器開始建立，舊有的氏族軍事組織已然解體，在其統治下錯雜而居的胡漢各族都成了編戶齊民。天興元年（398 年）道武帝“給內徙新民耕牛，計口授田”[6]。明元帝拓跋嗣時也實行這一政策。至孝文帝太和年間乃於全國範圍內推行均田制。對“天下男女，計口授田，⋯⋯勤相勸課，嚴加賞賜”[7]，使致力農桑成為佔主導地位的生產方式；而各族人民在生產方式上的一致性遂更加促進其生活方式上的趨同性。這就為拓跋鮮卑的漢化打下了經濟基礎。其次，拓跋鮮卑統治者一向抱有入主中原、“混一戎華”的政治目標。早在道武帝議定國號時已表示：當時“天下分裂，諸華乏主。民俗雖殊，撫之在德。”他制定：“從土德，服色尚黃。”“敬授民時，行夏之正。”“令《五經》群書各置博士，增國子太學生員三千人。”[8]太武帝拓跋燾時，又“起太學於城東，祀孔子，以顏淵配”[9]。都擺出了弘揚文治的中華帝王的派頭。所以拓跋氏後來附會為黃帝之後，如《魏書・序紀》所稱：“昔黃帝有子二十五人，或內列諸華，或外分荒服。昌意少子，受封北土，國有大鮮卑山，因以為號。⋯⋯黃帝以土德王，北俗謂土為托，謂後為跋，故以為氏。”此說雖非信史，但在對待漢文化的態度上，和十六國以來若干少數族帝王如匈奴族的劉淵之不忘情於“復呼韓邪之業”[10]，羯族的石勒之自稱“吾自夷，難為效”[11]，石虎之自稱“朕出自邊戎，忝君諸夏。至於饗祀，應從本俗”是有所不同的[12]。這些，都為孝文帝元宏的漢化鋪設了道路。

孝文帝漢化是我國歷史上極其特殊的大事件。一位統治者全盤否定本民族的語言、禮俗、服裝、籍貫乃至姓氏，可謂空前絕後之舉。因為這時拓跋鮮卑與漢族之間仍存在著巨大的文化落差，要名正言順地做正統的中國皇帝，為雄據各方的強宗豪族所承認，為自命不凡的文化高門所擁戴，非漢化不可。而到了 5 世紀，漢族的封建文化已形成一個由於完全成熟而顯得繁瑣，由於十分精緻而透出迂腐氣息的龐大體系，僅自其中採擷幾片枝葉裝點一下不足以顯示君臨諸夏。魏孝文帝如若不想回到依靠鮮卑甲騎作軍事征服者的老路上去，就要在漢化上下功夫。而他的政策是全盤漢化。雖然在服制改革方面，道武帝於天興元年已“命朝野皆束髮加帽”[13]。束髮的命令看來已被執行，因為在固原雷祖廟北魏墓中曾出橫插長笄的髮髻[14]。但做到這一步並不意味著對鮮卑裝有多大觸動，因為戴的仍是鮮卑帽。天興六年（403 年）道武帝又“詔有司制冠服，隨品秩各有差。時事未暇，多失古禮”[15]。可見這次改制也沒有多少實際效果。至孝文帝時才真正著手進行服制改革。擔任設計的是馮誕（貴戚，文明太后兄馮熙之子）、游明根、高閭（兩人是著名的大儒）、蔣少遊（多才多藝的工程師）、劉昶（宋文帝劉義隆第九子，寄身北魏）等人。劉昶來自南朝，“條上舊式，略不遺忘”[16]。蔣少遊和他討論時，或“二意相乖，時致諍競”[17]。他們反覆研究達六年之久，服制的改革始定型。龍門賓陽中洞前壁浮雕《禮佛圖》中的皇帝，即孝文帝本人的形象，以之與顧愷之《洛神賦圖》中陳思王曹植像相較，其雍雅襜裕之致，實有過之而無不及（圖 4-2）。《禮佛圖》中的人物皆著高頭大履，完全改變了草原民族著靴的舊俗。在江蘇常州戚家村南朝晚期墓出土的畫像磚上，有些人像的履頭高得出奇，而洛陽所出北魏寧懋石室之綫刻人像的履頭，卻可以與之媲美（圖 4-3）。這說明北魏的服裝漢化得十分徹底，連細節也不忽略。相反，南朝自帝王至平民卻經常著屐。《宋書・高祖紀》說他：“性尤簡易，常著連齒木屐。”臣僚謁見君上時亦可著屐。《南齊書・虞玩之傳》：“太祖鎮東府，朝野致敬，玩之猶躡屐造席。”又《蔡約傳》：“高宗為錄尚書輔政，百僚脫屐到席，約躡屐不改。”貴遊子弟更不例外。《顏氏家訓・勉學篇》說：他們“無不熏衣剃面，傅粉施朱，駕長簷車，跟高齒屐”。即當時所稱“裙屐少年”（《魏書・邢巒傳》）。安徽馬鞍山吳・朱然墓曾出漆屐，已殘，復原後如圖 4-4[18]。這種木屐後來東傳至日本，成為和服中的下馱。然而在北朝卻很少見。屐有類拖鞋，不如履正規。《世說新語・簡傲篇》說：“王子敬兄弟見郗公（郗愔），躡履問訊，甚修外生禮。及嘉賓（郗超）死，皆著高屐，儀容輕慢。”這段記載將王獻之等人的前恭後倨之態，通過履與屐的更換，描畫得

◎圖 4-2　褒衣博帶

① 東晉 · 顧愷之《洛神賦圖》

② 龍門賓陽中洞北魏浮雕《皇帝禮佛圖》

1

2

◎圖 4-3　南北朝的高頭履

① 北魏・寧懋石室綫刻畫

② 常州戚家村南朝墓出土畫像磚

1　　　　2

◎圖 4-4　漆屐（據安徽馬鞍山吳・朱然墓出土物復原）

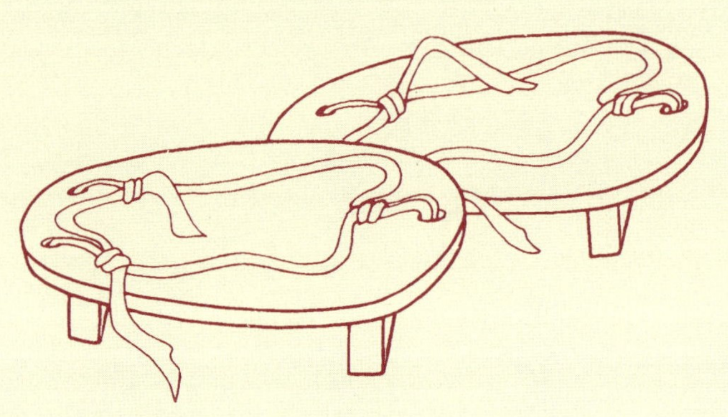

◎圖 4-5 《竹林七賢圖》中的部分人物（南京西善橋南朝墓出土拼鑲磚畫）

非常形象。南朝人士喜著屐，所以其裝束往往帶有輕慢之風。特別是玄學末流，所謂名士大都空疏狂放，衣裝舉止皆恣縱不羈，與《抱朴子・外篇・刺驕篇》所稱"或亂項科頭，或裸袒蹲夷，或濯腳於稠眾，或溲便於人前"者有相通處。南京西善橋、江蘇丹陽建山金家村及胡橋吳家村等地南朝大墓出土的拼鑲磚畫《竹林七賢圖》中那些赤腳袒胸、裸肩翹足、露髻披衣的人物，正是他們的寫照[19]（圖 4-5）。而這種風氣在北魏卻並不流行，遺物中很少見到這類形象。

至於平日的便服，這時無論南北皆著褲褶。褲褶的特點不在於其褶（短上衣）而在於其褲。這種褲即《晉書・五行志》所說"為褲者直幅，為口無殺"的那一種。殺通褨，《集韻》："褨，衣削幅也。"無殺即褲口不縫之使窄，故又稱大口褲。為行動便利起見，遂在膝部將褲管向上提，並以帶子縛結。洛陽出土的北魏孝子畫像石棺與河南鄧縣、湖北襄陽等地南朝墓出土的畫像磚上之勞動者皆著褲褶[20]（圖 4-6）。這時軍人也著褲褶，這種裝束被稱作"急裝"[21]。《南齊書・呂安國傳》中提到的"褲褶驅使"，即指一般軍人。

但北魏在朝會時還以褲褶為禮服。《太平御覽》卷六九五引《北疆記》"虜主南郊，著皇斑褶、繡褲"可證。這種作法和南朝不同，故南朝人或不以為然。《梁書・陳伯之傳》說："褚緭在魏，魏人欲擢用之。魏元會，緭戲為詩曰：'帽上著籠冠，褲上著朱衣，不知是今是，不知非昔非。'魏人怒，出為始平太守。"褚詩實質上是認為朝會時不應服褲褶。因為褲上著朱衣並不成為問題。《南史・劉懷慎傳》說："（劉）德願岸著籠冠，短朱衣，執轡進止，甚有容狀。"此人執轡時自當著褲褶。何況南北朝武官著褲褶者，上衣亦多為絳色。如《南史・王融傳》就說："融戎服絳衫。"而朱衣與絳衫本不易區別。至於籠冠，則當與平巾幘通著，不應承以帽。但這是太和十八年以前的情況。此後，經孝文帝的徹底改革，北魏服制確已具備華夏之儀型。當北魏・崔僧淵給在齊的族兄崔惠景回信，拒絕叛魏投齊時，稱讚孝文帝說：他使"禮俗之敘，粲然復興；河洛之間，重隆周道"[22]。《洛陽伽藍記》卷二

◎圖 4-6　褲褶裝

① 河南鄧縣南朝墓出土畫像磚

② 河南洛陽出土北魏孝子畫像石棺

1

2

說得更具體：“（陳慶之）曰：‘自晉、宋以來，號洛陽為荒土。此中謂長江以北，盡是夷狄。昨至洛陽，始知衣冠士族，並在中原。禮儀富盛，人物殷阜。目所不識，口不能傳。所謂帝京翼翼，四方之則。如登泰山者卑培塿，涉江海者小湘、沅。北人安可不重？’慶之因此羽儀服式，悉如魏法，江表士庶，競相模楷，褒衣博帶，被及秣陵。”惟陳慶之南歸後，恐怕不會稱洛陽為“帝京”；此記述中當有楊衒之潤色的成分。儘管如此，卻也不能說這些話純屬向壁虛構。可以認為，這時南、北方的服裝在漢化的式樣的基礎上大體趨於一致。

孝文帝的漢化政策雖有其成功的一面，他使遷洛的鮮卑貴族與中原的漢族大姓間的矛盾得到緩和，取得了新舊士族的擁戴。即使從表面現象上看，朝堂上的褒衣博帶，也暫時掩蓋了民族間的畛域。但伴隨著全盤漢化，不得不進一步強化士族制，“以貴襲貴，以賤襲賤”，從而使清濁士庶之間的門閥等級更為森嚴，這就伏下了潛在的危機。因為拓跋鮮卑的聚居之地本在代北，更北則是柔然的勢力範圍。北魏為鞏固邊防計，沿邊境設立軍鎮，鎮將大都為鮮卑族或當地少數族豪酋。雜居其地的漢族久經濡染，也大都已鮮卑化。起初邊鎮很受重視。“昔皇始以移防為重，盛簡親賢，擁麾作鎮，配以高門子弟，以死防遏。不但不廢仕宦，乃至偏得復除。當時人物，忻慕為之”[23]。可是孝文帝遷洛實行漢化以後，按照門品高下任官。六鎮的職業軍人無法漢化，只能通過軍功任武職濁官，而遷洛之門閥化的鮮卑貴族和漢族高門卻可以通過吏部銓選任文職清官，從而前者的社會地位不斷下降。“中年以來，有司乖實，號曰府戶，役同廝養。官婚班齒，致失清流”[24]。他們被“征鎮驅使為虞候、白直，一生推遷，不過軍主。然其往世房分，留居京者，得上品通官；在鎮者，便為清途所隔。或投彼有北，以禦魑魅；多復逃胡鄉，…… 獨為匪人。言者流涕”[25]。塞上豪酋對胡漢新舊門閥士族的深刻矛盾與被壓迫的下層胡漢人民反抗統治者的階級矛盾交織在一起，終於激發了北魏末年的六鎮起義。

六鎮起義以後，代北豪酋中以高歡為首的懷朔集團控制東魏，後來高氏建立起北齊王朝；以宇文泰為首的武川集團控制西魏，後來宇文氏建立起北周王朝。

無論北齊或北周，當政者都是鮮卑或鮮卑化的武人。在北齊，當政者在反對曾使他們受到壓抑的士族制時，常同時反對漢化，即《北齊書・高昂傳》所說："於時鮮卑共輕中華朝士。"文宣帝高洋嘗問杜弼："治國當用何人？"弼答："鮮卑車馬客，會須用中國人。"高洋以為"此言譏我"，後斬之[26]。與高洋"舊相昵愛，言無不盡"的高德政，也被殺。高洋說："高德政常言宜用漢，除鮮卑，此即合死。"[27]幸臣韓鳳甚至說："狗漢大不可耐，唯須殺卻！"[28]同時，鮮卑語復盛，高歡"申令三軍，常鮮卑語"[29]。一些通鮮卑語能翻譯傳達號令的人，"尤見賞重"[30]。在這種風氣下，鮮卑裝重新流行起來。可是這時的鮮卑裝如在山西壽陽河清元年（562 年）厙狄迴洛墓、山西太原武平元年（570 年）婁睿墓、河北磁縣武平七年高潤墓等處的壁畫上所見者，已與固原北魏漆棺畫上的式樣不同[31]。畫中的人物戴圓形或山字形鮮卑帽，身著圓領或交領缺骻長袍，腰束鞢韄帶，足登長靿吉莫靴（圖 4-7）。與墓中所出模製的陶俑相比，這些畫更富於寫實性。山東濟南馬家莊的一座北齊墓雖與太原婁睿墓相距遙遠，但兩墓壁畫中的人物不僅服式相同，而且連廣額豐頤的長圓臉型也絕肖似，可見畫中真實地刻畫了當時鮮卑人的形貌[32]。《舊唐書・輿服志》說："北朝則雜以戎狄之制。爰至北齊，有長帽短靴、合袴襖子，朱紫玄黃，各任所好。高氏諸帝，常服緋袍。"高氏諸帝所服之袍，其式樣應即上述圓領缺骻袍，它是在舊式鮮卑外衣的基礎上參照西域胡服改制而成的。《北齊書・文宣帝紀》說高洋有時"散髮胡服"；其"胡服"是泛稱，實際上指的大約也是缺骻袍。這種長袍不僅出現於墓室壁畫，在北齊時開鑿的河北邯鄲響堂山、水浴寺，河南安陽靈泉寺等石窟的供養人像上也經常可以見到[33]。

缺骻袍的流行不是偶然的，因為就服裝在生產和生活中的實用功能而

◎圖 4- 7　婁睿墓壁畫中著鮮卑裝的人物

言，它比漢魏式褒博巍峨的衣冠要方便得多。早在漢代，匈奴就用“得漢絮繒，以馳草棘中，衣褲皆裂弊”的方式，證明它“不如旃裘堅善”[34]。齊・王融也指出鮮卑人著漢裝之不便：“若衣以朱裳，載之玄頍，節其揖讓，教以翔趨，必同艱桎梏，等懼冰淵，婆娑蹁躚，困而不能前已。”[35] 後來沈括在《夢溪筆談》中也說：“窄袖利於馳射，短衣、長靿皆便於涉草。……予至胡庭日，新雨過，涉草衣褲皆濕，唯胡人都無沾。”諸說的道理如一，都很切中要害。既然如此，冠冕衣裳何以尚能長期流傳呢？看來這主要是傳統的禮法觀念在起作用。揚雄《法言・先知篇》說：“聖人，文質者也。車服以彰之，藻色以明之，聲音以揚之，《詩》、《書》以光之。籩豆不陳，玉帛不分，琴瑟不鏗，鐘鼓不耾，則吾無以見聖人矣。”因此，對於一個中國中世紀的政權來說，缺少它們，就不成其為正統的封建王朝了。魏孝文帝懂得這個道理，從他開始，北魏採用漢式衣冠已近七十年。北齊對此當然沒有驟然停廢的必要，何況當時南方的梁朝還有一定吸引力。高歡說：“江東復有一吳兒老翁蕭衍者，專事衣冠禮樂，中原士大夫望之以為正朔所在。”[36] 故北齊在這方面不能不因循敷衍。但他們的基本傾向是反對漢化，所以對舊式衣冠尊而不親，平日不穿，只在需要時用它擺一擺排場。

北周則與北齊有別，它的政策一方面是士庶兼容，一方面是胡漢並舉。宇文氏既維護鮮卑舊俗，如恢復鮮卑複姓、說鮮卑語等，同時又摹仿《周禮》，用六官制度來改組政府，標榜自己是西周傳統文化的繼承者。在服裝上，一方面在大朝會時正式採用漢魏衣冠。《周書・宣帝紀》說：“大象元年（579 年）春正月癸巳，受朝於路門。帝服通天冠、絳紗袍，群臣皆服漢魏衣冠。”彷彿恢復了魏孝文帝時的制度。另一方面，平時北周君臣著袍。《周書・李遷哲傳》說：“太祖以所服紫袍玉帶及所乘馬賜之。”在《周書・熊安生傳》、《王思政傳》、《李賢傳》及《隋書・周法尚傳》等處，還多次提到受賜“九環金帶”或“金帶”之事，以上各類金、玉帶皆屬鞢韘帶，和它相配套的袍只能是缺胯袍。《續高僧傳・感通篇・釋慧瑱傳》說：“周建德六年（577

年）忽見一人著紗帽，衣青袍，九環金帶，吉莫皮靴。”這套裝束正與北齊無別。

北周稱此種服式為常服。“後令文武俱著常服”[37]，軍人都可以穿。而北周實行府兵制，募百姓當兵，除其縣籍，租、庸、調均予蠲免，漢族農民應募的很多。《隋書·食貨志》說：“是後夏人（漢人）半為兵矣。”在眾多府兵的影響下，他們的服式在漢族平民中也日益普及，再加上自鮮卑帽轉化改進而成的襆頭，遂在北周形成一套所謂常服。它所體現的既非純然胡風，更非復古，而是在融合中創造出的新形式。

隋唐時代南北一統，而服裝卻分成兩類：一類繼承了北魏改革後的漢式服裝，包括式樣已與漢代有些區別的冠冕衣裳等，用作冕服、朝服等禮服和較朝服簡化的公服。另一類則繼承了北齊、北周改革後的圓領缺骻袍和襆頭，用作平日的常服。這樣，我國的服制就從漢魏時之單一系統，變成隋唐時之包括兩個來源的複合系統；從單軌制變成雙軌制。但這兩套服裝並行不悖，互相補充，仍組合成一個渾然的整體。這是南北朝時期民族大融合的產物，也是中世紀時我國服制之最重大的變化。

注 釋

1 玄奘譯、辯機撰：《大唐西域記》卷二《印度總述·衣飾》。

2 《晉書·武帝紀》：咸寧元年（275 年）“鮮卑力微遣子來獻”。此力微之子或即沙漠汗。

3 太和八年銅佛像為內蒙古自治區博物館藏品。固原出土漆棺，見寧夏固原博物館：《固原北魏墓漆棺畫》，寧夏人民出版社，1988 年。莫高窟出土的刺繡，見敦煌文物研究所：《新發現的北魏刺繡》，《文物》1972 年第 2 期。

4 《北史·賀訥傳》。

5 《魏書・太祖紀》。

6 《魏書・太祖紀》。

7 《魏書・韓麒麟傳》。

8 《魏書・太祖紀》。

9 《魏書・世宗紀》。

10 《晉書・劉元海載記》。

11 《晉書・石勒載記》。

12 《晉書・佛圖澄傳》。

13 《資治通鑒・晉紀》"安帝隆安二年"條。

14 見注 3 之二。

15 《魏書・禮志》。

16 《魏書・劉昶傳》。

17 《北史・蔣少游傳》。

18 史石:《三國時代漆塗の下駄》,《人民中國》1986 年第 12 期。

19 南京博物院等:《南京西善橋南朝墓及其磚刻壁畫》,《文物》1960 年第 8、9 期合刊。南京博物院:《江蘇丹陽縣胡橋、建山兩座南朝墓葬》,《文物》1980 年第 2 期。

20 黃明蘭:《北魏孝子石棺綫刻畫》,人民美術出版社,1985 年。河南省文物局文物工作隊:《鄧縣彩色畫像磚墓》,文物出版社,1958 年。崔新社:《襄陽賈家衝畫像磚墓》,《江漢考古》1986 年第 1 期。

21 周一良:《魏晉南北朝史札記・〈南齊書〉札記》"緩服、急裝、具裝、寄生、裝束、結束"條,中華書局,1985 年。

22 《魏書・崔玄伯傳》。

23 《北史・廣陽王深傳》。

24 《北齊書・魏蘭根傳》。

25 《北史・廣陽王深傳》。

26 《北齊書・杜弼傳》。

27 《北齊書・高德政傳》。

28 《北齊書・韓鳳傳》。

29 《北齊書．高昂傳》。

30 《北齊書．孫搴傳》。

31 王克林：《北齊厙狄迴洛墓》，《考古學報》1979 年第 3 期。山西省考古研究所等：《太原市北齊婁睿墓發掘簡報》，《文物》1983 年第 10 期。磁縣文化館：《河北磁縣北齊高潤墓》，《考古》1979 年第 3 期。

32 濟南市博物館：《濟南市馬家莊北齊墓》，《文物》1985 年第 10 期。

33 溫廷寬：《我國北部的幾處石窟藝術》，《文物參考資料》1955 年第 1 期。邯鄲市文物保管所：《邯鄲鼓山水浴寺石窟調查報告》，《文物》1987 年第 4 期。河南省古代建築保護研究所：《河南安陽靈泉寺石窟及小南海石窟》，《文物》1988 年第 4 期。

34 《漢書．匈奴傳》。

35 《南齊書．王融傳》。

36 《北齊書．杜弼傳》。

37 《隋書．禮儀志》。

伍・從襆頭到頭巾

在我國中古時代的男裝中，襆頭很引人注目。它是我國的民族服裝，除了我國的一些鄰國中有仿效者外，此物絕不見於世界其他地區。所以它可以被認為是這一時期中，我國男裝之獨特的標誌。襆頭於南北朝晚期出現以後，歷唐、宋、金、元、明，直至清初，其最後的變體才為滿式冠帽所取代。通行的時間前後長達一千餘年。在中國服裝史上，襆頭的產生是意義重大的。明．丘浚《大學衍義補》胡寅注：“古者，賓、祭、喪、燕、戎事，冠各有宜。紗襆既行，諸冠盡廢。稽之法象，果何所則？求之意義，果何所據？”[1] 的確，起初作為一種輕便的裹頭之物而流行開來的襆頭，本不煩從“法象”上多加附會，但比起以“修敬”為目的的冠來，卻要方便實用得多了。

襆頭產生之前，漢代通行戴冠、幘。男子二十成人，士冠；“卑賤執事不冠者”，則戴幘[2]。但是在勞動人民中間，還有用布包頭的習慣。《方言》卷四：“絡頭，帞頭也。……自關以西，秦、晉之郊曰絡頭，南楚、江、湘之間曰帞頭，自河以北，趙、魏之間曰幧頭。”《樂府詩集．日出東南隅行》：“少年見羅敷，脫帽著帩頭。”可見在年輕人心目中，認為包頭比戴帽美觀些。從圖像中看，漢代的帽子多為圓頂小帽，的確相當樸素。但帩頭、帞頭等又是什麼樣子呢？《釋名．釋首飾》：“綃頭：綃，鈔也，鈔髮使上從也。或謂之陌頭，言其從後橫陌而前也。”鄭玄在《儀禮．喪服》的注中也說：“髽……自項而前交於額上，卻紒（髻），如著幓頭焉。”以這些描寫與形象材料相印證，則郫縣長冢店漢墓所出畫像石中之牽犬人及成都天回山漢墓所出說唱俑頭上繫結之物，或即綃頭之類[3]**（圖 5-1：1、2）**。東漢以降，從這類包頭布中又演化出一種幅巾來。《後漢書．韓康傳》：“亭長……及見康柴車幅巾，以為田叟也。”可見裹幅巾的以勞動人民為多。但若干在野的士人也有喜歡裹幅巾的。《後漢書．鮑永傳》說他“既知更始已亡，乃發喪。……悉罷兵，但幅巾與諸將及同心客百餘人詣河內”。李注：“幅巾，謂不著冠，但幅巾束首也。”又同書《符融傳》：“融幅巾奮袖，談辭如雲。”《法真傳》：“（真）性恬靜寡欲，不交人間事。太守請見之，真乃幅巾詣太守。”《鄭玄傳》：“玄

◎圖 5-1　綃頭和幅巾（3、4）

① 河南鄧縣長冢店漢墓畫像石

② 四川成都天回山漢墓陶俑

③、④ 南京西善橋南朝墓拼鑲磚畫

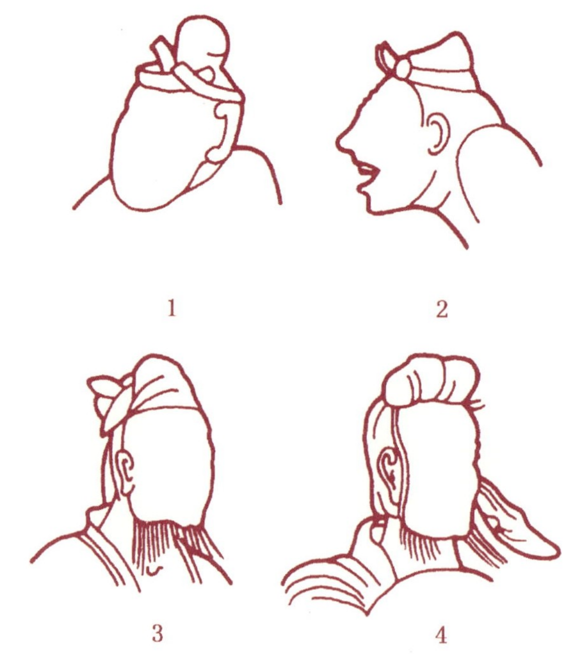

不受朝服，而以幅巾見。”均是其例。及至東漢末年，像袁紹這樣的高官，在官渡戰敗以後，也簡率地繫著幅巾逃走。《後漢書．袁紹傳》說，袁軍當時“驚擾大潰，紹與譚等幅巾乘馬，與八百騎度河”。當時的袁紹確已來不及冠服乘車，傳中的幅巾乘馬云云，實際上是狀其倉皇的點睛之筆。所以《宋書．禮志》引《傅玄子》“漢末王公名士，多委王服，以幅巾為雅”的說法，就未免失之片面。因為裹幅巾者，並非盡是為了體現名士的風雅，像上文所說袁紹所處的場合，裹幅巾只不過求其便捷而已。及至魏晉，在當時的社會風氣下，不拘禮法的幅巾，反而更為流行。陶淵明“取頭上葛巾漉酒”[4]，史書中傳為美談。這時的平民出任官吏，還可以稱之為“解巾”或“釋巾”[5]。清．王鳴盛《十七史商榷》卷六八“解巾”條說：“解巾者，解去幅巾，將襲章服，猶云釋褐也。”晉代之幅巾的形象，在南京西善橋東晉墓拼鑲磚畫《竹林七賢與榮啟期圖》中的山濤、阮咸像上可以見到（圖 5-1：3、4）。漢代幅巾的形制，大約也相去不遠。

然而應當指出的是：襆頭並不是直接繼承幅巾而來[6]。對於襆頭說來，幅巾僅僅起著先驅的作用，並不是它的原型。這是由於：首先，裹幅巾的東晉、南朝人士，"皆……衣裳博大，風流相放"[7]，仍保持著漢以來的傳統服裝式樣。襆頭卻是和圓領缺骻袍配套的。褒博的衣裳與缺骻袍分屬不同的服裝系統；所以與後者配套的襆頭的前身，不能到與前者配套的幅巾那裏去尋找。其次，在形象材料中，也看不到自幅巾向襆頭演變的發展序列。因此，雖然不能說襆頭和幅巾毫無關連，但它們中間的斷層卻是不容忽視的。

圓領缺骻袍屬胡服系統。自十六國以來，北方各族大批進入中原。在近三個世紀中，形勢不斷動蕩，各族政權，風起雲擾，虎踞鯨吞，但同時也促進了以漢族為主體的我國各民族間的融合。這時，不僅在政治、經濟等方面巨變迭起，而且在人民日常生活（如飲食、器用、服飾等）方面，也發生了很大變化。在此期間，由於胡服，特別是鮮卑裝的強烈影響，我國常服的式樣幾乎被全盤改造。這時形成的襆頭，雖然遠遠地襯托著漢晉幅巾的背景，卻是直接從鮮卑帽那裏發展出來的。

這裏所以強調鮮卑裝的影響，是由於進入南北朝時期以後，鮮卑貴族成為整個北中國的統治者[8]。上面所說的民族融合，在服飾習俗方面，主要是漢與鮮卑的融合。在北魏遷洛以前的遺物中，可以看到著鮮卑裝的人像，如雲岡早期洞窟中的供養人、呼和浩特北魏墓與大同太和八年（484 年）司馬金龍墓出土的陶俑、敦煌莫高窟出土的太和十一年刺繡品上的供養人像與日本根津美術館藏太和十三年鎏金佛像基座上的供養人等[9]（圖 5-2）。這些人像無論男女，都有戴後垂披幅的鮮卑帽的。《魏書·任城王澄傳》說："高祖還洛，引見公卿曰：'朕昨入城，見車上婦人冠帽而著小襦襖者，若為如此，尚書如何不察？'" 孝文帝所指摘的帽，無疑即屬此類。太和十三年造像基座上的供養人所戴之帽頂呈方形，或即《南齊書·王融傳》所說"匈奴（在這裏指鮮卑人）……冠方帽則犯沙陵雪"之方帽。但多數鮮卑帽的頂部呈圓形。祖瑩

◎圖 5-2 戴鮮卑帽的男子（2、4）與婦女（1、3）

① 雲岡第 18 窟

② 莫高窟出土太和十一年刺繡

③ 固原出土北魏漆棺畫

④ 太和十三年鎏金佛像基座（男供養人露髻，未戴帽；日本根津美術館藏）

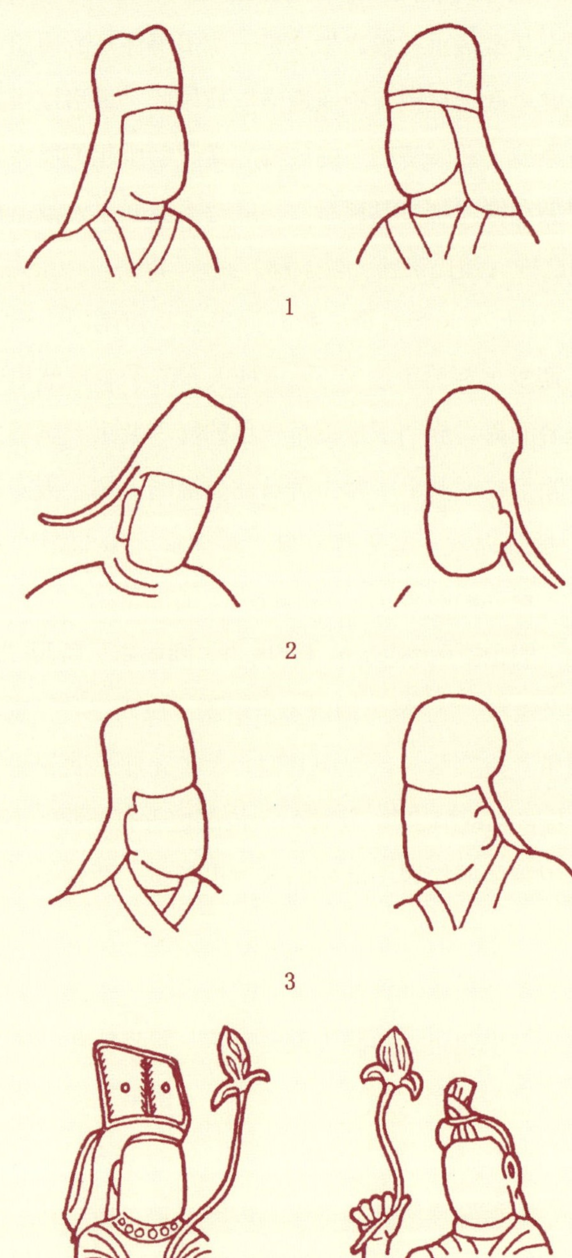

在北魏後期曾用這樣的話來描述當時的服飾："長衫纓帽，闊帶小靴，自號驚緊，爭入時代。"[10] 其所謂纓帽，或即指圓頂的鮮卑帽。

鮮卑裝中男女都戴後垂披幅之帽，是一個值得注意的現象。因為不僅平民戴這類帽子，鮮卑武士也戴；不僅遷洛以前如此，遷洛以後這類帽子仍繼續流行。特別在東魏、北齊時期，由於鮮卑當政者掀起的反漢化浪潮一浪接一浪，所以鮮卑裝和鮮卑帽更為風行[11]。這時不僅鮮卑人戴這種帽，漢人也有戴的。隋·顏之推《顏氏家訓·教子篇》說："齊朝有一士大夫嘗謂吾曰：'吾有一兒，年已十七，頗曉書疏。教其鮮卑語及彈琵琶，稍欲通解。以此伏事公卿，無不寵愛，亦要事也。'"這種人家的子弟自然也要穿鮮卑裝、戴鮮卑帽了。至於鮮卑貴族門下，更是一色的鮮卑裝束。試看太原北齊·婁睿墓壁畫，其中除了幾個戴平巾幘、著褲褶裲襠的人物，被安排在墓門側擺擺門面以外，大批鮮卑武士盡著鮮卑裝。鮮卑武士戴的帽子與上述方帽、纓帽雖大體相同，但亦略有差別。其頂較小，前部呈山形，腦後披拂長幅[12]**（圖 5-3：1、2）**。這種帽子大約就是《舊唐書·輿服志》所說"北齊有長帽短靴，合褲襖子"之長帽。《隋書·禮儀志》所說"後周之時，咸著突騎帽，如今胡帽，垂裙覆帶"之突騎，或是記其對音[13]。此外，北朝流行的頂部圓大的鮮卑帽，考古報告中或稱之為"風帽"，後部也垂有披幅。不僅用布帛製作的帽子如此，著甲時所戴之冑，北朝的式樣也和漢、西晉不同，後部也綴有披幅狀的拖葉。

鮮卑帽為什麼要在腦後垂披幅呢？估計其起因：一來由於北地苦寒，垂披幅有助於保溫；二來也可能與蔽護編髮有關。鮮卑族起自塞外，其俗編髮左衽。南朝人出於敵愾之情而稱之為"索虜"。但早在道武帝時，北魏已進行過服裝改革。《魏書·禮志》："太祖天興六年（403 年），詔有司製冠服，隨品秩各有差。"大約此後魏人已漸改其編髮之俗，所以當魏孝文帝再度改制冠服時，就沒有提解編髮的問題。自考古材料中所見，這時鮮卑男子已束髻。太和十三年鎏金佛像基座上的男供養人束髻，寧夏固原北魏前期墓中還

◎圖 5-3　鮮卑帽向襆頭的演變（1、2. 長帽　3、4. 長帽的披幅被紮起，已向襆頭過渡）

① 太原北齊 · 婁睿墓壁畫

②、③ 河北吳橋北齊墓出土陶俑

④ 太原隋 · 虞弘墓石椁浮雕

◎圖 5-4 貫銅笄的髮髻（寧夏固原北魏墓出土）

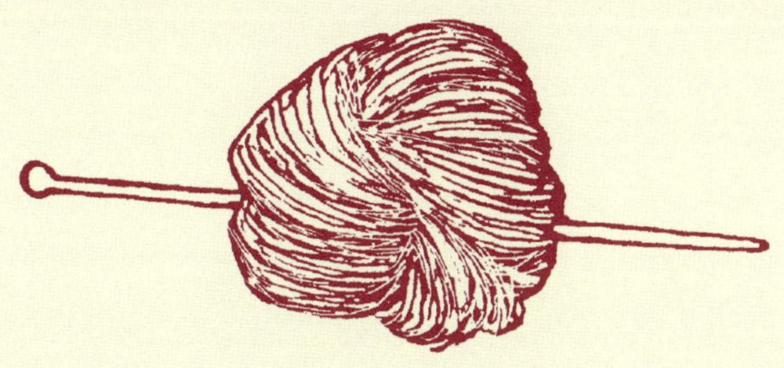

◎圖 5-5 隋代的襆頭

① 武漢周家大灣隋墓出土陶俑

② 陝西三原隋・李和墓出土陶俑

③ 莫高窟 281 窟隋代壁畫

④ 湖南湘陰隋墓出土陶俑

⑤ 武漢東湖隋墓出土陶俑

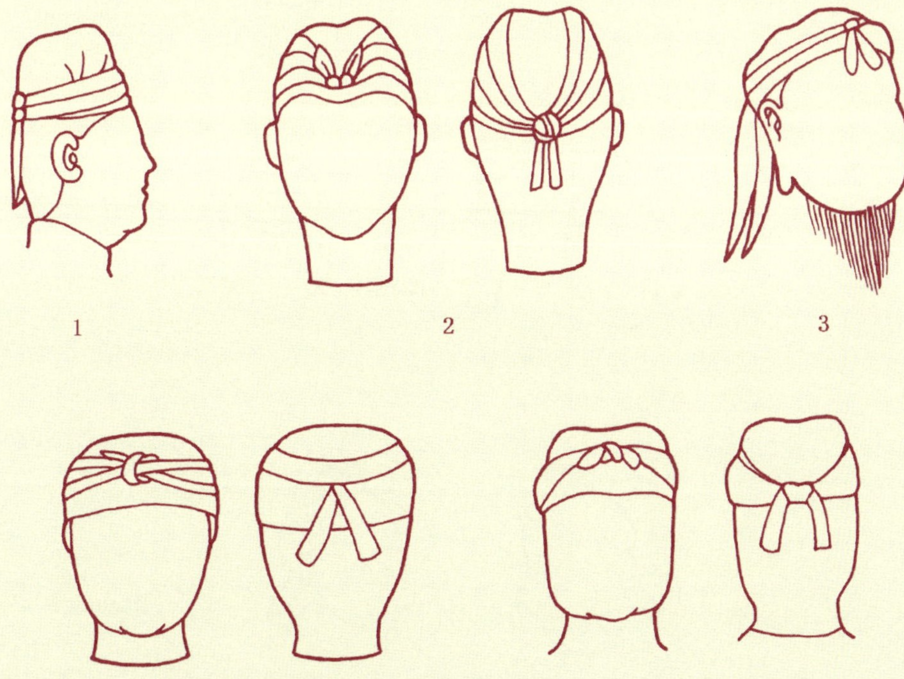

曾出土貫銅笄的髮髻[14]（圖 5-4）。既然髮型已經改變，居住地區又已南遷，帽後的披幅遂逐漸失去了其存在的必要。因此北齊墓中出土的俑，就有將披幅用帶子紮起來的[15]（圖 5-3：3）。太原隋・虞弘墓石椁雕刻中有人頭上裹著用四條帶子前後結紮的頭巾（圖 5-3:4）。虞弘是中亞契胡，歷仕柔然、北齊、北周、隋。在北周時一度"檢校薩寶府"，管理胡商及其祆教事務[16]。其石椁雕刻有濃厚的胡風，幾乎未出現漢人。因此上述用四帶紮起的頭巾，大約仍屬鮮卑帽的範疇，但和樸頭已經十分接近了。按照傳統的說法，樸頭出現於北周時。《北周書・武帝紀》說，宣政元年（578 年）三月，"初服常冠，以皂紗為之，加簪而不施纓導，其制若今之折角巾也"。所以文獻中常將北周武帝推為樸頭的創制者。現在看來，他所創的巾式不過是在圖 5-3：3 之類鮮卑帽的基礎上略加改進而已。宣政元年距隋朝開國的 581 年僅僅三年。北周的樸頭雖然缺少形象資料，但隋代的樸頭俑卻不乏實例。其中如武漢周家大灣 241 號隋墓出土的陶俑的樸頭僅有二腳（圖 5-5：1），與宋・俞琰《席上腐談》卷上"周武帝所製不過如今之結巾，就垂兩角，初無帶"的描述相近。陝西三原隋・李和墓、湖南湘陰隋墓與河南安陽馬家墳 201 號隋墓出土俑，所裹之樸頭已有四腳，兩腳繫於額前，兩腳垂於腦後，較前一例已有改進，但頭頂上還是平的，沒有攀住髮髻而使之隆起的帶結（圖 5-5：2、4）；特別是敦煌莫高窟 281 窟隋代壁畫中供養人所裹此式樸頭，其向前繫結的兩枚巾腳竟垂在前額上，更顯出裹法的不成熟[17]（圖 5-5：3）。但是在安徽亳縣開皇二十年（600 年）王幹墓、武漢東湖岳家嘴隋墓等處出土陶俑上所見的樸頭，向前繫結的巾腳已將髮髻擁起[18]（圖 5-5：5）。其裹法已與宋・沈括《夢溪筆談》卷一"樸頭一謂之四腳，乃四帶也。二帶繫腦後垂之，二帶反繫頭上，令曲折附頂"之說相合（圖 5-6）。到了這時，樸頭就可以被認為是正式形成了。這件通過南北朝時期的服裝大變革而產生、並在隋代初步定型的樸頭，頂上相當髮髻處的隆起部分，是這時漢族與鮮卑族通用的髮型的代表，所以成為民族融合的象徵，成為我國中古服飾中各民族共同創造的、新的民族形式。

◎圖 5-6　唐代軟腳襆頭的繫裹（示意圖）

① 在髻上加巾子

② 繫二後腳於腦後

③ 反繫二前腳於髻前

④ 完成

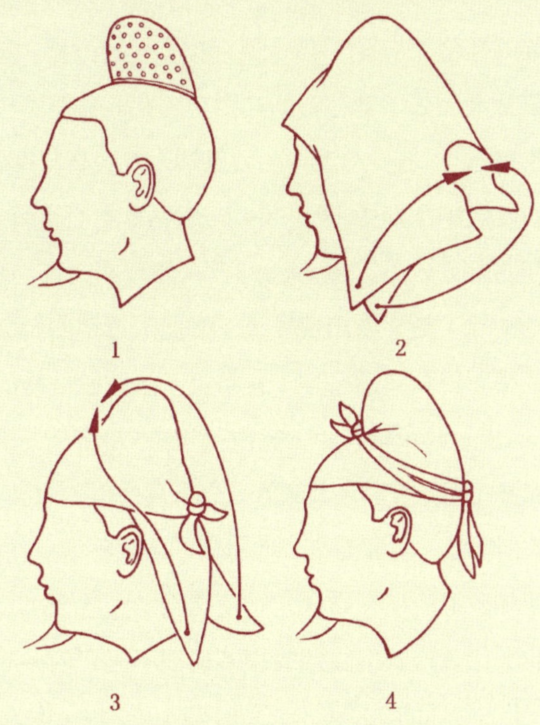

◎圖 5-7　莫高窟藏經洞所出

絹本佛畫上的相撲者

◎圖 5-8　吐魯番阿斯塔那

出土唐代巾子

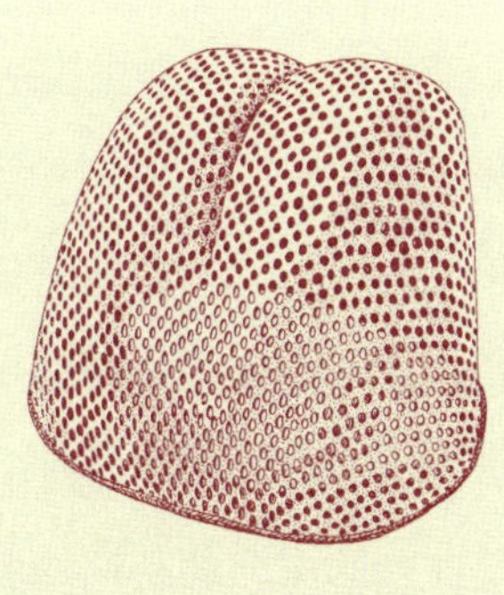

至唐代，襆頭是男子常服（襆頭、缺骻袍、鞢韄帶、長靿靴）中不可缺少的組成部分。從皇帝到平民，日常生活中都要裹襆頭。甚至進行相撲表演的力士，除一褌之外，全身赤裸，卻也忘不了裹上襆頭（圖 5-7）。

不過在唐代，襆頭的頂部一般較隋代為高。《舊唐書 · 令狐德棻傳》說："高祖問德棻曰：'比者，丈夫冠、婦人髻竟為高大何也？'" 反映的就是這一現象。這首先是因為此時在襆頭內襯以巾子的緣故。唐 · 封演《封氏聞見記》卷五："襆頭之下別施巾，象古冠下之幘也。" 宋 · 郭若虛《圖畫見聞志》卷一："巾子裹於襆頭之內。" 清 · 王鳴盛《十七史商榷》卷八二也說："蓋於裹頭帛下著巾子耳。" 巾子的形狀影響著襆頭的外觀。關於這一點，四十年前王去非先生已加以闡述，其說殆不可易 [19]。只是由於巾子掩蓋在襆頭之內，從外面看不到，而當時在田野考古工作中尚未發現此物，所以僅能據文獻立論。1964 年，新疆吐魯番阿斯塔那墓地出土了唐代巾子的實物（圖 5-8），進一步證實了記載中的說法。此物或以為是隋大業中牛洪所製 [20]；或以為唐初始有 [21]；或指為武德間所加 [22]；總之，它的出現不晚於初唐，是可以肯定的。

在唐代，襆頭的形制仍處於不斷地變化之中。先說巾子，起初採用的是平頭小樣巾，以後漸變高、變圓、變尖。《舊唐書 · 輿服志》說："武德以來，始有巾子，文官名流，尚平頭小樣者。則天朝貴臣內賜高頭巾子，呼為武家諸王樣。中宗景龍四年（710 年）三月，因內宴賜宰臣以下內樣巾子（此種巾子即《新唐書 · 車服志》所稱 '中宗又賜百官英王踣樣巾，其制高而踣，帝在藩時冠也'）。開元以來，文官士伍多以紫皂官絁為頭巾 [23]、平頭巾子，相效為雅制。玄宗開元十九年（731 年）十月，賜供奉官及諸司長官羅頭巾及官樣巾子（《唐會要》卷三一作 '官樣圓頭巾子'），迄今服之也。" 這段記載中提到的各類巾子，在出土實物中都能得到印證。如西安貞觀四年（630 年）李壽墓壁畫與咸陽底張灣貞觀十六年（642 年）獨孤開遠墓出土陶俑的襆頭，頂部均較低矮，似即由於其中襯的是 "平頭小樣" 巾子的緣故 [24]（圖 5-9：1）。

禮泉馬寨村麟德元年（664年）鄭仁泰墓與西安羊頭鎮總章元年（668年）李爽墓出土俑，襆頭頂部增高，似已襯“高頭巾子”[25]。至於圓而前踣的“踣樣巾”，雖然《唐會要》卷三一、《通典》卷五七和《舊唐書·輿服志》、《新唐書·車服志》都把它和中宗聯繫起來，但唐·張鷟《朝野僉載》說：“魏王為巾子向前踣，天下欣欣慕之，名‘魏王踣’。”魏王泰，太宗之第四子，於中宗為伯父，所以此式巾子創制的時間或早於中宗朝。但在形象材料中，它要到開元年間才較為常見[26]（圖5-9：3）。至天寶年間，襆頭頂部變得像兩個圓球（圖5-9：4），大約裏面襯的就是“圓頭巾子”。中、晚唐時，巾子漸變直變尖。《封氏聞見記》卷五說：“御史陸長源性滑稽，在鄴中忽裹蟬翼羅襆、尖巾子。”建中三年（782年）曹景林墓出土俑可以為例[27]（圖5-9：6）。但這時它還顯得很新奇。至五代時，如《新五代史·前蜀世家》說：“（王衍）又好裹尖巾，其狀如錐。”這種作法反而愈演愈烈了。

其次，唐代襆頭的質料改用薄羅紗。《中華古今注》卷中“襆頭”條謂：“唐侍中馬周更與羅代絹。”《宋史·輿服志》說：“襆頭……唐始以羅代繒。”當北周與隋時，襆頭初出，一般人用以裹頭的材料，大抵為較粗厚的繒、絁、絹之類，因而繫裹後出現的皺褶較多。為了追求緊湊平整，唐代改用羅紗。有人尚嫌不足，甚至創造了一種“水裹法”。《封氏聞見記》卷五：“兵部尚書嚴武裹頭至緊，將裹，先以襆頭曳於盤水之上，然後裹之，名為水裹。撅兩翅皆有襵數，流俗多效焉。”水裹、緊裹和用薄羅紗，所代表的趨向是一致的。唐代遂專門生產了一種供裹頭用的細薄織物。《太平廣記》卷四八五引唐·陳鴻祖《東城老父傳》說：“有人禳病，法用皂布一匹，持重價不克致，竟以‘襆頭羅’代之。”宋·錢易《南部新書》丙說：“元和、太和以來，左右中尉或以‘襆頭紗’贈清望者。”可見“襆頭羅（紗）”已經成為一個專門名稱了。開元十九年六月的一道敕書說：“六品已下……除襆頭外，不得服羅、縠。”[28]則襆頭須用羅、縠製作，這時似已成為定制。晚唐·皮日休、陸龜蒙因贈送襆頭而互相酬唱的詩，都著意吟詠襆頭羅的細薄輕明。皮詩有

◎圖 5-9　襆狀的演變

① 平頭襆頭（唐貞觀十六年獨孤開遠墓出土俑）

② 硬腳襆頭（唐神龍二年李賢墓石槨綫雕）

③ 前踣式襆頭（唐開元二年戴令言墓出土俑）

④ 圓頭襆頭（唐天寶三年豆盧建墓出土俑）

⑤ 長腳羅襆頭（莫高窟 130 窟盛唐壁畫）

⑥ 襯尖巾子的襆頭（唐建中三年曹景林墓出土俑）

⑦ 翹腳襆頭（敦煌藏經洞所出唐咸通五年絹本佛畫）

⑧ 直腳襆頭（莫高窟 144 窟五代壁畫）

⑨ 宋式展腳襆頭（宋哲宗像）

⑩ 明式烏紗帽（于謙像）

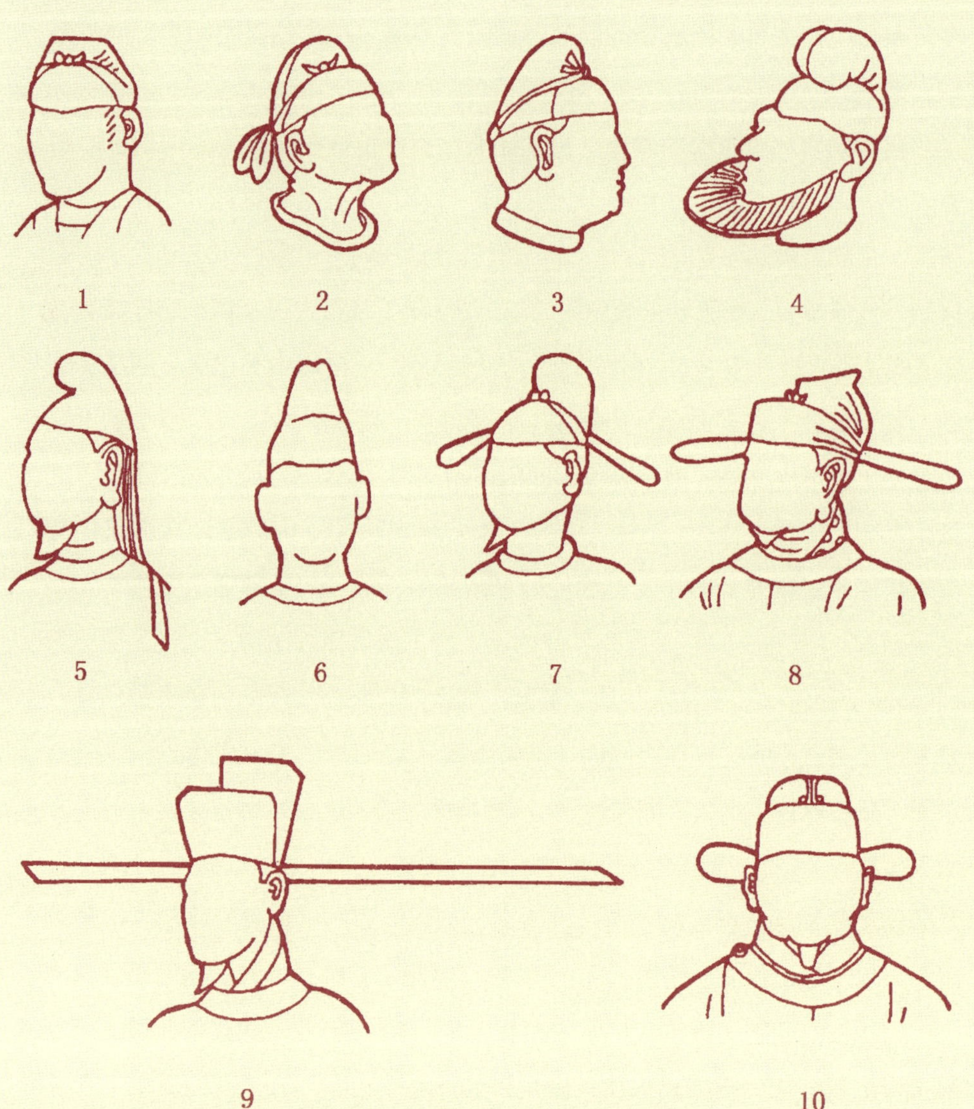

云："周家新樣替三梁，裹髮偏宜白面郎。掩斂乍疑裁黑霧，輕明混似戴玄霜。"陸詩有云："薄如蟬翅背斜陽，不稱春前贈罔郎。初覺頂寒生遠吹，預憂頭白透新霜。"[29] 這種極薄的襆頭羅在繪畫中也有所反映，太原新董茹村萬歲登封元年（696年）趙澄墓壁畫與徽宗摹張萱《虢國夫人遊春圖》等處均有所表現，掩在襆頭羅底下的前額與髮際的界綫，在這些畫中都清楚地透露了出來[30]。

再次是唐代襆頭腳的變化。襆頭腳開始不過是繫在腦後的兩根帶子的剩餘部分，此物軟而下垂，故名"垂腳"或"軟腳"。後來將這部分加長，而有所謂"長腳羅襆頭"[31]（圖5-9：5），但仍然是軟的。可是後來又產生了硬腳襆頭，這種類型的襆頭初見於神龍二年（702年）章懷太子李賢墓石椁綫雕人物（圖5-9：2）。宋·畢仲詢《幕府燕閒錄》說："自唐中葉以後，謂諸帝改制，其垂二腳，或圓或闊，周絲弦為骨稍翹矣。臣庶多效之。"腳中除用絲弦骨外，也可用銅絲或鐵絲為骨。即宋·趙彥衛《雲麓漫鈔》卷三所謂："以紙絹為襯，用銅鐵為骨。"宋·朱熹《朱子語類》卷九一則謂："唐宦官要常似新襆頭，以鐵綫插帶中。"由於裝了鐵絲的骨架，所以硬腳常翹起，故又名"翹腳"（圖5-9：7）。思想保守的人士看不慣這種襆頭腳。五代·孫光憲《北夢瑣言》卷一二"柳氏子襆頭腳條"說："柳玭……至東川通泉縣求醫，幕中有昆弟之子省之。亞台回面，且云不識。家人曰：'是某院郎君。'堅云不識，莫喻尊旨。良久，老僕忖之，'得非郎君襆頭腳乎？固宜見怪。但垂之而入，必不見阻'。此郎君垂下翹翹之尾，果接撫之。"玭晚唐時人，則神龍年間出現的硬腳，至此時仍有持非議者。但襆頭腳的這種發展趨勢，卻難以阻止。宋·程大昌《演繁露》卷一二說："至昭宗乾符初，教坊內教頭張口笑者，以銀拈襆頭腳上簪花釵，與內人裹之。上悅，乃曰：'與朕依此樣進一枚來。'上親櫛之，復攬鏡大悅。由是京師貴近效之。"五代時翹腳更上升成直腳（圖5-9：8）。《雲麓漫鈔》又說："五代帝王多裹朝天襆頭，二腳上翹。四方僭位之主，各創新樣，或翹上而反折於下，或如團扇、焦葉之狀，合抱於前。偽孟蜀始以漆紗為之。湖南馬希範二角左右長尺餘，謂之龍角，人或誤觸之，則終日頭痛。至劉漢祖始仕晉為并州衙校，裹襆頭左右長尺餘，橫直之，不復上翹，迄今不改。”直腳加長的襆頭，即《塵史》卷一所謂“浸為展腳”之展腳襆頭，是兩宋官服中通用的式樣（圖 5-9：9）。但展腳並不固定在襆頭上，它可以臨時裝卸。《水滸全傳》第七四回就說李逵“取出襆頭，插上展角，將來戴了”，可證。

除了展腳以外，宋代還有其他各種式樣的襆頭腳。《夢溪筆談》卷一說：“本朝襆頭有直腳、局腳、交腳、朝天、順風，凡五等，唯直腳貴賤通服之。”直腳又名平腳，即上述之展腳。局腳是彎曲的襆頭腳，即宋・孟元老《東京夢華錄》卷九所稱卷腳，見於白沙宋墓壁畫（圖 5-10：1）。交腳是兩腳相交，見於宣化遼墓壁畫（圖 5-10：2）。朝天是兩腳直上，見於山西高平開化寺宋代壁畫（圖 5-10：3）。順風如《宋史・樂志》所說“打球樂隊”的服飾：“衣四色窄繡羅襦，繫銀帶，裹順風腳、簇花襆頭。”順風腳是指襆頭腳的形狀。沈從文先生認為將兩腳提掖，使之偏於一側者，即順風襆頭[32]（圖 5-10：4）。此外，在圖像中還可以看到腳作捲雲狀的捲腳襆頭（圖 5-10：5），大抵皆是教坊樂工、雜劇藝人諢裹時所戴。但《續通志》所記“式如唐巾，兩角上曲作雲頭，兩旁覆以兩金鳳翅”的“鳳翅襆頭”，在日常生活中也可以戴，其形象見於山西高平開化寺宋代壁畫。元代更為常見，河南焦作老萬莊、內蒙古赤峰元寶山元墓壁畫[33]及元人繪本《貨郎圖》中均有其例（圖 5-10：6）。

至於使役之人，在宋元兩代常戴無腳襆頭（圖 5-10：7），它可以說是襆頭中之最低的一等了。

下面再看一下襆頭內襯木山子和外施漆紗的情況，這兩種作法亦出現於唐代。木山子起於晚唐。《北夢瑣言》卷五說：“乾符後，宮娥皆以木團頭，自是四方效之。唯內官各自出樣。匠人曰：砍‘軍容頭’、‘特進頭’。”《朱子語類》說：“唐人襆頭初止以紗為之，後以軟，遂斫木作一山子，在前襯起，名曰‘軍容頭’，其說以為起於魚朝恩。一時人爭效之。”所謂“軍容

◎圖 5-10　幾種形制特殊的襆頭

① 局腳襆頭（白沙宋墓壁畫）

② 交腳襆頭（宣化遼墓壁畫）

③ 朝天襆頭（高平開化寺宋代壁畫）

④ 順風襆頭（西安唐・韋洞墓壁畫）

⑤ 捲腳襆頭（焦作金・鄒瑱墓畫像石）

⑥ 鳳翅襆頭（焦作老萬莊元墓壁畫）

⑦ 無腳襆頭（鞏縣宋永熙陵石雕）

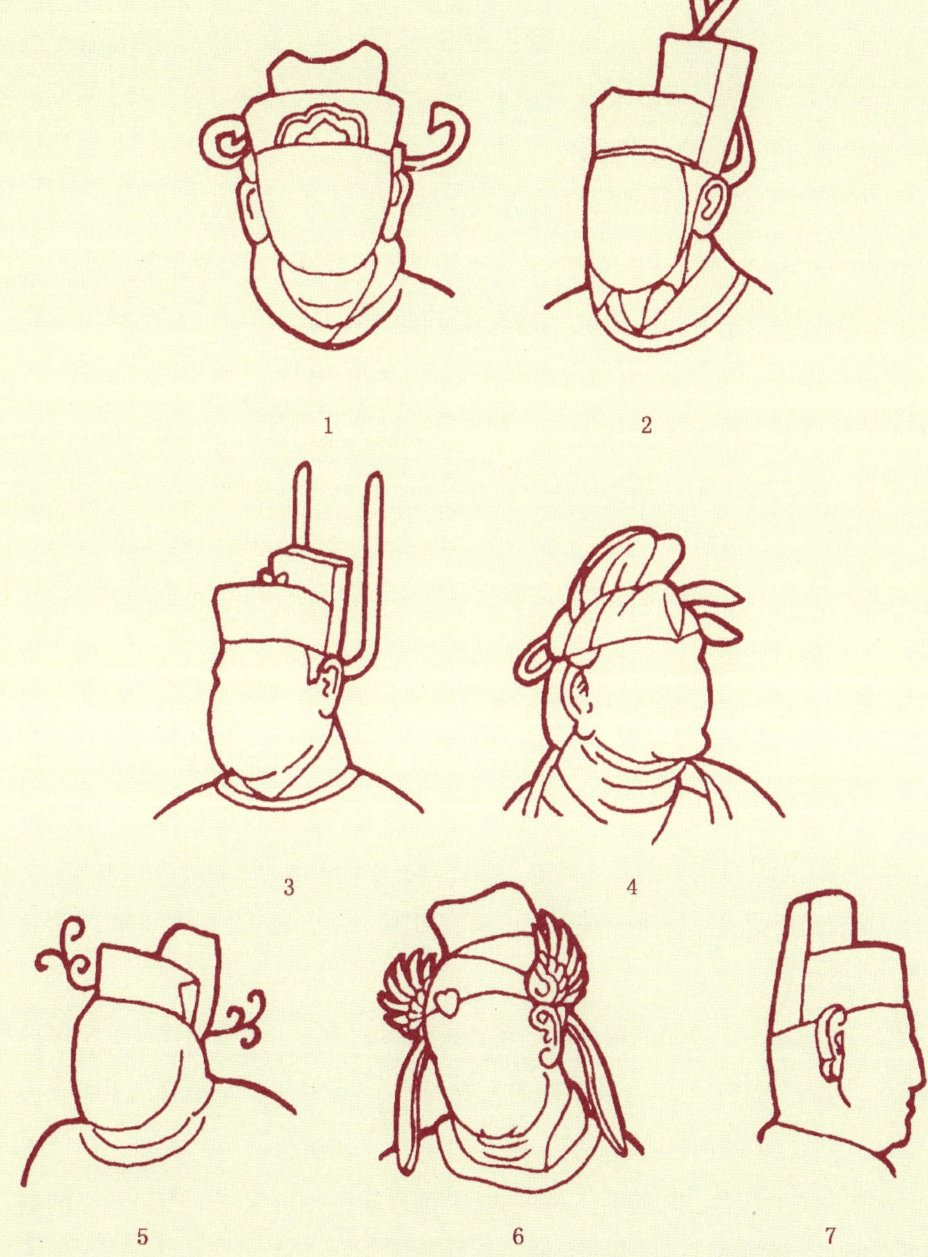

◎圖 5-11　襆頭環

① 宋畫《雜劇圖》

② 山西芮城永樂宮元代壁畫

③ 黑龍江阿城金・齊國王墓出土裝巾環的𦈏鴟巾（背面）

1

2

3

頭”，是因為魚朝恩曾任觀軍容使之故。襆頭加襯了木山子，可常高起如新，而且便於脫戴。至於用漆紗，上引《雲麓漫鈔》說始自後蜀，但唐末似已出現。《圖畫見聞志》卷一說：“唐末方用漆紗裹之，乃今襆頭。”可以為證。至宋代，這些加工方法就被普遍採用了。《宋史・輿服志》說：“國朝之制，君臣通服平腳，乘輿或服折上焉。其初以藤織草巾子為裏，紗為表，而塗以漆。後唯以漆為堅，去其藤裏。前為一折。平施兩腳，以鐵為之。”本來只是一幅包頭布的襆頭[34]，經過以上種種加工之後，已經變成一頂硬殼的帽子，不必“逐日就頭裹之”。由於是硬殼，所以宋代人在襆頭底下或可不襯巾子。宋・佚名《道山清話》說：“周穜言：垂簾時，一日早朝，執政因理會事，太皇太后命一黃門於內中取案上文字來。黃門倉卒取，至誤觸上襆頭墜地。時上未著巾也，但見新剃頭，撮數小角兒。黃門者震懼幾不能立，旁有黃門取襆頭以進。”視其一觸即墜的情況，已與起初的軟腳襆頭迥乎不同了。所以宋代人又稱襆頭為“襆頭帽子”。《東京夢華錄》卷三“相國寺內萬姓交易”條說：“兩廊皆諸寺師姑賣繡作領抹、花朵珠翠頭面、生色銷金花樣、襆頭帽子、特髻冠子、絛綫之類。”又同書卷八：“中元節”條說：“七月十五日中元節，先數日，市井賣冥器靴鞋、襆頭帽子、金犀假帶、五彩衣服。”宋・吳自牧《夢粱錄》卷一三“諸貨雜色”條也說：“箍桶、修鞋、修襆頭帽子、補修魫冠、接梳兒……時時有盤街者，便可喚之。”可見在宋代人心目中，已把襆頭當作帽子看待了。這時的襆頭既已不用軟巾繫裹，且其內有胎，為了調整它的大小，遂在後部裝環。宋畫《雜劇圖》、《中興四將圖》以及山西芮城永樂宮純陽殿元代壁畫中出現的襆頭，都把它表現得很清楚（圖 5-11：1、2）。黑龍江阿城金代齊國王墓中，夫人所戴類似襆頭的塌鴟巾後部裝有兩枚竹節形八角金環，並用帶子將兩個環互相繫結起來，可鬆可緊，以適應戴時的要求[35]（圖 5-11：3）。襆頭環的作用也正在此。

到了明代，官員的襆頭腳比宋代減短變闊（圖 5-9：10）。因為它外施漆紗，所以也叫紗帽，但不可與南北朝和隋唐的紗帽相混淆[36]。明・黃一正《事

◎圖 5-12　明・王鏊的兩幅畫像

① 戴頭巾

② 戴烏紗帽

物紺珠》說：“國朝堂帽象唐巾，製用硬盔，鐵綫為硬展腳。列職朝堂之上乃敢用，俗直曰紗帽。”明・郎瑛《七修類稿》卷二三說：“今之紗帽……謂之堂帽，對私小而言，非唐帽也。”明代的紗帽雖與唐之紗帽全然不同，但卻是唐代的襆頭的後裔。由於它外表塗的是黑漆，在口語中遂稱為“烏紗帽”；由於其兩腳左右平伸，在雜劇的“穿關”中則稱為“一字巾”。

那麼，當襆頭變成烏紗帽以後，在不穿公服的場合，士人又戴什麼呢？一首明代曲子《折桂令・冠帽鋪》中說：“烏紗帽平添光色，皂頭巾宜用輕胎。”將烏紗帽與皂頭巾相提並論，可見燕居之時他們還有頭巾可戴；實際上制度也是這麼規定的[37]。弘正間的大學士王鏊，既有戴烏紗帽著圓領的畫像，又有戴頭巾著直裰的畫像，正可作為上述情況的例證（圖 5-12）。這種頭

◎圖 5-13　裝巾環的頭巾（據故宮博物院藏《大儺圖》）

巾本沿襲宋之桶頂帽，但此類帽亦稱頭巾；南宋南戲《張協狀元》中說：“秀才家須讀書，識之乎者也，裹高桶頭巾。”不過明代頭巾的使用範圍更加廣泛。試看明代肖像畫中的男子，凡不穿官服的，幾乎一律戴頭巾。打開《儒林外史》，那些讀書人也是個個戴頭巾。“頭巾氣”甚至用來嘲諷酸秀才的迂腐之風。

不過，“頭巾”這個名稱容易引起誤解，因為按照現代的概念，頭巾應是包頭的大手巾；而在明代，指的乃是一頂高帽子。它和所謂“樸頭帽子”的外形雖然差得多，結構上卻仍有共同點。比如樸頭裝環，頭巾也裝。宋畫《大儺圖》中，許多表演者戴的高頭巾上都裝巾環（圖 5-13），有圓的，也有扁方形的；後者似即“撲匾金環”。《醒世恆言·鄭節使立功神臂弓》中夏德的打扮是：“裹一頭藍青頭巾，帶一對撲匾金環。”此物且在《金瓶梅》第六五、八八、九〇回中多次出現。當然巾環的式樣並不止這兩種，如《水滸全傳》第二回就說魯達：“頭裹芝麻羅萬字頂頭巾，腦後兩個太原府紐絲金環。”以上諸例皆為金環。也有嵌銀的，元曲《勘頭巾》中描寫一件謀殺案，其主要物證即“芝麻羅頭巾，減銀環子”。這裏的“減”字本作“鋄”。明·李實《蜀語》：“鐵上鏤金銀曰鋄。”由於是在鐵上嵌銀，故減銀又稱減鐵。元曲《黑旋風》寫白衙內：“那廝綠羅衫，絲是玉結；皂頭巾，環是減鐵。”

元・孔齊在《至正直記・減鐵為佩條》中認為減鐵“既重且易生鏽”，對它的評價不高。可是《黑旋風》劇中卻以玉絛環與減鐵巾環為對文；在這裏減鐵何以受到重視，原因尚不明了。若干明代墓葬，如河北阜城廖紀墓、遼寧鞍山崔源墓、江蘇南京徐俌墓等處，均曾出土金質巾環[38]。但尚未發現減鐵巾環之實例。

宋代的高頭巾上多有簷，簷也叫牆，是從帽口外部向上折起的邊緣，如王得臣《麈史》卷上所記，有尖簷、短簷、方簷等多種形制[39]。到了元代，高頭巾上不僅設簷，而且後垂披幅，王繹所繪《楊竹西像》提供了這樣的例子（圖 5-14）。但明初頒行的四方平定巾即方巾，卻既無巾簷亦無披幅，通體光素（圖 5-15：1）。後來巾式漸繁，名稱不一。研究者面對明代的繪畫、雕塑作品，常苦於不能斷定上面的頭巾該叫什麼；有人甚至杜撰巾名，徒增紛擾。其實崇禎間朱術垧編印的《汝水巾譜》，就是一本圖文對照的明代頭巾手冊，這類問題大部分都能在此書中找到答案。茲根據昔年臨摹的圖樣試作分類，則明代的頭巾可區別為：1. 無披幅的，如方巾以及折角巾、東坡巾、唐巾等（圖 5-15：1-4）。書中謂方巾“唯北京金箔胡同款樣最妙，其他地方高矮寬窄由人所好”。晚明的這類頭巾有的“直方高大”，被人譏為“頭上一頂書廚”[40]。東坡巾在宋代原是有簷的，此書卻認為：“外加一層（指簷），非其本制也。”朱說雖不符合史實，但所給出的卻是明代後期這種頭巾的標準式樣。2. 只有前披幅的，如純陽巾（圖 5-16）。3. 只有後披幅的，如周子巾（圖 5-17：1）。這種頭巾比較流行，曾鯨畫的趙賡像、胡爾慥像、徐明伯像、葛一龍像等，都戴此式頭巾（圖 5-17：2）。4. 前後都有披幅的，如羲之巾、華陽巾、岌岌冠等（圖 5-18：1）。這是明代後期創出的新式樣，晚明人物喜服，在夏完淳的畫像上可以見到（圖 5-18：2）。此外，還有若干較常見的巾式為《汝水巾譜》所未收，如老人巾。《三才圖會・衣服圖會》說：“嘗見稗官云：國初始進巾樣，高皇以手按之使後，曰：‘如此卻好。’遂依樣為之。今其制方頂，前仰後俯，唯耆老服之，故名老人巾。”老人巾的式樣承襲了

◎圖 5-14　元・王繹《楊竹西像》

宋代的斂巾。其實物曾在上海寶山月浦明・黃氏墓出土[41]。山西平遙雙林寺千佛殿功德主牛普林的塑像戴的也是這種頭巾，由於此像塑得極好，其老人巾也給人留下了鮮明而具體的印象（**圖 5-19**）。

雖說洪武年間先規定“庶人初戴四帶巾”，後來又“改四方平定巾”[42]。但戴頭巾卻不是下層民眾日常的裝束，他們戴的是小帽，又稱瓜皮帽。談遷《棗林雜俎》說：“嘉善丁清惠賓，隆慶時令句容。父戒之曰：‘汝此行紗帽人說好我不信，吏中說好我益不信，即青衿說好亦不信，唯瓜皮帽說好我乃信耳。’”紗帽指官場，青衿指一般士人，只有瓜皮帽指老百姓；其父是要他兒子關心民間疾苦。中國國家博物館所藏明代繪畫《皇都積勝圖》

◎圖 5-15　無披幅的頭巾（左．正面　右．背面）

① 方巾

② 折角巾

③ 東坡巾

④ 唐巾（均據《汝水巾譜》）

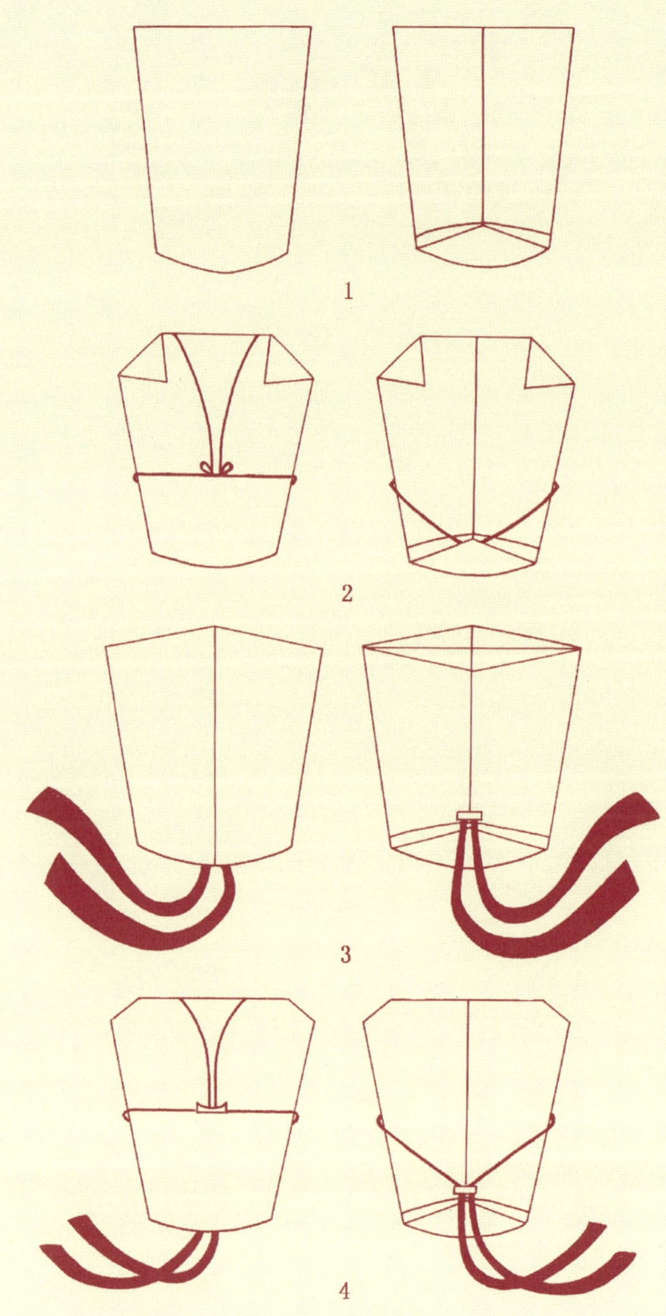

◎圖 5-16　只有前披幅的頭巾（純陽巾）（左．正面　右．背面）（據《汝水巾譜》）

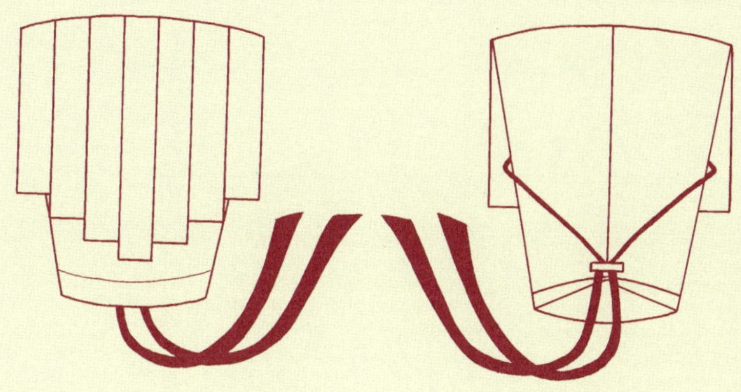

◎圖 5-17　只有後披幅的頭巾

① 周子巾（上．正面　下．背面）（據《汝水巾譜》）

② 明．葛一龍像

◎圖 5-18　有前後披幅的頭巾

① 華陽巾（上．正面　下．背面）（據《汝水巾譜》）

② 明．夏完淳像

1　　2

◎圖 5-19　老人巾

① 上海寶山月浦明．黃氏墓出土

② 山西平遙雙林寺千佛殿明代塑像

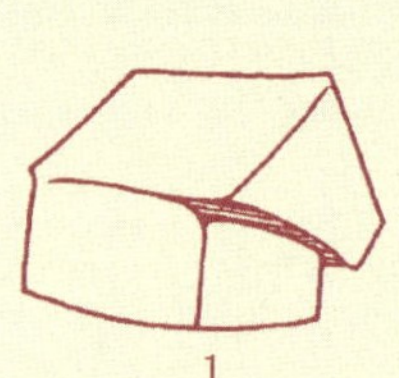

1

2

◎圖 5-20　明《皇都積勝圖》（部分）

中，在正陽門一帶的鬧市上，熙來攘往的人們大都戴小帽。戴頭巾的寥寥無幾，而且他們手裏多半拿一柄摺扇，以示有閒。這就是明代社會生活的寫照（圖 5-20）。

注釋

1 《晏子春秋．內篇．諫下》："夫冠足以修敬，不務其飾。"

2 漢．蔡邕《獨斷》卷下："幘，古者卑賤執事不冠者之所服。"

3 長塚店所出者，見南陽漢畫像石編委會：《鄧縣長冢店漢畫像石墓》圖版 6，《中原文物》1982 年第 1 期。天回山所出者，見《中國歷史博物館》圖版 91。

4 《宋書．陶潛傳》。

5 《後漢書．韋著傳》："著字休明，少以經行知名，不應州郡之命。……靈帝即位，中常侍曹節以陳蕃、竇氏既誅，海內多怨，欲借寵時賢以為名，白帝就家拜著東海相。詔書逼切，不得已，解巾之郡。" 李注："巾，幅巾也。既服冠冕，故解幅巾。" 解巾或釋巾的記載又見《魏書．刁柔傳》、《裴俠傳》及《邢巒傳附族孫劭傳》等處。

6 《隋書．禮儀志》云："巾……制有二等，今高人道士所著是林宗折角，庶人農夫常服是袁紹幅巾。" 已誤將襆頭與幅巾聯繫起來。今人或謂 "帞頭後代音轉為襆頭"（《古代的衣食住行》，中央電大語文類專業教材）。按帞（明陌開二）、襆（奉燭合三）之字音不能通轉，此說不確。

7 《晉書．五行志》。

8 北魏為拓跋鮮卑所建之國。北齊高氏雖託名係出渤海望族，實為鮮卑。北周宇文氏為南匈奴之鮮卑化者。故北朝的統治者多為鮮卑貴族。

9 呼和浩特所出者，見郭素新：《內蒙古呼和浩特北魏墓》，《文物》1977 年第 5 期。司馬金龍墓所出者，見山西省大同市博物館、山西省文物工作委員會：《山西大同石家寨北魏司馬金龍墓》，《文物》1972 年第 3 期。莫高窟所出繡像，見敦煌文物研究所：《新發現的北魏刺繡》，《文物》1972 年第 2 期。太和十三年鎏金佛像，見《中國の美術》（淡交社），卷 1，圖 15。

10 《通典》卷一四二引。

11 參看繆鉞：《讀史存稿．東魏北齊政治上漢人與鮮卑之衝突》，三聯書店，1963 年。

12 山西省考古研究所、太原市文物管理委員會：《太原市北齊婁睿墓發掘簡報》，《文物》1983 年第 10 期。

13 《南史・西戎・武興國傳》云："其國……著烏皂突騎帽，長身小袖袍，小口褲，皮靴。"又同書《西戎・鄧至國傳》云："其俗呼帽曰突何。"突騎帽與突何帽或為一物。

14 固原縣文物工作站：《寧夏固原北魏墓清理簡報》，《文物》1984 年第 6 期。

15 河北省滄州地區文化館：《河北省吳橋四座北朝墓葬》，《文物》1984 年第 9 期。

16 張慶捷：《隋代虞弘墓石椁浮雕的初步考察》，"漢唐之間文化藝術的互動與交融國際學術討論會"論文，北京，2000 年。

17 湖北省文管會：《武漢市郊周家大灣 241 號隋墓清理簡報》，《考古通訊》1957 年第 6 期。陝西省文物管理委員會：《陝西省三原縣雙盛村隋李和墓清理簡報》，《文物》1966 年第 1 期。熊傳新：《湖南湘陰縣隋大業六年墓》，《文物》1981 年第 4 期。中國社會科學院考古研究所安陽工作隊：《安陽隋墓發掘報告》，《考古學報》1981 年第 3 期。《中國石窟・敦煌莫高窟》二，文物出版社 / 平凡社，1984 年。

18 亳縣博物館：《安徽亳縣隋墓》，《考古》1977 年第 1 期。武漢市文物管理處：《武漢市東湖岳家嘴隋墓發掘簡報》，《考古》1983 年第 9 期。

19 王去非：《四神・巾子・高髻》，《考古通訊》1956 年第 5 期。

20 宋・王得臣：《麈史》卷上。

21 唐・劉餗：《隋唐嘉話》卷下。

22 《通典》卷五七。唐・劉肅：《大唐新語》卷一〇。《舊唐書・輿服志》。

23 此處之"頭巾"與下文"賜供奉官及諸司長官"之"羅頭巾"，皆指襆頭。

24 李壽墓壁畫，見陝西省博物館等：《唐李壽墓發掘簡報》，《文物》1974 年第 9 期。獨孤開遠墓出土俑，見《陝西省出土唐俑選集》圖版 3，文物出版社，1958 年。

25 陝西省博物館、禮泉縣文教局唐墓發掘組：《唐鄭仁泰墓發掘簡報》，《文物》1972 年第 7 期。陝西省文管會：《西安羊頭鎮唐李爽墓的發掘》，《文物》1959 年第 3 期。

26 陝西省博物館、陝西省文物管理委員會：《唐李賢墓壁畫》，文物出版社，1974 年。

27 轉引自傅熹年：《關於"展子虔〈遊春圖〉"年代的探討》，《文物》1978 年第 11 期。

28 《唐會要》卷三一。

29 皮詩，見《全唐詩》九函九冊；陸詩，見同書九函十冊。

30 趙澄墓壁畫，見《山西文物介紹》第 2 部分，第 15 節，圖版 3：5。《虢國夫人遊春圖》，見《遼寧省博物館》圖版 93、94。

31 《唐語林》卷二。

32 沈從文：《中國古代服飾研究》頁 189，香港商務印書館，1981 年。

33 河南省博物館、焦作市博物館：《河南焦作金墓發掘簡報》，《文物》1979 年第 8 期。《簡報》將老萬莊之墓定為金墓，後證實為元墓。項春松：《內蒙古赤峰市元寶山元代壁畫墓》，《文物》1983 年第 4 期。

34 宋・俞琰：《席上腐談》卷上：“以幅巾裹首，故曰襆頭。襆字音伏，與襆被之襆同，今訛為僕。”襆字本義即今日所稱包袱之袱。宋・曾慥《類說》：“後周武帝裁為四腳，名服頭。”亦標服音。清・俞正燮：《癸巳存稿》卷一〇：“襆頭即帊首，即今包頭。”

35 趙評春等：《金代服飾》頁 26，文物出版社，1998 年。

36 南北朝時士大夫多戴烏紗帽，皇帝燕私之時戴白紗帽。烏紗帽又名烏紗高屋帽，唐代稱黑紗方帽，其形制與宋代的桶頂紗帽相近。

37 《明史・輿服志》：“洪武三年令士人戴四方平定巾。”

38 天津市文化局考古發掘隊：《河北阜城明代廖紀墓清理簡報》，《考古》1965 年第 2 期。遼寧省博物館文物隊等：《鞍山倪家台明崔源族墓的發掘》，《文物》1978 年第 11 期。南京市文物保管委員會等：《明徐達五世孫徐俌夫婦墓》，《文物》1982 年第 2 期。

39 見《中國古輿服論叢》一書《兩唐書輿（車）服志校釋稿》【舊 81】注 11。

40 清・胡介祉：《詠史新樂府〔一九〕・復社行・小序》：“時復社主盟首推二張（張溥、張采），皆銳意矯俗，結納聲氣。間有依附竊名者，未免輿論稍滋異同。或為之語曰：‘頭上一頂書廚，手中一串數珠，口內一聲天如；足稱名士。’天如，溥字；書廚，以狀巾之直方高大。而時尚可知矣。”

41 上海市文物保管委員會：《上海古代歷史文物圖錄》頁 96，上海教育出版社，1981 年。

42 《明史・輿服志》。

陸・唐代婦女的服裝與化妝

唐代三百年，是我國封建文化繁榮發達的時代。唐人氣魄大，對外來事物能廣泛包容，擇其精華而吸取。表現在服飾方面，當時也出現了嶄新的風貌。如果一個只熟悉漢魏時冠冕衣裳的觀察者，忽然置身於著襆頭、缺骻袍、鞢韄帶、長靿靴的唐代人物面前，一定會覺得眼前大為改觀，不勝新奇。這是由於唐代男裝常服吸收了胡服褊衣的若干成分，將漢魏以來的舊式服裝全盤改造了的緣故。唐代女裝也擺脫了漢代袍服的影響，融入了一些外來因素，形成了一整套新的式樣。

唐代女裝的基本構成是裙、衫、帔。唐．牛僧孺《玄怪錄》:“小童捧箱，內有故青裙、白衫子、綠帔子。”[1] 這裏說的是一位平民婦女的衣著。又前蜀．杜光庭《仙傳拾遺．許老翁》說：唐時益州士曹柳某之妻李氏“著黃羅銀泥裙、五暈羅銀泥衫子、單絲紅地銀泥帔子，蓋益都之盛服也”[2]。可見唐代女裝無論豐儉，這三件都是不可缺少的。東漢時，我國婦女的外衣多為袍類長衣，圖像中罕見著裙者。甘肅嘉峪關曹魏—西晉墓畫磚中的女裝，大體上仍沿襲這一傳統。十六國時，在甘肅酒泉丁家閘 5 號墓的壁畫中出現了上身著衫、下身著三色條紋裙的婦女（圖 6–1：1）。此後，條紋裙流行了相當長的時間：敦煌莫高窟 288 窟北魏壁畫及 285 窟西魏壁畫、62 窟隋代壁畫，山東嘉祥隋．徐敏行墓壁畫、陝西三原唐．李壽墓壁畫以及西安白鹿原 43 號初唐墓與新疆吐魯番唐．張雄墓出土的女俑中均有著此式裙者（圖 6–1：2–5）。其條紋早期較寬，晚期變窄。日本奈良高松冢壁畫中的條紋女裙，顯然接受了這一傳統的影響。到了開元時期，吐魯番阿斯塔那北區 105 號墓所出之暈繝彩條提花錦裙以黃、白、綠、粉紅、茶褐五色絲綫為經，織成暈繝條紋，其上又以金黃色緯綫織出蒂形小花，圖案意匠已明顯有所創新。隨即興起的寶相花紋綿、花鳥紋錦等，則在鮮明的單一地色上織出花紋，突破了以條紋為地的格式。故自盛唐以降，條紋裙在我國漸少見，婦女多喜著色彩更為濃艷之裙。如《開元天寶遺事》說長安仕女遊春時，用“紅裙遞相插掛，以為宴幄”。又如萬楚詩之“裙紅妒殺石榴花”，元稹詩之“窣破羅裙紅似火”，

◎圖 6-1　條紋裙

① 甘肅酒泉丁家閘十六國墓壁畫

② 莫高窟 288 窟北魏壁畫

③ 莫高窟 285 窟西魏壁畫

④ 莫高窟 62 窟隋代壁畫

⑤ 吐魯番張雄夫婦墓（688 年）出土著衣木俑

1　2

3

4

5

白居易詩之“山石榴花染舞裙”，所詠亦為紅裙。這時各式女裙色彩紛繁。如杜甫詩之“蔓草見羅裙”，王昌齡詩之“荷葉羅裙一色裁”，所詠為綠裙。而如張籍詩之“銀泥裙映錦障泥”，孫棨詩之“東鄰起樣裙腰闊，剩蹙黃金綫幾條”等句，所詠則為銀泥裙、金縷裙之類[3]。唐代最華貴之裙為織成毛裙。《朝野僉載》卷三說：“安樂公主造百鳥毛裙，以後百官百姓家效之。山林奇禽異獸，搜山滿谷，掃地無遺。”安樂公主為中宗與韋後之季女，驕奢傾一時。她的這條裙子在《舊唐書》及《新唐書》的《五行志》、《資治通鑒》卷二〇九等處均有記載。此裙“正看為一色，旁看為一色，日中為一色，影中為一色，百鳥之狀，並見裙中”。拿它和唐代勞動婦女所穿的裙，如劉禹錫詩所稱“農婦白紵裙”相比，其懸隔不啻天壤。

我國古代的布帛幅面較窄，縫製裙子要用好幾幅布帛接在一起，故《釋名・釋衣服》說：“裙、群也，連接群幅也。”唐代之裙一般是用六幅布帛製成，即如李群玉詩所稱“裙拖六幅瀟湘水”[4]。《新唐書・車服志》記唐文宗在提倡節儉的前提下，曾要求“婦人裙不過五幅”，可見五幅之裙應是比較狹窄的一種。更華貴的則用到七幅至八幅，如《舊唐書・高宗紀》提到的“七破間（襇）裙”[5]，曹唐《小遊仙詩》所說的“書破明霞八幅裙”[6]，可以為例。按《舊唐書・食貨志》說布帛每匹“闊一尺八寸，長四丈，同文同軌，其事久行”。此處的尺指唐大尺，約合 0.295 米，因而每幅約合 0.53 米。六幅的裙子周長約 3.18 米，七幅約 3.71 米。文宗所提倡的五幅之裙約合 2.65 米，比現代帶褶的女裙還略肥一些。

裙、衫之外，唐代女裝皆施帔。唐人小說《補江總白猿傳》說“婦人數十，帔服鮮澤”（《顧氏文房小說》本），就以“帔服”作為女裝的代稱。唐代的帔像一條長圍巾，又名帔帛或帔子，與漢、晉時指裙或披肩而言的帔不同[7]。不過當舊稱之帔未絕跡前，帔帛已經出現，目前所知最早的一例見於青海平安魏晉墓出土的仙人畫像磚（**圖 6-2：1**）。此像耳高於額，戴的帽子則與嘉峪關畫磚中所見者相同，因知並非佛教造像[8]。但稍晚一些，在莫高窟 272

◎圖 6-2　帔帛

① 青海平安魏晉墓出土畫像磚

② 山西大同出土鎏金銅杯

③ 敦煌莫高窟 272 窟北涼壁畫

1

2

3

窟北涼壁畫的菩薩像上也見到帔帛（圖 6-2：3）。其淵源均應來自中亞。1970年山西大同出土的鎏金銅高足杯上的人物有施帔者（圖 6-2：2），此器的國別不易遽定，但很可能是波斯一帶的製品[9]。所以帔帛大約產生於西亞，後被中亞佛教藝術所接受，又東傳至我國。可是當東晉時，漢族世俗女裝中尚不用此物。顧愷之的《女史箴圖》、《列女傳圖》、《洛神賦圖》等繪畫中，女裝雖襳髾飛舉、帶袂飄揚，卻並無帔帛。至隋、唐時，帔帛在女裝中就廣泛使用了。

裙、衫、帔之外，唐代女裝中又常加半臂。宋・高承《事物紀原・背子條》說："《實錄》又曰：'隋大業中，內官多服半臂，除卻長袖也。'唐高祖減其袖，謂之半臂，今背子也。"則半臂乃是短袖的上衣。此物又名半袖，出現於三國時。《宋書・五行志》："魏明帝著繡帽，披縹紈半袖，嘗以見直臣楊阜。阜諫曰：'此禮何法服邪？'"可見這時半臂初出，看起來還很新奇刺眼。不過至隋代它已逐漸流行，到了唐代，男女都有穿的，而以婦女穿半臂者為多。《新唐書・車服志》："半袖、裙、襦者，女史常供奉之服也。"證以圖像，如永泰公主墓壁畫中所繪侍女，其身份應與女史為近，正是上身在衫襦之外又加半臂。而且這種裝束不僅宮闈中為然，中等以上唐墓出土的女俑也常有著半臂的。至盛唐時，不著半臂已顯得是很不隨俗的舉動。唐・張泌《妝樓記》："房太尉家法，不著半臂。"房太尉即房琯，就是在咸陽陳濤斜以春秋車戰之法對付安史叛軍羯騎而大吃敗仗的那位極其保守的指揮官，他家不著半臂，或自以為是遵循古制，但在社會上不免被目為特異的人物了。

半臂常用質量較好的織物製作。《舊唐書・韋堅傳》、《新唐書・來子珣傳》、唐・姚汝能《安祿山事跡》卷上、五代・王定保《摭言》卷一二等處都提到"錦半臂"[10]。與之相應，《新唐書・地理志》記載的揚州土貢物產中有"半臂錦"。玄宗時曾命皇甫詢在益州織造"半臂子"[11]，估計這也是一種特殊的供製半臂用的優等織物。新疆吐魯番阿斯塔那 206 號唐墓出土的絹衣女木俑著團窠對禽紋錦半臂。李賀《唐兒歌》則有"銀鸞睒光踏半臂"之句[12]，描寫一襲用銀泥鸞鳥紋織物製作的半臂；上述 206 號墓所出者或與之相類。

雖然在古文獻中發現過三國時著半袖的記事，但當時的具體形制尚不明了。從圖像材料考察，唐代女裝中的半臂，應受到龜茲服式的影響。在新疆拜城克孜爾石窟中所見龜茲供養人常著兩種半臂：一種袖口平齊，另一種袖口加帶褶的邊緣（圖 6-3：1、4）。這兩種半臂都在中原地區流行。特別值得注意的是後一種，它常加在褒博的禮服上。但由於這類衣服太肥大，實不便再套上一件半臂，所以有時就把半臂袖口上的那圈帶褶的邊緣單縫在禮服袖子的中部。有的還給以藝術加工，使之成為袖子上很惹人注目的裝飾品（圖 6-3：5、6）。另外，半臂有時還可以穿在外衣之下、襯衣即中單之上。後唐 · 馬縞《中華古今注》卷中："尚書上僕射馬周上疏云：'士庶服章有所未通者，臣請中單上加半臂，以為得禮。'"採用這種著法，在衣服之外不能直接看到半臂，但唐畫中確也發現過衣下隱約呈現出半臂輪廓的例子（圖 6-8：1-3），證明當時確有這樣著半臂的。

不過，總的說來，半臂在唐代前期的女裝中較流行，唐代中晚期則顯著減少。這是因為唐代前期女裝上衣狹窄，適合套上半臂；中唐以後，隨著女裝的日趨肥大，再套半臂會感到不便，所以使用範圍就逐漸縮小了。

唐初女裝衣裙窄小，"尚危側"，"笑寬緩"[13]，仍與北周、北齊時相近，如莫高窟 205、375 等窟初唐壁畫中的供養人便是其例。這種服式大體上沿用到開元、天寶時期，西安鮮於庭誨墓出土的陶俑，是開元時期最典型的作品，其服式仍然帶有初唐作風。所以《安祿山事跡》卷下說天寶初年"婦女則簪步搖。衣服之制，襟袖狹小"。白居易《新樂府 · 上陽人》所說"小頭鞋履窄衣裳，…… 天寶末年時世妝"，更可以代表中唐人對盛唐服式的看法。但盛唐時一種較肥大的式樣也開始興起，莫高窟 130 窟盛唐壁畫中榜題"都督夫人太原王氏一心供養"的女像便可為例。總之，至盛唐時，婦女的風姿漸以健美豐碩為尚。《歷代名畫記》卷九稱盛唐 · 談皎所畫女像作"大髻寬衣"，

◎圖 6—3　半臂（上列．袖口平齊　下列．袖口帶褶）

①、④ 新疆克孜爾石窟龜茲壁畫

② 唐永泰公主墓壁畫

③ 西安唐．韋頊墓石椁綫雕

⑤ 龍門賓陽洞北魏皇后禮佛圖

⑥ 武昌何家壟 188 號唐墓出土俑

◎圖 6—4　唐代女裝加肥的趨勢（1、2. 初唐；　3、4. 盛唐；　5. 中唐；　6、7. 晚唐）

① 莫高窟 375 窟壁畫
② 永泰公主墓壁畫
③ 莫高窟 205 窟壁畫
④ 莫高窟 130 窟壁畫
⑤ 莫高窟 107 窟壁畫
⑥ 莫高窟 9 窟壁畫
⑦ 莫高窟 192 窟壁畫

1　　2　　3　　4

5

6

7

正是這種新趨勢的反映。中唐以後，女裝愈來愈肥（圖 6-4）。元稹《寄樂天書》謂："近世婦人……衣服修廣之度及匹配色澤，尤劇怪艷。" 白居易《和夢遊春詩一百韻》也說："風流薄梳洗，時世寬妝束。"[14] 女裝加肥的勢頭在唐文宗朝急劇高漲。文宗即位之初，於太和二年（828 年）還曾向諸公主傳旨："今後每遇對日，不得廣插釵梳，不須著短窄衣服。" 可是由於其後此風日熾，不過十年，至開成四年（839 年）正月，在咸泰殿觀燈之會中，卻因為延安公主衣裾寬大，而將她即時斥退，並下詔說："公主入參，衣服逾制；從夫之義，過有所歸。（駙馬竇）澣宜奪兩月俸錢。"[15] 可見這時貴族婦女追求寬大服式的狂熱，已經使封建朝廷覺得有加以限制的必要了[16]。

但是在唐代前期，對服式審美的角度不僅並不傾向於褒博，反而比較欣賞胡服。《大唐西域記》卷二說："其北印度，風土寒烈，短制褊（宋藏音義：窄也）衣，頗同胡服。" 則胡服以褊狹為特點。再如翻領、左衽之類，也是胡服不同於漢以來的傳統服制之處。唐代著胡服的婦女，在石刻劃和陶俑中都曾發現。而更特殊的還是胡服的帽子。《新唐書．五行志》說："天寶初，貴族及士民好為胡服胡帽。" 可見著胡服時，胡帽是相當惹眼的。最典型的胡帽即所謂"卷簷虛帽"[17]。這種帽子與歐亞大陸北方草原民族 —— 從斯基泰人到匈奴人都喜歡戴的尖頂帽很接近（圖 6-5）。唐墓所出胡俑（圖 6-6：1）、莫高窟 45 窟盛唐壁畫中的胡商都戴它。若干看來是漢族面像的陶俑也有戴這種帽子的（圖 6-6：2）。唐．劉肅《大唐新語》卷九說長安市上"漢著胡帽"，或指這種情況而言。咸陽邊防村唐墓出土男俑所戴之帽，折上去的帽沿裁出凸尖和凹曲，形成很大的波折（圖 6-6：3），其形制和斯坦因在新疆和田丹丹烏力克發現的木板畫上所繪者很相似。禮泉李貞墓出土女俑所戴花帽亦屬此型，不過它的下垂之帽耳更引人注目（圖 6-6：6）。西安韋頊墓石槨綫雕中的女胡帽另有兩種式樣：一種裝上翻的帽耳，耳上飾鳥羽；另一種在口沿部分飾以皮毛（圖 6-6：4、9）。這兩種女胡帽與莫高窟 159 窟中唐壁畫《維摩經變》中的吐蕃贊普的侍從及莫高窟 158 窟壁畫中的外國王子所戴的帽子很接

◎圖 6-5　尖頂帽

① Kul Oba 銀瓶上的斯基泰武士

② 沂南畫像石中的匈奴武士

近（圖 6-6：5、7、8）。只不過贊普侍從的帽子與吐魯番阿斯塔那出土絹畫中的女胡帽的戴法一樣，將帽耳放了下來而已。唐代的這類女胡帽或即劉言史《夜觀胡騰舞》一詩中提到的“蕃帽”[18]。蕃應指西蕃、吐蕃，正與上述莫高窟 159 窟所表現的情況相合。

從廣義上說，唐代的羃䍦也是胡帽的一種。《大唐新語》卷一〇：“武德、貞觀之代，宮人騎馬者，依周（指北周）禮舊儀，多著羃䍦。雖發自戎夷，而全身障蔽。”所謂“發自戎夷”，證以《隋書 · 附國傳》稱其俗“或戴羃䍦”，《舊唐書 · 吐谷渾傳》稱其人“或戴羃䍦”，可知其所自來，羃䍦在隋代已流行。《北史 · 隋文帝四王 · 秦王俊傳》謂：“俊有巧思，每親運斤斧，工巧之器，飾以珠玉。為妃作七寶羃䍦，重不可載，以馬負之而行。”則羃䍦周圍所垂的網子上還可以加施珠翠。由於它障蔽全身，所以隋代的楊諒和唐初的李密都曾讓士兵戴上羃䍦，偽裝成婦女，以發動突襲[19]。但《大唐新語》又說：“永徽之後，皆用帷帽，施裙到頸，為淺露。……神龍之後，羃䍦始絕。”則到了唐高宗時，婦女已用帷帽代替羃䍦。帷帽與羃䍦的不同點是前者所垂的網子短，只到頸部，並不像後者那樣遮住全身。從羃䍦這方面說，它的垂網減短即成為帷帽。但帷帽的本體是席帽，從席帽這方面說，在它的帽沿上

◎圖 6-6　胡帽與蕃帽

① 唐嗣聖十年楊氏墓出土胡俑

② 西安韓森寨唐·高氏墓出土男俑

③ 咸陽邊防村唐墓出土男俑

④、⑨ 開元六年韋頊墓石槨綫刻中的女像

⑤、⑧ 莫高窟 159 窟東壁壁畫吐蕃贊普的侍從

⑥ 禮泉唐·李貞墓出土女騎俑

⑦ 莫高窟 158 窟北壁壁畫中的外國王子

裝一圈短網子，也就成為帷帽。唐·王睿《炙轂子錄》：“席帽本羌服，以羊毛為之，秦漢秏以故席。女人服之，四緣垂網子，飾以珠翠，謂之韋（帷）帽。”席帽的形狀是怎樣的呢？唐·李匡乂《資暇集》卷下說：“永貞之前，組藤為蓋，曰席帽。”《中華古今注》卷中說：“藤席為之骨，輓以繒，乃名席帽。至馬周以席帽油御雨從事。”宋·龔養正《釋常談》卷上說：“戴席帽謂之張蓋。”則席帽的形狀和蓋笠相似（圖6-7：1）。席帽上蒙覆油繒的，叫作油帽（圖6-7：2）。宋代的帷帽多以油帽為本體。《事物紀原》卷三說，帷帽是“用皂紗全幅綴於油帽或氈笠之前，以障風塵，為遠行之服”。這類帷帽的形象在宋代的《清明上河圖》和元代的永樂宮壁畫中都可以看到。明人猶知其形制，《三才圖會·衣服圖會》清楚地畫出了它的形象，榜題二字：“帷帽”（圖6-7：3）。因此我們知道，它和軟胎風帽、漁婆勒子等全然不同。

羃䍦的形象在唐代的繪畫雕塑中尚未發現，但帷帽卻常見。傳世唐畫《關山行旅圖》中的婦女在黑色的席帽下綴以兩旁向後掠的絳紗網子，面部外露[20]（圖6-7：4）。南京博物院所藏明摹《胡笳十八拍圖》中文姬所戴的帷帽，其下垂的紗網卻將面部遮住（圖6-7：6），看來帷帽在實際使用時應作此狀。而在陶俑上因為用泥土表現遮面之紗網頗困難，所以大都作掩頸露面的樣子。不過證以《關山行旅圖》和莫高窟61窟《五台山圖》中的戴帷帽人，可知當時確也存在這樣的戴法。這些帷帽皆拖裙到頸；只有《清明上河圖》中的一例垂至胸際，它如果再長一些，那就和羃䍦相彷彿了（圖6-7：5）。

上引《大唐新語》介紹了羃䍦和帷帽的使用情況後，接下去又說：“開元初，宮人馬上始著胡帽，靚妝露面，士庶咸效之。天寶中，士流之妻或衣丈夫服，靴、衫、鞭、帽，內外一貫矣。”本來戴障蔽全身的羃䍦，原有不欲使人窺覘的用意，這和《禮記·內則》所說“女子出門必擁蔽其面”等古老的禮俗亦相合。但唐代的社會風氣既頗豪縱，婦女的裝飾又不甚拘束，所以這種要求很難貫徹。唐高宗於咸亨二年（671年）頒發的詔書上指責說：“百官家口，咸預士流，至於衢路之間，豈可全無障蔽？比來多著帷帽，遂棄羃

◎圖 6-7　席帽、油帽與帷帽

① 戴席帽的唐女俑

②《清明上河圖》中戴油帽的男子

③《三才圖會》中的帷帽

④ 唐畫《關山行旅圖》中戴帷帽露面的婦女

⑤《清明上河圖》中帷帽施裙至胸的婦女

⑥《胡笳十八拍》中的蔡文姬

羅；曾不乘車，別坐簷子。遞相仿效，浸成風俗。過為輕率，甚失禮容！”[21] 儘管如此，到了玄宗時，開元十九年（731 年）的詔書上卻要求“婦人服飾……帽子皆大露面，不得有掩蔽”了[22]。至於婦女穿男裝，如《新唐書．五行志》稱：“高宗嘗內宴，太平公主紫衫、玉帶、皂羅折上巾，具紛、礪、七事，歌舞於帝前。帝與武后笑曰：‘女子不可為武官，何為此裝束？’”在唐代，給使內廷的宮人或著男裝，稱“裹頭內人”。《通鑒》唐德宗興元元年條胡三省注：“裹頭內人，在宮中給使令者也。內人給使令者皆冠巾，故謂之裹頭內人。”其所謂裹頭，即裹幞頭。永泰公主墓前室壁畫每側有盛裝婦女一人，持物者六或八人，最後一人為裹幞頭的男裝女子，其身份應與裹頭內人即粗使宮女為近[23]。所以當太平公主之時，像她這種地位的婦女不宜著男裝。唐代女藝人則或著男裝。唐．范攄《雲溪友議》載元稹《贈探春詩》有云：“新妝巧樣畫雙蛾，慢裹恆州透額羅。正面偷輪光滑笏，緩行輕踏皺文靴。”探春裹幞頭，執笏，著靴，正是男裝。我國有的戲劇史研究者以為唐代軟舞的舞女著女裝，健舞的舞女著男裝[24]；也有學者以為著男裝的女俑是扮生的女藝人，以與旦角演出“合生”[25]。恐不盡如此。唐代貴婦也偶或穿男裝。《永樂大典》卷二九七二引《唐語林》：“武宗王才人有寵。帝身長大，才人亦類帝。每從（縱）禽作樂，才人必從。常令才人與帝同裝束，苑中射獵，帝與才人南北走馬，左右有奏事者，往往誤奏於才人前，帝以為樂。”[26] 王才人穿男裝，猶如《金瓶梅》第四〇回潘金蓮摘了鬏髻裝丫頭一樣，乃是故意取樂。奏事者前來“誤奏”，更屬成心湊趣了。故不能以著裝的常規視之。在圖像材料中，有的婦女雖著男式袍，但頭上露出髮髻（圖 6-8：1）；有的雖著袍且裹幞頭，但袍下露出花褲和女式綫鞋（圖 6-8：2、3）；也有的服裝全同於男子，但自身姿、面型與帶女性特徵的動作上看，仍可知其為婦女（圖 6-8：4）。

唐代婦女常著綫鞋。《舊唐書．輿服志》說：“武德來，婦人著履，規制亦重；又有綫靴。開元來，婦人例著綫鞋，取輕妙便於事。”在永泰公

◎圖 6-8　唐代著男裝的婦女

① 永泰公主墓石槨綫刻畫

② 韋洞墓石槨綫刻畫

③ 薛儆墓石槨綫刻畫

④ 洛陽出土唐代女子打球陶騎俑

◎圖 6-9 綫鞋與錦鞋

① 莫高窟 147 窟唐代壁畫中的綫鞋

② 唐・韋頊墓石椁綫刻畫中接近綫鞋式樣的錦鞋

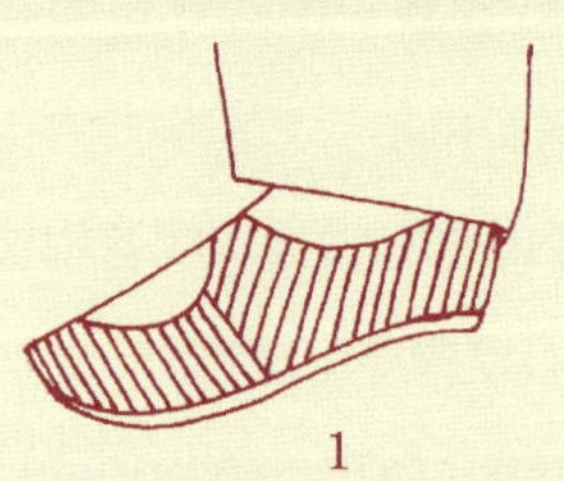

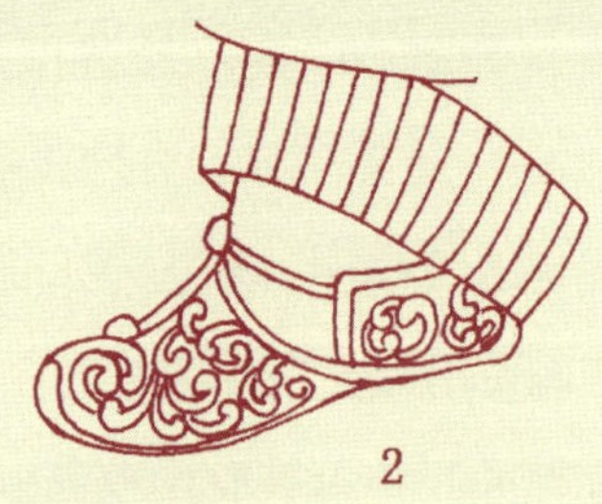

1　　2

◎圖 6-10 唐代女裝之履的頭部

① 莫高窟 375 窟壁畫

② 莫高窟 171 窟壁畫

③《搗練圖》

④ 莫高窟 202 窟壁畫

⑤ 莫高窟 156 窟壁畫

⑥ 莫高窟 205 窟壁畫

⑦《歷代帝王圖卷》

⑧ 阿斯塔那 230 號唐墓出土屏風畫

⑨ 莫高窟藏經洞所出絹畫（據《燉煌畫の研究》附圖 125）

⑩、⑬ 莫高窟 130 窟壁畫

⑪、⑫ 莫高窟 144 窟壁畫

⑭《宮樂圖》

主墓與韋洞墓的石槨綫刻畫中出現的侍女幾乎都穿綫鞋，只是沒有把綫紋刻出來。莫高窟 147 窟晚唐壁畫中一個女孩的綫鞋，則將綫紋畫得很清楚（圖 6-9：1）。這類綫鞋的實物在新疆吐魯番阿斯塔那古墓群中屢有出土，往往以麻繩編底、絲繩為幫，做工很細緻。圖像中也有式樣與綫鞋相仿，但鞋幫不用綫編而用錦繡等材料製做的，如韋頊墓石槨綫雕中所見者（圖 6-9:2）。這種鞋在鞋面正中還裝有兩枚圓形飾物，估計是瑪瑙扣、琉璃扣之類，因而顯得更加華麗。

婦女所著的履，最常見的應即唐文宗時允許一般婦女通著的高頭履和平頭小花草履[27]。本來從先秦時起，履頭已有高起且略向後捲的絇。絇本不分歧，這種履即通常所稱笏頭履。漢代才常見歧頭履。湖南長沙馬王堆 1 號墓和湖北江陵鳳凰山 168 號墓均出土了這種履的實物。唐代婦女的履頭或尖，或方，或圓，或分為數瓣，或增至數層，式樣很多（圖 6-10）。王涯詩所謂“雲頭踏殿鞋”，元稹詩所謂“金蹙重台履”，和凝詞所謂“叢頭鞋子紅編細”，當即其類[28]。履以絲織物製作，吐魯番出土的一雙高頭錦履，幫用變體寶相花錦，前端用紅地花鳥紋錦，襯裏用六色條紋花鳥流雲紋錦縫製，極為絢麗[29]。此外，敦煌壁畫中也見過一類前頭不高起，有些像現代布鞋式樣的履[30]，大概就是所謂的平頭履了。

絲履之外，唐代婦女還喜歡穿蒲履。《冊府元龜》卷六一載太和六年（832 年）王涯奏議中說：“吳越之間織高頭草履，纖如綾縠，前代所無。費日害功，頗為奢巧。”唐文宗曾禁止婦女穿這種蒲履，但不曾認真執行。它一直流行到五代時。明．胡應麟《少室山房筆叢》卷一二說：“至五代蒲履盛行。《九國志》云‘江南李昪常靸蒲履’是也。然當時婦人履亦用蒲，劉克明嘗賦詩云：‘吳江江上白蒲春，越女初挑一樣新。才自繡窗離玉指，便隨羅襪步香塵。’”唐代蒲履的實物曾在新疆吐魯番縣阿斯塔那出土（圖 6-11）。

綫鞋和蒲履都由於其輕便的特點而受到一般婦女的歡迎，但“規制亦重”的履，在貴婦盛裝之際卻也不可缺少。而履儘管笨重，裙儘管肥大，上衣卻

◎圖 6-11　蒲履（新疆吐魯番阿斯塔那唐墓出土）

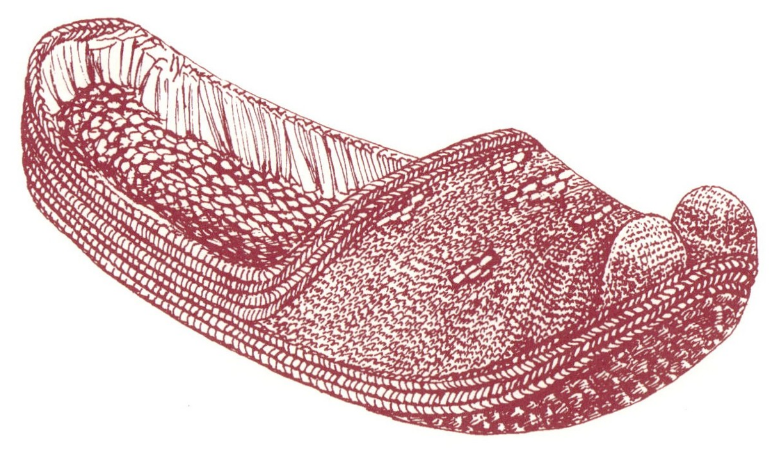

竟有半袒的。女裝上衣露胸，漢魏時絕不經見，南北朝時才忽然出現，山西大同北魏・司馬金龍墓和河南安陽北齊・范粹墓均出袒胸女俑。唐代女裝露胸，即沿襲北朝這一頹俗。唐代前期，往往愈是貴婦人愈穿露胸的上衣。至中唐時，此風稍斂；這時在詩句中描寫的，如施肩吾詩"長留白雪照胸前"，李群玉詩"胸前瑞雪燈斜照"，方幹詩"粉胸半掩疑暗雪"等，則大都為歌伎舞女等人而發[31]。沈亞之在《柘枝舞賦》中說女伎在表演中"俟終歌而薄袒"[32]。反映出唐代統治階級沉溺聲色的靡靡之風。

唐代貴婦不僅服裝華奢，面部化妝也很特殊。除了施用一般的粉、澤、口脂等之外，其為後代所不常見的有以下幾種。

一、翠眉與暈眉。眉本黑色，婦女或描之使其色加深，所以先秦文字中多稱"粉白黛黑"。如《楚辭・大招》："粉白黛黑施芳澤。"《戰國策・楚策》："周鄭之女，粉白黛黑。"漢代仍以黑色描眉，如《淮南子・修務》："雖粉白黛黑，弗能為美者，嫫母、仳倠也。"賈誼《新書・勸學篇》："傅白黱黑（《說文》：黱，畫眉墨也）。"《後漢書・梁鴻傳》："鴻謂孟光曰：'今乃衣綺羅、傅粉墨，豈鴻所願哉？'"但先秦作家偶或也提到翠眉。《文選》卷一九宋玉《登徒子好色賦》："眉如翠羽。"呂向注："眉色如翡翠之羽。"南北朝時，此風轉盛。晉·陸機《日出東南隅行》：“蛾眉象翠翰。”梁·費昶《採菱》：“雙眉本翠色。”《南史·梁簡文帝紀》還說：“帝……雙眉翠色。”雖是依當時的好尚作出的附會，但反過來卻可以證明這時確有將眉毛染成翠色的化妝法。唐詩中也經常提到婦女的翠眉。如萬楚詩“眉黛奪將萱草色”、盧綸詩“深遏朱弦低翠眉”等句均可為例[33]。翠眉即綠眉，即韓愈《送李願歸盤谷序》所說的“粉白黛綠”，韓偓《繚綾手帛子》所說的“黛眉印在微微綠”。由於翠眉流行，所以用黑色描眉在唐代前期反而成為新異的事情。《中華古今注》卷中說：“太真……作白妝黑眉。”徐凝詩：“一旦新妝拋舊樣，六宮爭畫黑煙眉。”[34] 新妝為黑眉，可知其舊樣應是並非黑色的翠眉了。及至晚唐，翠眉已經絕跡。宋·陶谷《清異錄》卷下說：“自昭、哀來，不用青黛掃拂，皆以善墨火煨染指，號熏墨變相。”五代時，著名墨工張遇所製之墨，常被貴族婦女用於畫眉，稱“畫眉墨”。金·元好問詩所說“畫眉張遇可憐生”，即指此而言[35]。宋代更是如此，所以宋·趙彥衛在《雲麓漫鈔》卷三中說：“前代婦人以黛畫眉，故見於詩詞，皆云‘眉黛遠山’。今人不用黛，而用墨。”

塗翠眉的色料，勞費爾與志田不動麿都以為是靛青[36]。考慮到文獻中曾稱黛眉為“青黛”或“青蛾”，則其說不無可能，惟尚無確證。吉田光邦以為是 Tyrian purple[37]。但這是從紫貝中提取的紅紫色染料，用它絕對畫不出翠眉來。《御覽》卷七一九引服虔《通俗文》：“染青石謂之點黛。”陳·徐陵《〈玉台新詠集〉序》：“南都石黛，最發雙蛾。”則用於塗翠眉的還有一種礦物性顏料。但究竟是哪種礦物，目前亦未能確定。

唐代很重視眉的化妝。唐·張泌《妝樓記》：“明皇幸蜀，令畫工作十眉圖，橫雲、斜月皆其名。”此十眉之全部名稱，見於宋·葉廷珪《海錄碎事》及明·王世貞《弇州山人稿》卷一五七，但其史料來源可疑，茲不具論。概括地說，唐代眉式主要有細眉和闊眉兩種。前者如盧照鄰《長安古意》中“纖纖初月上鴉黃”、白居易《上陽白髮人》中“青黛點眉眉細長”、溫庭筠《南歌子》中“連娟細掃眉”等句所描寫的。不過早在初唐，陝西禮泉鄭仁泰墓中女俑之眉已頗濃闊[38]。沈佺期詩“拂黛隨時廣”或即指此種眉式而言[39]。盛唐時闊眉開始縮短，玄宗梅妃詩稱“桂葉雙眉久不描”，以後李賀詩中也一再說“新桂如蛾眉”，“添眉桂葉濃”；晚唐・李群玉《醉後贈馮姬》中仍有“桂形淺拂梁家黛”之句。眉如桂葉，自應作短闊之形。所以元稹詩云“莫畫長眉畫短眉”，即著眼於此[40]。短闊之眉所塗黛色或向眼瞼暈散，即元稹《寄樂天書》所說的“婦人暈淡眉目”。它的形象在五代時的《簪花仕女圖》中畫得很清楚。

二、額黃。唐代婦女額塗黃粉。此法起於南北朝。梁・江洪詩“薄鬢約微黃”，北周・庾信詩“額角細黃輕安”，可以為證[41]。唐詩中，如吳融“眉邊全失翠，額畔半留黃”，袁郊“半額微黃金縷衣”，溫庭筠“黃印額山輕為塵”等句，都是對它的描寫[42]。此風至五代、北宋時猶流行，如前蜀・牛嶠詞“額黃侵膩髮”、宋・周邦彥詞“侵晨淺約宮黃”所詠[43]；但已經不像唐代那麼流行了。

額上所塗的黃粉究竟是何物，文獻中沒有明確的答案。唐・王建《宮詞》:“收得山丹紅蕊粉，鏡前洗卻麝香黃。”此“麝香黃”應指塗額之黃粉，但其成分不詳。又唐・王涯《宮詞》:“內裏松香滿殿開，四行階下暖氤氳；春深欲取黃金粉，繞樹宮女著絳裙。”她們採集松樹的花粉是否有可能係供塗額之用，亦疑莫能明。額部塗黃的風習傳到邊地，所用的材料又自不同。宋・葉隆禮《契丹國志》卷二五引張舜民《使北記》:“北婦以黃物塗面如金，謂之佛妝。”此黃物宋・佚名《蒙韃備錄》謂是黃粉，宋・徐霆《黑韃事略》謂是狼糞。但狼糞之說，王國維已言其非[44]。清初北方婦女冬天仍以黃物塗面，她們所用的材料是括蔞汁[45]。由於時地各異，難以用這些記載解釋唐之額黃。

三、花鈿。又名花子、媚子，施於眉心，即劉禹錫詩所說的“安鈿當嫵眉”[46]。它的起源，據《事物紀原》卷三引《雜五行書》說南北朝時“宋武帝女壽陽公主人日臥於含章殿簷下，梅花落額上，成五出花，拂之不去，經

◎圖 6-12 “白毫”形額飾

① 武昌吳墓出土陶俑

② 長沙西晉墓出土陶俑

三日洗之乃落。宮女奇其異，競效之”。唐·段公路《北戶錄》卷三另記一說：“天后每對宰臣，令昭容臥於床裙下記所奏事。一日宰臣李對事，昭容竊窺。上覺，退朝怒甚，取甲刀札於面上，不許拔。昭容遽為乞拔刀子詩。後為花子以掩痕也。”則以為起於初唐。但這兩種說法的傳奇色彩都太濃厚，不可盡信。按武昌蓮溪寺吳永安五年墓與長沙西晉永寧二年墓出土俑都在額前貼一圓點（圖 6-12：1、2）。當時佛教已傳入這些地區，此類圓點或以為是模擬佛像的白毫（ûrṇâ）。但《女史箴圖》中的女像有在額前飾以 V 字形妝飾者（圖 6-13），則很難認為和佛教有什麼關係。又阿斯塔那出土之十六國時紙本繪畫中的婦女，有在兩頰各飾一簇圓點者（圖 6-14：2），這種妝飾亦見於唐俑（圖 6-14：3）；其式樣與犍陀羅地區出土的貴霜石雕像上的同類妝飾很接近，惟後者在額前與雙頰各有一簇[47]（圖 6-14：1）。其飾於額前者則與壽陽公主的所謂梅花妝相似。則花鈿在我國的出現或曾兼受印度與中亞兩方面的影響，但其中也包含著某些我國獨創的因素。唐代花鈿的形狀很多[48]（圖 6-15）。它並非用顏料畫出，而是將剪成的花樣貼在額前。唐·李復言《續玄怪錄·定婚店》說韋固妻“眉間常貼一鈿花，雖沐浴、閒處，未嘗暫去”，可證。用以剪花鈿的材料，記載中有金箔、紙、魚腮骨、鰣鱗、茶油

◎圖 6-13　V 字形額飾（據《女史箴圖》）

◎圖 6-14　"梅花妝"式的面飾

① 犍陀羅石雕女供養人像（據田邊勝美）

② 阿斯塔那出土十六國時紙本繪畫

③ 盛唐陶女俑（據《世界文化史大系》卷 16）

◎圖 6-15　花鈿的式樣

①《宮樂圖》

② 莫高窟 129 窟壁畫

③、⑦、⑧、⑩ 阿斯塔那出土《桃花仕女圖》

④ 阿斯塔那出土《弈棋仕女圖》

⑤ 唐女俑（據《陝西省出土唐俑選集》彩版 2）

⑥ 莫高窟 9 窟壁畫

⑨ 阿斯塔那出土《棕櫚仕女圖》

⑪ 阿斯塔那出土唐女俑

⑫ 西安中堡村出土唐女俑

⑬ 唐女俑（據《世界文化史大系》卷 16，圖版 16）

⑭ 阿斯塔那 230 號唐墓出土屏風畫

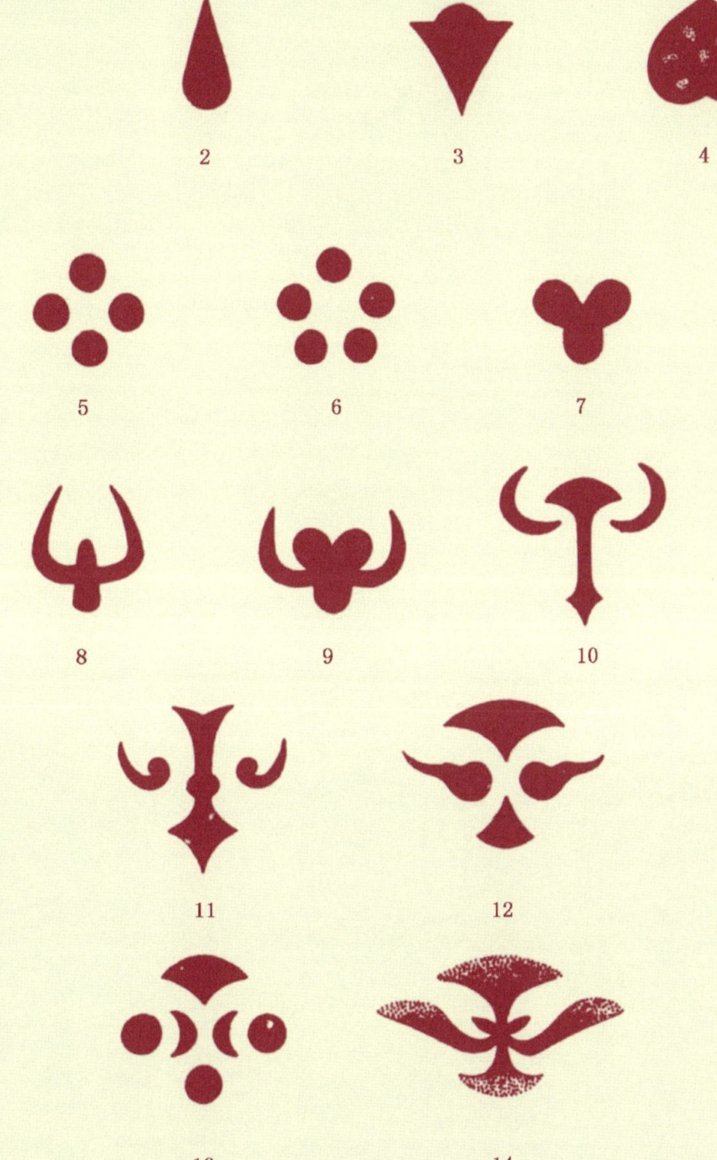

花餅等多種[49]。剪成後可儲於妝奩內。石渚長沙窰出土的唐代瓷盒蓋上書“花合”二字，應即妝奩中盛花鈿之盒子的蓋（圖 6-16）。元稹《鶯鶯傳》：“兼惠花勝一合。”即指此而言。化妝時用呵膠將它貼在眉心處[50]。圖像中所見花鈿有紅、綠、黃三種顏色。紅色的最多，吐魯番阿斯塔那出土的各種絹畫，莫高窟唐代壁畫中女供養人的花鈿，大都為紅色。綠色的也叫翠鈿，即杜牧詩“春陰撲翠鈿”、溫庭筠詞“眉間翠鈿深”所詠。宋徽宗摹張萱《搗練圖》中婦女的花鈿就有綠色的。還有所謂“金縷翠鈿”。如李珣詞“金縷翠鈿浮動”，張泌詞“翠鈿金縷鎮眉心”所詠者。這是在綠色的花鈿上再飾以縷金圖案。阿斯塔那所出《弈棋仕女圖》中的人物，在其藍綠色的心形花鈿中有六瓣形圖案，惟其圖案是紅色的，否則就正是金縷翠鈿了（圖 6-15：4）。黃色的在溫庭筠詞“撲蕊添黃子”，成彥雄詞“鵝黃剪出小花鈿”等句中有所描述[51]。《簪花仕女圖》中的花鈿即作黃色。

四、妝靨。點於雙頰，即元稹詩“醉圓雙媚靨”，吳融詩“杏小雙圓靨”之所詠者[52]。舊說以為這種化妝法起自東吳。唐・段成式《酉陽雜俎》前集卷八：“近代妝尚靨，⋯⋯蓋自吳・孫和鄧夫人也。和寵夫人，嘗醉舞如意，誤傷鄧頰，血流，嬌婉彌苦，命太醫合藥，醫言得白獺髓雜玉與琥珀屑，當滅痕。和以百金購得白獺，乃合膏。琥珀太多，及差，痕不滅，左頰有赤點如痣。視之更益其妍也。諸嬖欲要寵者，皆以丹點頰。”但證以上述貴霜石雕，則妝靨之起，或亦與貴霜化妝法有關。不過漢魏以來原有在頰上點赤點的作法，當時將這種赤點叫“旳”。《釋名・釋首飾》：“以丹注面曰旳；旳，灼也。”旳字後來訛作“的”[53]。漢・繁欽《弭愁賦》：“點圜的之熒熒，映雙輔而相望。”晉・傅咸《鏡賦》：“點雙的以發姿。”晉・左思《嬌女詩》：“臨鏡忘紡績，⋯⋯立的成復易；玩弄眉頰間，劇兼機杼役？”則點妝靨之傳統實由來已久。

五、斜紅。《玉台新詠》卷七，皇太子《艷歌十八韻》中有句云：“繞臉傅斜紅。”唐・羅虬《比紅兒詩》第一七也寫道：“一抹濃紅傍臉斜。”傍臉的

◎圖 6-16（左） 石渚長沙窰出土盛花鈿的盒子（僅存盒蓋）

◎圖 6-17（右） 木女俑頭（吐魯番阿斯塔那出土）

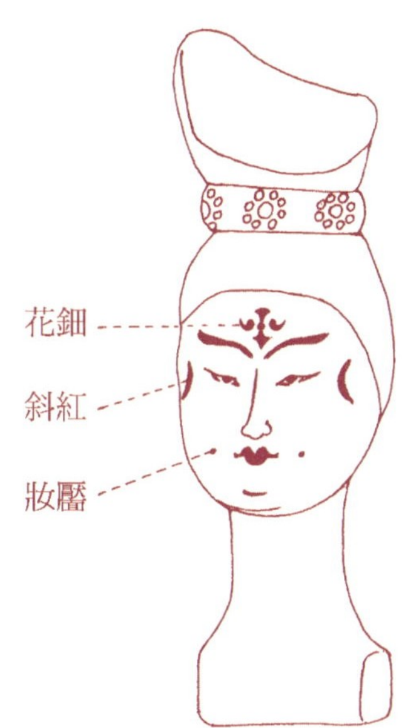

斜紅在西安郭杜鎮執失奉節墓壁畫舞女像及阿斯塔那出土的《桃花仕女圖》、《棕櫚仕女圖》等繪畫中均曾出現。

除了翠眉和額黃在圖像中看不清楚外，花鈿、妝靨和斜紅在阿斯塔那出土的唐代女俑頭上都有（圖 6-17）。而且經五代至北宋，這類化妝法的繁縟程度幾乎有增無已。花鈿與妝靨或合稱為花靨，後蜀．歐陽炯詞所云“滿面縱橫花靨”，與莫高窟壁畫中五代、北宋女供養人面部此類裝飾成排出現的情況正相一致。

唐代婦女的髮髻形式亦多。唐．段成式《髻鬟品》：“高祖宮中有半翻髻、反綰髻、樂遊髻。明皇帝宮中：雙環望仙髻、回鶻髻。貴妃作愁來髻。貞元中有歸順髻，又有鬧掃妝髻。長安城中有盤桓髻、驚鵠髻，又拋家髻及倭墮髻。”這裏列舉了不少髮髻名稱，但未說明其形制。其中有些名稱本身具有形象性，可與繪畫雕塑相比定。如西安乾封二年段伯陽墓陶女俑的髻，既頗高，頂部又向下半翻，似即半翻髻（圖 6-18：1）；這種髻在永泰公主墓石椁綫雕中亦可見。永泰公主石椁上雕出的髻式還有如鳥振雙翼狀的，似即驚鵠髻（圖 6-18：2）。石椁上還出現一種髻，從兩側各引一綹頭髮向腦後反綰，似即反綰髻（圖 6-18：4、5）；它在這時的陶俑上也常見，是初唐比較流行的一種髻式。西安羊頭鎮總章元年李爽墓壁畫中有一種繞出雙環的髻式，似即雙環望仙髻（圖 6-18：6）。此外，初唐還流行高髻。不過，高髻這一名稱最易含混。姑不論《後漢書・馬援傳》中已有“城中好高髻，四方高一尺”的諺語；即以唐事而論，《舊唐書・令狐德棻傳》記唐高祖問令狐德棻“比者，丈夫冠、婦人髻競為高大，何也”中的高髻，與《新唐書・車服志》所載文宗詔中“禁高髻險妝、去眉開額”的高髻，式樣也絕不相同。所以，談及高髻，似宜聯繫實例作出具體說明，否則，唐、宋詩詞中高髻的字面經常出現，援引時倘不加辨析，就會議論紛紜而莫衷一是了。初唐式高髻纏得較緊，矗立在頭頂上，其狀如圖 6-18：3。盛唐時，出現了所謂蟬鬢，即將鬢角處的頭髮向外梳掠得極其擴張，因而變成薄薄的一層，彷彿蟬翼。白居易詞“蟬鬢鬅鬙雲滿衣”之句，描述很得要領[54]。與蟬鬢相配合，有一種將頭髮自兩鬢梳向腦後，掠至頭頂挽成一或二髻，再向額前俯偃下垂的髻式，似即倭墮髻（圖 6-18：8、9）。開元時許景先所撰《折柳篇》有“寶釵新梳倭墮髻”之句，可證當時使用此名[55]。西安開元十一年鮮于庭誨墓出土女俑，莫高窟 205、217 等窟盛唐壁畫中的女供養人，大都梳這種髻。特別是經常被研究者提到的莫高窟藏經洞所出絹本佛畫《引路菩薩圖》中的婦女，梳的也是倭墮髻（圖 6-19：4）。惟其俯向額前的髻垂得較低，和正倉院藏《鳥毛立女屏風》及近年發掘的陝西長安南裏王村唐墓之壁畫中的婦女髻式頗相近。南裏王村唐墓的年代《簡報》定在盛唐與中唐之交[56]，《引路菩薩圖》的年代不會和它差得太遠。研究者或以《簪花仕女圖》（以下簡稱《簪花》）與《引路菩薩圖》比較，認為兩幅圖中的婦女髻式相仿[57]。其實二者全然不同。《簪花》圖中婦女的髮型雖很高大，但沒有俯偃向前的髻，與《引路菩薩圖》中的髻式迥異。相反，它和南京牛首山南唐・李昪墓出土的女俑不僅髻式全同，而且臉型的豐腴程度也相近。特別是近年在河北曲陽西燕川後梁・王處直墓中出土的浮雕侍女圖，其髻式與面相更和它有著不容忽視的一致性，反映出共同的時代

◎圖 6-18　唐代婦女髻式

①、⑨ 北京大學考古教研室藏女俑
②、④、⑤ 永泰公主墓石槨綫刻畫
③ 西安出土開元四年石墓門綫刻畫
⑥ 西安羊頭鎮李爽墓壁畫
⑦、⑩ 西安長郭 50 號史思禮墓出土俑
⑧ 西安中堡村唐墓出土俑

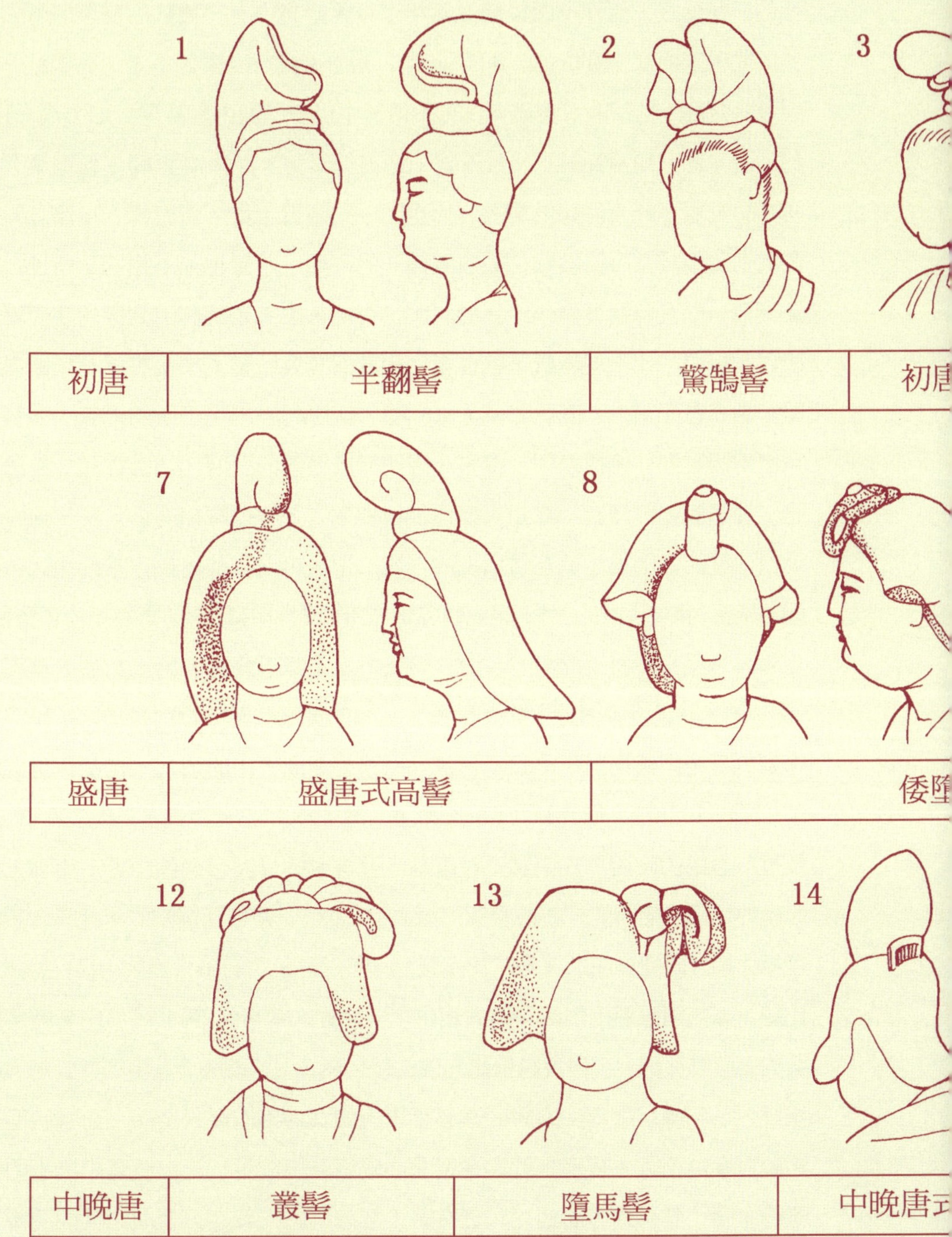

⑪ 莫高窟 217 窟壁畫

⑫ 西安郭家灘張堪貢墓出土俑

⑬ 西安王家墳唐墓出土俑

⑭《搗練圖》

⑮ 西安路家灣柳昱墓出土俑

⑯ 唐女俑（據 A. Salmony, Chincsischc Plastik Abb. 74.）

高髻	反綰髻	雙環望仙髻

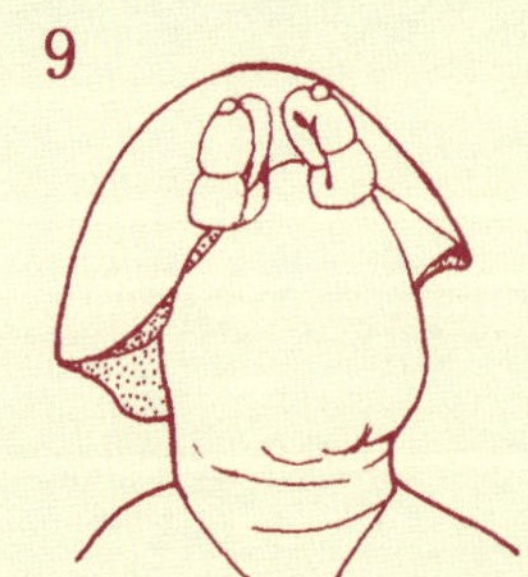

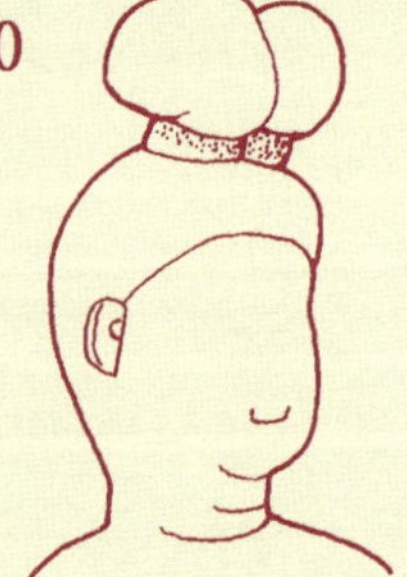

	球形髻	扁形髻

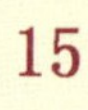

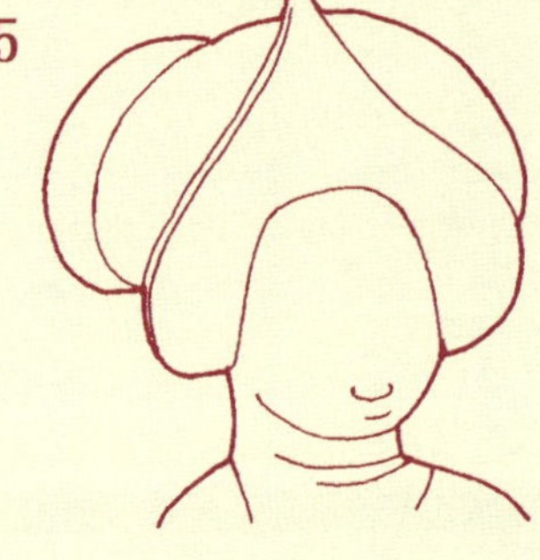

髻	鬧掃妝髻

◎圖 6-19　五代的高髻（1-3）與唐代的倭墮髻（4）

① 南京牛首山南唐墓出土陶女俑

②《簪花仕女圖》中的仕女（略去所簪之花與首飾）

③ 河北曲陽後梁・王處直墓出土石雕中的伎樂人

④ 莫高窟藏經洞所出唐代絹畫《引路菩薩圖》中的婦女

風格[58]（圖 6-19：1-3）。《簪花》圖中的金釵上有多層穗狀垂飾，這種式樣的釵在唐代出土物中未見，而 1956 年安徽合肥西郊南唐墓中出土的"金鑲玉步搖"卻與之類似，尤其是二者均綴以接近菱形的飾片，手法更如出一轍[59]（圖 6-20）。所以《簪花》圖當依謝稚柳先生的鑒定，斷為南唐時的作品[60]。它雖然保存了不少唐代餘風，但畢竟是五代時的畫，和唐代有一段距離。其中的髮型雖然也可以稱為高髻，但這是南唐式的高髻，盛唐、中唐之交時的高髻並不如此。如先梳掠出蟬鬢，卻不使自腦後向上挽起的髻俯偃而下，而讓它直立於頭頂，那才是唐代中期的高髻（圖 6-18：7）。這種高髻在長安南裏王村唐墓的壁畫中與倭墮髻並見。不過盛唐時也有不梳蟬鬢的，其髻式略如圖 6-18：10、11。

中唐後期至晚唐，倭墮髻偏於一側，似即墮馬髻（圖 6-18：13）。白居易《代書詩一百韻寄微之》中有"風流誇墮髻"句，原注："貞元末城中復為墮馬髻。"但墮馬髻這一名稱漢代已有。《後漢書．梁冀傳》說梁妻孫壽作墮馬髻，李注引《風俗通》："墮馬髻者，側在一邊。"漢代墮馬髻的式樣雖不能確知，但唐代再度使用這個名稱，或者就是因為此時這種髻也是"側在一邊"的緣故。墮馬髻中晚唐常見，徽宗摹張萱《虢國夫人遊春圖》中右起第四、五人，就梳著這種髻。中晚唐也有高髻，如白居易詩所稱"時世高梳髻"，其狀略如圖 6-18：14。

此外，結合段成式的敘述，中晚唐髻式可識的還有鬧掃妝髻。傳會昌初長安西市張氏女《夢王尚書口授吟》中有句："鬟梳鬧掃學宮妝。"[61] 又《潛確居類書》卷八八"鬧掃妝"條引《三夢記》："唐末宮中髻號鬧掃妝，形如焱風散鬌，蓋盤鴉、墮馬之類。"按唐代所謂鬧裝，本有紛繁炫雜的含義[62]，而中晚唐時正流行一種重疊繁複的髻式，似即鬧掃妝髻（圖 6-18：15、16）。至於王建詩"翠髻高叢綠鬢虛"，元稹詩"叢梳百葉髻"中之所謂叢髻[63]，大體或與圖 6-18：12 的髻式相當。

唐代婦女不僅髻式複雜，約髮用具的種類也很多。其中單股的為簪，

◎圖 6-20 《簪花仕女圖》中之釵與南唐金釵

①《簪花仕女圖》

② 安徽合肥西郊南唐墓出土的“金鑲玉步搖”

雙股的為釵。簪源於先秦之笄，用以固髻。後於頂端雕鏤紋飾，所以簪體加長。其質地有竹、角、金、銀、牙、玉等多種。玉簪又名搔頭，據《西京雜記》卷二說，是因為漢武帝在李夫人處曾取玉簪搔頭之故。白居易詩“碧玉搔頭落水中”，即沿用此名稱[64]。陝西乾縣唐・李賢墓壁畫中有以長簪搔頭的女子。江蘇宜興安壩唐墓出土的刻花銀簪，長26.8厘米，或與畫中人所用者相類[65]（圖6-21：1、3）。有些簪的頭部近扇形，與彈琵琶用的撥子相似。唐・馮贄《南部煙花記》說隋煬帝的宮人朱貴兒插“崑山潤毛之玉撥”，應即指此型簪（圖6-21：2、4）。但也有些簪頂的形式過於繁縟，如湖北安陸王子山唐・吳王妃楊氏墓出土的金簪，頂端用細金絲扭結盤屈成多層圖案，邊緣再綴以金箔剪成的小花[66]。這樣的簪看來就是以裝飾為主，而不是以固髻為主了。但由於簪鋌為單股，頂端增重後容易自髮上滑脫，所以唐代的簪大體上還保持著約髮的功能，而釵卻踵事增華，以致主要成為一種髮飾了。

早在唐代前期，釵的形式已多種多樣，永泰公主與懿德太子墓石椁綫刻畫中女侍之釵，有海榴花形的和鳳形的，但每人只插一件或兩件（圖6-22）。釵頭常懸有垂飾。韓偓《中庭》詩：“中庭自摘青梅子，先向釵頭戴一雙。”又《荔枝》詩：“想得佳人微啟齒，翠釵先取一雙懸。”[67]可見有些釵頭的垂飾作果實形。如圖6-23：1，其釵頭即懸有菱角形垂飾。有些釵頭並製出棲於其上的小鳥，如廣州皇帝崗唐墓出過這種釵（圖6-23：3）。段成式詩“金為鈿鳥簇釵梁”，韓偓詩“水精鸚鵡釵頭顫”，正與之相合[68]。也有雖未另作出棲在釵上的小鳥，卻將鳥形組織在釵頭圖案當中（圖6-23：2）。以裝飾為主的釵又名花釵。唐代后妃、命婦所簪“花樹”，實際上就是較大的花釵。它們往往是一式二件，圖案相同，方向相反，多枚左右對稱插戴。還有的釵頭上接或焊以寶相花形飾片，如安陸唐・吳王妃墓所出者，分十二瓣，嵌以寶石；其背部有小鈕，釵股插入鈕中，故容易脫落。西安韓森寨唐・雷氏妻宋氏墓出土的八瓣寶相花形飾片，以細小的金珠聯綴成花葉，嵌以松石，花心還有一隻小鳥[69]；裝此飾片的釵股已不存，所以它曾被稱為金鈿或珠花。證

◎圖 6-21　唐簪

① 唐 · 李賢墓壁畫

②、④“撥”型簪（西安郊區唐墓出土）

③“搔頭”型簪（江蘇宜興安壩唐墓出土）

◎圖 6-22　唐代石刻綫畫中的釵

① 永泰公主墓

② 懿德太子墓

1

2

◎圖 6-23 唐代花釵

① 浙江長興下莘橋出土

② 瑞典斯德哥爾摩 C.Kempe 氏舊藏

③ 廣州皇帝崗出土

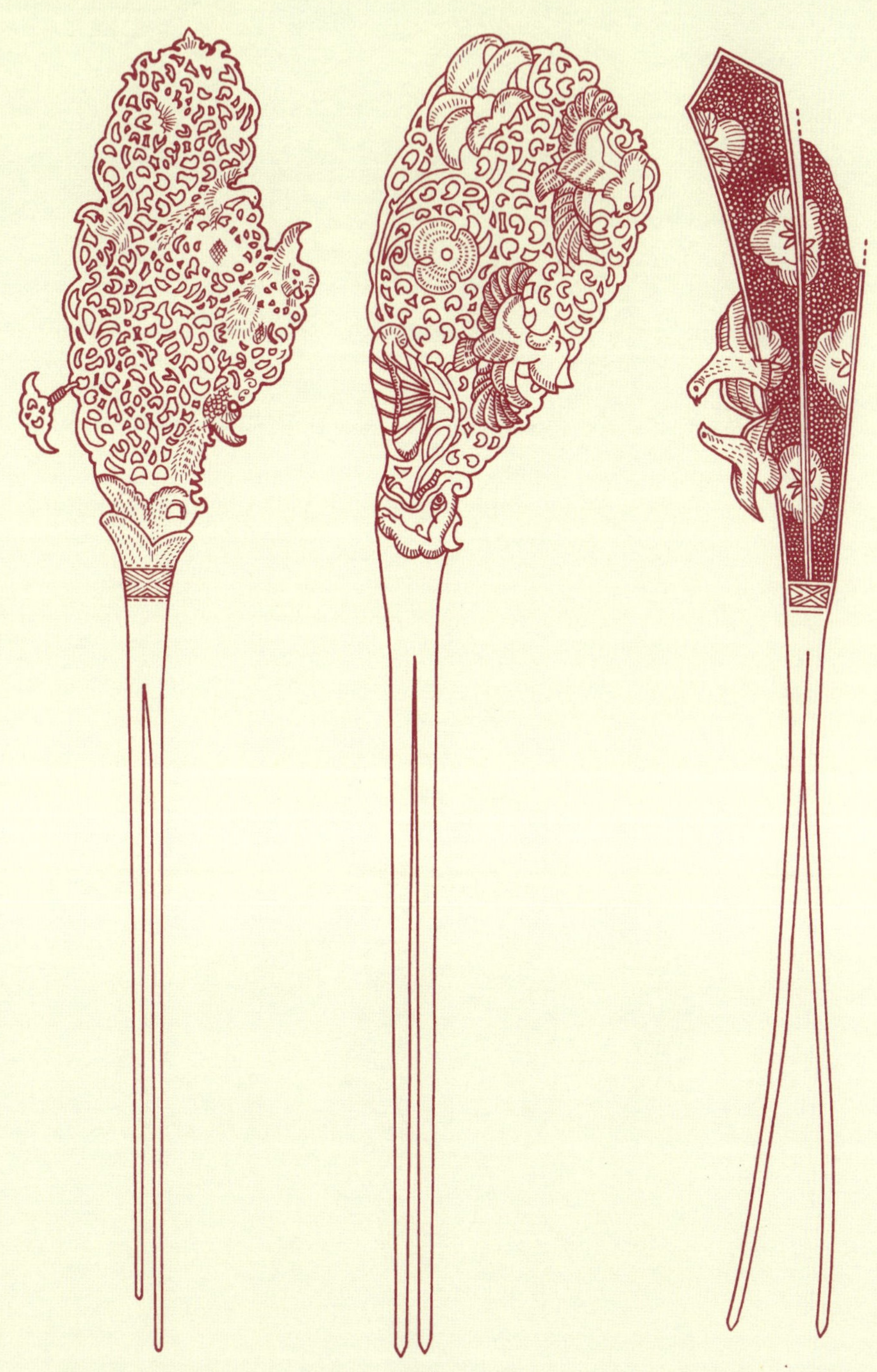

以吳王妃墓出土之例，可知原來也是釵頭的飾件。

至於這時的梳子，雖已較漢代之作馬蹄形者為闊，但還沒有作成宋代那種扁長的半月形。梳本為理髮具，盛唐時插梳為飾之風才廣泛流行。起初只在髻前單插一梳，梳背的紋飾也比較簡單。後來有在兩鬢上部或髻後增插幾把的，如《宮樂圖》中所見者。晚唐則以兩把梳子為一組，上下相對而插，有在髻前及其兩側共插三組的。王建《宮詞》："玉蟬金雀三層插，翠髻高叢綠鬢虛。舞處春風吹落地，歸來別賜一頭梳。"描寫的就是頭上插著許多釵梳的宮女。梳子既然被看重，梳背的裝飾亦日趨富麗，有包金葉鏤花的（圖 6-24：1），還有用金絲和金粒掐焊出花紋的。值得注意的是，在俞博《唐代金銀器》一書中著錄的一件掐花金梳背的圖案是倒置的[70]（圖 6-24：3），說明它應是一組梳子中自下向上倒插的那一把。而西安何家村唐代窖藏中出土之同類型的金梳背，圖案是正置的，當是自上而下正插的那把。又浙江臨安唐天復元年（901 年）水丘氏墓還出土了一把玉背角梳[71]（圖 6-24：2）。李珣詞"鏤玉梳斜雲鬢膩"句中所描寫的應即這類梳子[72]。

釵、梳之外，唐代婦女也戴耳環，但出土的實物極少，只在繪畫中見過（圖 6-25）。項飾多戴珠鏈，如本書圖 2-10：7 所舉唐女俑之例，不過她的項鏈僅為單行珠串；敦煌唐代壁畫中還有將兩行或多行珠串重疊穿連起來的。另一種用金銀扁片製作的項圈在唐代遺物中也見過，陝西耀縣柳林背陰村唐代窖藏中曾出土（圖 6-26：1）。《簪花仕女圖》中左起第二人也戴著這種項圈（圖 6-26：3）。式樣基本相同的項圈不僅曾在浙江寧波天封塔宋代地宮出土，唐墓和宋、金墓中所出陶俑、瓷俑亦有戴此式項圈之例[73]（圖 6-26：2、4-6）。

釧在繪畫中少見，卻有實物出土。西安何家村唐代窖藏中出土的一對金鑲玉釧，每只以三節玉件用三枚獸頭形金合頁銜接而成，極為精巧（圖 6-27：1）。宋．沈括《夢溪筆談》卷一九說："予曾見一玉臂釵（釧），兩頭施轉關，可以屈伸，合之令圓，僅於無縫，為九龍繞之，功侔鬼神。"他記述的也應是這類金鑲玉釧，或亦為唐物，可是在北宋人眼中，已詫為功侔

◎圖 6-24 唐梳

① 鏤花包金梳（江蘇揚州三元路出土）

② 玉背角梳（浙江臨安唐墓出土）

③ 金梳背（美國明尼阿波里斯藝術館藏）

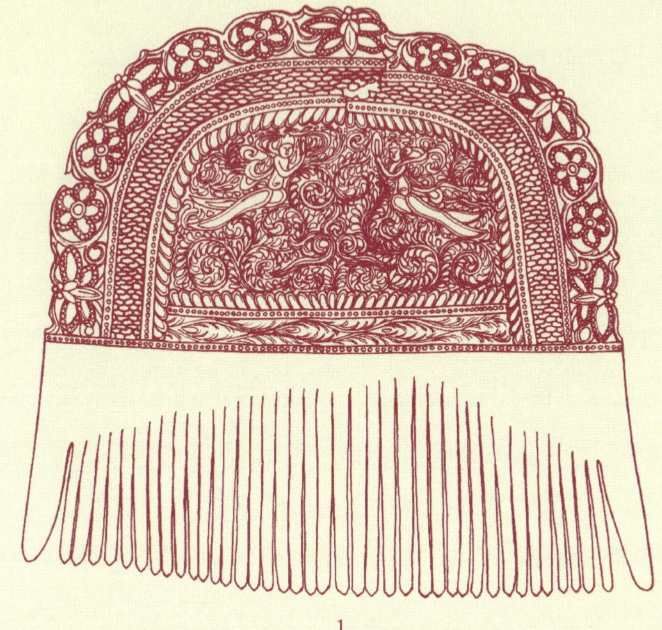

1

2

3

◎圖 6-25　新疆吐魯番出土唐代絹畫中所見之耳環

鬼神。這類玉釧只出過少量幾副。一般唐釧則多用柳葉形金銀片彎成，兩端尖細的部分纏金銀絲，並繞出環眼。內蒙古和林格爾土城子出土的此式唐代銀釧，還用小銀圈穿過環眼將兩端聯結起來（圖 6-27：2）。但江蘇丹徒丁卯橋所出與俞博書中所著錄者，都只彎成橢圓形，未再聯結。山西平魯屯軍溝唐代窖藏中一次就出土了此式金釧十五隻，可稱洋洋大觀了[74]。

總的說來，初唐女裝比較褊狹，常著胡服、胡帽，釵梳等首飾用得較少。盛唐時衣裙漸趨肥大，出現了頗具特點的蟬鬢和倭墮髻。安史之亂後，進入中唐時期，短闊的暈眉較流行，而胡服漸不多見，研究者或據元稹《新樂府．法曲篇》"自從胡騎起煙塵，毛毳腥膻滿咸洛。女為胡婦學胡妝，伎進胡音務胡樂"之句，以為這時胡服大流行；並舉《新唐書．五行志》中之椎髻、赭面、啼眉、烏唇等以為佐證。其實從考古材料中看，胡服的流行時期是在安史亂前。由於這場戰爭的影響，社會心理中的華夷界限較亂前顯著，胡服亦急劇減少。晚唐服式愈加褒博，首飾也愈加繁縟。五代大體沿襲著這種風氣[75]。北宋時才又有新的變化。

◎圖 6-26　項圈

① 銀項圈（陝西耀縣柳林唐代窖藏出土）

② 金塗項圈（浙江寧波天封塔宋代地宮出土）

③《簪花仕女圖》左起第二人（略去所簪花飾）

④ 女侍俑（河南焦作新李村宋墓出土）

⑤ 繈褓俑（陝西西安韓森寨唐墓出土）

⑥ 繈褓俑（河北邯鄲峰峰礦區金墓出土）

◎圖 6-27　唐釧

① 西安何家村出土金鑲玉釧

② 內蒙古和林格爾土城子出土晚唐銀釧

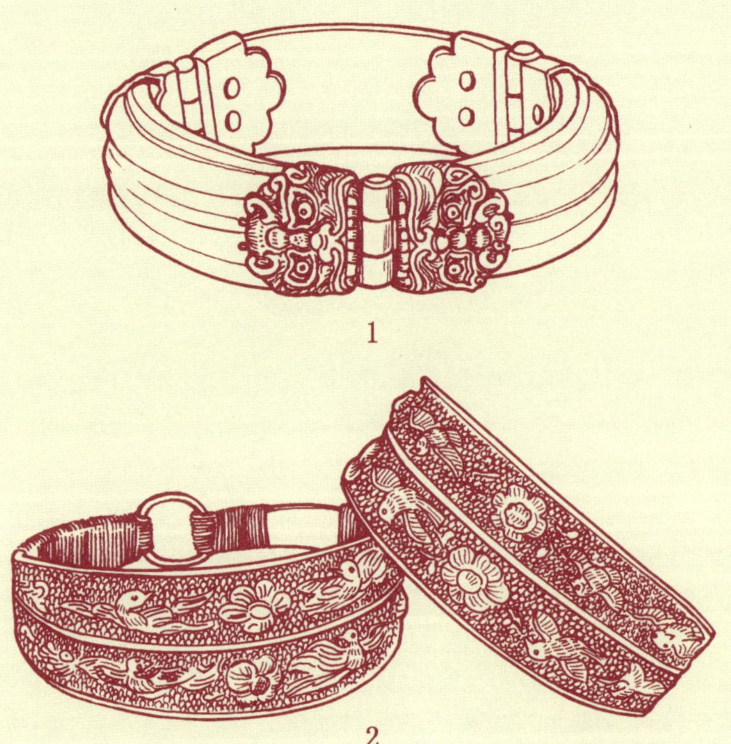

注 釋

1 《太平廣記》卷三一。《玄怪錄》的作者從汪闢疆《唐人小說》之說。

2 《太平廣記》卷三一。《玄怪錄》的作者從汪闢疆《唐人小說》之說。

3 萬詩見《全唐詩》二函一〇冊；元詩見同書六函一〇冊；白詩見同書七函四冊；杜詩見同書四函三冊；王詩見同書二函一〇冊；孫詩見同書一一函三冊。

4 《李群玉詩集・後集》卷三。

5 郭沫若：《武則天》附錄二："破殆謂襞，七破間裙殆即七襞羅裙。"但《格致鏡原》卷三六六引《辨音集》："李龜年至岐王宅，二妓女贈三破紅綃。"可見破不宜解作襞。《新唐書・車服志》記唐代婦女服制時，"破"、"幅"二字互見。

6 《全唐詩》一〇函二冊。

7 《方言》卷四："裙，陳、魏之間謂之帔。"《釋名・釋衣服》："帔，披也；披之肩背，不及下也。"

8 耳朵向上聳，是漢魏六朝時仙人面型的特徵之一。《抱朴子・論仙篇》說："邛疏之雙耳，出乎頭巔。"洛陽出土北魏畫像石棺上仙人之耳亦作此狀，見《考古》1980 年第 3 期。

9 大同銅杯，見《文化大革命期間出土文物》第 1 輯，頁 149。愛米塔契博物館之八曲銀杯見奈良國立博物館"シルクロード大文明展"的圖錄，《シルクロード・オアシスと草原の道》圖 202。在塔吉克斯坦片治肯特粟特古城址發現的《商人飲宴圖》壁畫中，一商人所持金杯上亦有類似的施帔帛之女像。

10 《舊唐書・韋堅傳》："（崔）成甫……自衣缺胯綠衫，錦半臂。"《新唐書・來子珣傳》："珣衣錦半臂自異。"《安祿山事跡》："玄宗賜……錦襖子並半臂。"《摭言》卷一二："（鄭）愚著錦襖子、半臂。"

11 李德裕：《李文饒集・別集》卷五《奏繚綾狀》。

12 《李長吉歌詩》卷一。

13 祖瑩語，《文獻通考》卷一二九引。

14 《元氏長慶集》卷三〇。《白香山詩集・長慶集》卷一二。

15 《舊唐書・文宗紀》。

16 開成四年二月，淮南節度使李德裕奏："比以婦人長裾大袖，朝廷制度尚未頒行，微臣之分合副天心。比閭閻之間，（袖）闊四尺，今令闊一尺五寸；裾曳四尺，今令曳五寸。"（《冊府元龜》卷六八九）據此可知其肥大的程度。

17 《全唐詩》八函五冊，張祜《觀楊瑗柘枝》。

18 《全唐詩》七函九冊。

19 《舊唐書·丘和傳》:"漢王諒之反也,以和為蒲州刺史。諒使兵士服婦人服,戴羃䍦,奄至城中。和脫身而免,由是除名。"同書《李密傳》:"密入唐後,復起事。簡驍勇數十人,著婦人衣,戴羃䍦,藏刀裙下,詐為妻妾,自率之入桃林縣舍。須臾,變服突出,因據縣城。"至帷帽興起後。這種偽裝法遂不再見到。

20 此圖著錄於《夢得避暑錄》、《畫史清裁》與《石渠寶笈》三編。《故宮名畫三百種》標作《明皇幸蜀圖》。

21 《舊唐書·輿服志》。

22 《唐會要》卷三一。

23 金代猶存這種風習。《金史·后妃傳》:"凡諸妃位皆以侍女服男子衣冠,號假廝兒。"

24 任半塘:《教坊記箋訂·制度與人事篇》,中華書局,1962年。

25 金維諾等:《張雄夫婦墓俑與初唐傀儡戲》,《文物》1976年第12期。

26 內聚珍本《唐語林》未收此條,周勳初《唐語林校證·輯佚》說此條原出蔡京《王貴妃傳》。

27 《唐會要》卷三一載唐文宗時關於婦女服制的規定,謂"高頭履及平頭小花草履即任依舊"。

28 王詩見《全唐詩》六函一冊。元詩見《才調集》卷五。和詞見《花間集》卷六。

29 《文物》1972年第3期,頁17-19,圖版11。

30 潘潔茲:《敦煌壁畫服飾資料》圖33所收莫高窟330窟初唐女供養人像之履,前端不高起,應是平頭履。

31 施詩見《全唐詩》八函二冊。李詩見《李群玉詩集·後集》卷三。方詩見《全唐詩》一〇函三冊。

32 《沈下賢文集》卷一。

33 萬詩出處同注③。盧詩見《全唐詩》五函二冊。

34 徐詩見《全唐詩》七函一〇冊。

35 《元遺山集》卷九。又《中州集》所收《劉從益覓墨詩》注:"宮中取張遇墨,燒去膠,以之畫眉,謂之畫眉墨。"

36 勞費爾:《中國伊朗編》(林筠因譯本)頁195-197。志田不動麿:《支那に於ける化妝の源流》,《史學雜誌》40卷9期,1929年。

37 吉田光邦:《Tyrian purple と中國》,《科學史研究》43期,1957年。他根據唐·馮贄《南部煙花記》中之"螺子黛"一語立論,以為螺指紫貝,誤。蓋螺子黛即螺黛,指作成圓錐狀的黛塊。凡接近圓錐狀的硬塊均可以螺為單位,如晉·陸雲《與兄機書》"送石墨二螺",即是其例。所以螺子黛與紫貝全無關係。

38 陝西省博物館、禮泉縣文教局唐墓發掘組：《唐鄭仁泰墓發掘簡報》，《文物》1972 年第 7 期。

39 《全唐詩》二函五冊。

40 《才調集》卷五。

41 江詩見《玉台新詠》卷五。庾詩見《庾子山集》卷五。

42 吳詩見《全唐詩》一〇函七冊；袁詩見同書九函七冊。溫詩見《溫庭筠詩集》卷一。

43 牛詞見《花間集》卷四。周詞見《清真詞》。

44 王國維：《黑韃事略箋證》。

45 清・吳長元：《宸垣識略》卷一六。

46 《酉陽雜俎》卷八。《朝野僉載》卷三。《劉賓客文集》卷二五。

47 田辺勝美：《正倉院鳥毛立女圖考（1）・花鈿・靨鈿と白毫相の起源に關するゐ試論》，《岡山市立オリエント美術館研究紀要》4，1985 年。

48 注 36 所揭志田不動麿文以為唐代形狀較複雜的花鈿係模仿印度數 *Vaishnavas* 派教徒畫在額前象徵 *Vishnu*・與其妻 *Lakshmī* 的符號，但唐土並不流行婆羅門教，故其說不確。

49 張正見詩："裁金作小靨。" 陶穀《清異錄》："江南晚季，建陽進茶油花子，大小形制各別，極可愛。宮嬪縷金於面背以淡妝，以此花餅施於額上，時號'北苑妝'。" 袁達《禽蟲述》："鰣罥網不動，護其鱗也。鱗用石灰水浸之，暴乾，可作女人花鈿。" 北宋淳化時，"京師婦女競剪黑光紙團靨，又裝縷魚腮骨號'魚媚子'以飾面，皆花子之類也"（見《妝台記》）。以上記事雖有晚於唐者，但亦可參稽。

50 孔平仲《孔氏談苑》："契丹鴨淥水牛魚鰾，制為魚形，婦人以綴面花。"《詞林海錯》："呵膠出虜中，可以羽箭，又宜婦人貼花鈿。口嘘隨液，故謂之'呵膠'。" 毛熙震詞"曉花微微輕呵展"，說的就是以呵膠貼花鈿的情況。

51 杜詩見《全唐詩》八函七冊。溫詞見《花間集》卷一。李詞見《花間集》卷一〇。張詞見《全唐詩》十二函一〇冊。成詞見《尊前集》。

52 元詩見《元氏長慶集》卷一三。吳詩見《全唐詩》一〇函七冊。

53 《御覽》卷七四六引《呂氏春秋》："射杓者，欲其中小也。" 杓亦作招。同書《本生篇》："萬人操弓，共射一招。" 高注："招，埻的也。"《韓非子・外儲說右上》："人主者，利害之軺轂（招轂）也。" 同書《問辯篇》則曰："聽言觀行，不以功用為之的轂。" 亦可證招、的二字相通假。《說文・日部》旳字段注："俗字作的。"

54 《唐宋諸賢絕妙詞選》卷一。

55 《全唐詩》二函六冊。

56 趙力光、王九剛：《長安縣南里王村唐壁畫墓》，《文博》1989 年第 4 期。

57 楊樹雲：《從敦煌絹畫〈引路菩薩〉看唐代的時世妝》，《敦煌學輯刊》總 4 期，1983 年。

58 河北省文物研究所等：《五代王處直墓》，文物出版社，1998 年。

59 石谷風、馬人權：《合肥西郊南唐墓清理簡報》，《文物參考資料》1958 年第 3 期。又《簪花》圖中婦女戴在臂上纏繞多圈的套釧，也叫金纏臂，五代時才見於記載。《新五代史・慕容彥超傳》："弘魯乳母於泥中得金纏臂獻彥超。"其實例在唐代遺物中未獲，但宋代卻不罕見。上海寶山、湖南臨湘陸城、安徽望江九成阪等地的宋墓中均出。也說明《簪花》圖中的飾物接近較晚的形制。

60 謝稚柳：《鑒余雜稿・唐周昉〈簪花仕女圖〉的時代特性》，上海人民美術出版社，1979 年。

61 《全唐詩》一二函七冊。

62 按此為後人附記之語，非白行簡《三夢記》原文。明・胡應麟《少室山房筆叢》卷二一謂鬧裝係"合眾寶雜綴而成"；因此鬧掃妝髻亦應是一種形狀繁雜的髻。

63 王詩見《全唐詩》五函五冊。元詩見《才調集》卷五。

64 《全唐詩》七函四冊。

65 陸九皋、韓偉：《唐代金銀器》圖 126、127，文物出版社，1985 年。

66 孝感地區博物館、安陸縣博物館：《安陸王子山唐吳王妃楊氏墓》，《文物》1985 年第 2 期。

67 均見《全唐詩》一〇函七冊。

68 段詩見《全唐詩》九函五冊。韓詩出處同注 67。

69 張正齡：《西安韓森寨唐墓清理記》，《考古通訊》1957 年第 5 期。

70 B. Gyllensvärd, *T'ang Gold and Silver*, pl.7. BMFEA, 29,1957.

71 明堂山考古隊：《臨安縣唐水丘氏墓發掘報告》，《浙江省文物考古研究所學刊》，1981 年。

72 《全唐詩》一二函一〇冊。

73 陝西省博物館：《陝西省耀縣柳林背陰村出土的一批唐代銀器》，《文物》1966 年第 1 期。林士民：《浙江寧波天封塔地宮發掘報告》，《文物》1991 年第 6 期。戴項圈的陶、瓷俑，見丁曉愉《中國古俑白描》頁 136，北京工藝美術出版社，1991 年；《中國古俑》圖 258，湖北美術出版社，2001 年；秦大樹等：《邯鄲市峰峰礦區出土的兩批紅綠彩瓷器》，《文物》1997 年第 10 期。

74 陶正剛：《山西平魯出土一批唐代金鋌》，《文物》1981 年第 4 期。

75 如《冊府元龜》卷六五所載後唐同光二年制書中說："近年以來，婦女服飾異常寬博，倍費縑綾。"可證此風於五代時仍在繼續。

柒・中國古代的帶具

先秦法服上的革帶

先秦時代，在華夏族固有的上衣下裳式服裝，即後世所謂法服上[1]，於腰間束有大帶和革帶。大帶又名紳帶，用絲織物製作，它雖然比較華美，卻不適於懸荷重物；韠韍[2]和玉佩都要繫在革帶上。所以鄭玄在《禮記·玉藻》和《雜記》的注中一再說："凡佩繫於革帶"，"革帶以佩韍"。孔疏："總束其身，唯有革帶、大帶"，"大帶用組約，其物細小，不堪懸韠、佩"。更明確指出革帶在這類服裝上所起的作用是大帶所不能代替的。

古法服所用革帶的實物雖未見，但戰國楚俑身上有的卻繪出玉佩，其繫玉佩之帶應即革帶。湖北江陵武昌義地 6 號墓出土俑，腰間繪出紅色革帶，帶鞓上有環形和貝形物及短絛帶，下垂兩條很長的玉佩（圖 7-1）。此俑穿左右異色的偏衣[3]，亦應歸入法服之例。至於畫得清楚的法服革帶的圖像，則只能在較晚的材料中看到。宋摹唐畫《歷代帝王圖卷》中的隋文帝，身著冕服。這種飾十二章的冕服雖是東漢明帝改制後的式樣[4]，但與先秦法服應相去不遠。此像在腰間束有大帶，大帶外再束革帶。韍和玉佩的繫結情況雖然被袖子遮住，不能看到，但估計仍應上懸於革帶。不過此時的革帶已裝帶扣，先秦的革帶上尚無此物。而且先秦時"申加大帶於上"[5]，即將大帶束在革帶外面。隋文帝像卻是革帶居外，大帶居內，與前有所不同。先秦之所以起初將革帶束在大帶底下，大概是因為當時的革帶樸素無華的緣故，只束革帶，給人的觀感不免有些寒儉。《說苑·奉使篇》："唐且曰：'大王亦嘗見夫布衣韋帶之士怒乎？'"《漢書·賈山傳》"布衣韋帶之士"，顏注："言貧賤之人也。"可見早期之布衣所束的革帶不會有多少飾件。在帶鈎和帶扣出現以前，革帶的兩端大約多用窄絛帶繫結。江陵馬山 1 號楚墓出土的彩繪著衣木俑與秦始皇陵側出土的 2 號銅馬車的御者的革帶均未裝帶鈎，僅以絛帶繫結。貴族使用的，例如長沙仰天湖楚墓出土的第 21 號簡所記"〔革〕緣（帶）又（有）玉鐶（環）紅纓（組）"。[6]其所謂環、組，亦應供繫結革帶之用。如果認

◎圖 7-1　偏衣佩玉木俑（江陵武昌義地 6 號楚墓出土）

為這裏的環、組是比革帶更貴重的玉佩和佩玉之組，則簡文的記述就不應以〔革〕帶為主體了。從而使我們知道，早期的革帶上也可以用絲帶和環繫結其兩端。

施鈎之帶

帶鈎的發明使革帶的面貌大為改觀。就目前所知，帶鈎在華夏族地區最早見於山東蓬萊村里集 7 號西周晚期至春秋早期墓。此鈎銅質，長方形，素面，長 4.3 厘米[7]。春秋時期，帶鈎已相當流行，河南洛陽中州路西工段 2205 號與 209 號、淅川下寺 10 號，湖南湘鄉韶山灌區 65SX10 號與 65SX17 號，陝西寶雞茹家莊 5 號與 7 號，及北京懷柔師範西 12 號等春秋墓均出銅帶鈎[8]。山東臨淄郎家莊 1 號及陝西鳳翔高莊 10 號墓且出金帶鈎[9]。河南固始侯古堆大墓墓主腹膝間有玉帶鈎、銅環，與玉瑗、玉璜和回形玉飾組成的佩飾同出。玉帶鈎和銅環應是裝在革帶上供勾括之用的，玉佩飾則應繫垂於革帶之下。這些反映出此帶的作用仍與上述早期革帶相同[10]。因而帶鈎也可以被看作是由早期革帶上與環相繫結的絲帶演化而來的。到了戰國時期，仍經常發現帶鈎與環伴出的實例。如，河南安陽大司空村 131 號戰國墓中，於人架腹部發現銅帶鈎與玉髓環套合在一起[11]；河南汲縣 5 號戰國墓中鐵帶鈎與骨環同出；同地 6 號戰國墓中鑲嵌綠松石的銅帶鈎與羊脂玉環同出[12]。此外，原田淑人《漢六朝の服飾》一書中也著錄了一件銅帶鈎與玉環相鑴合的例子[13]。儘管其中有些鈎、環出土時已分離，但它們無疑是配套使用的。《淮南子．說林》說：“滿堂之坐，視鈎各異，於環、帶一也。”表明當時曾採用以鈎與環相勾括的方法來束結革帶。《隋書．禮儀志》說那時帝王法服上的革帶是：“博三寸半，加金鏤，艓、螳螂鈎以相拘帶。自大裘至於小朝服皆用之。”螳螂鈎即帶鈎，艓是承鈎之具。《廣雅．釋器》：“艓謂之叙。”叙字從叉，叉有括約之意。《廣雅．釋言》：“叉，括也。”《方言》卷一二：“括、關，閉也。”承鈎之具應與鈎相勾牽且括閉之使不脫出，正和環的用途相當。當然，也有將鈎直接勾住革帶另一端的穿孔的，但那只能被看作是一種省便的形式了。

既然遠在西周晚期至春秋早期華夏族地區已知用帶鈎，這就動搖了過去認為帶鈎是從北方草原民族地區傳入中原之說，因為在後一地區發現的帶鈎不早於春秋末，不僅比華夏族地區晚，而且數量也少[14]。更不用說認為中原用鈎始於趙武靈王“胡服騎射”時者，將用鈎的時間推遲到戰國中期，與實際情況愈益差得遠了。《左傳・僖公二十四年》、《國語・齊語》、《管子・大匡篇》、《呂氏春秋・貴卒篇》、《史記・齊太公世家》、《新序・雜事》、《論衡・吉驗篇》諸書所記春秋時齊國的管仲射公子小白中鈎的著名故事，就發生在趙武靈王之前三百多年。不過這裏有一個問題，即前人或謂《楚辭・大招》之“鮮卑”、《戰國策・趙策》之“師比”、《史記・匈奴列傳》之“胥紕”、《漢書・匈奴傳》之“犀毗”、《淮南子・主術》高注之“私紕頭”，均是帶鈎。如《漢書・匈奴傳》顏注：“犀毗，胡帶之鈎也；亦曰鮮卑，亦謂師比，總一物也，語有輕重耳。”又引張宴說：“鮮卑，郭落帶瑞獸名也，東胡好服之。”不過試加推敲，則張宴和顏師古都說犀毗或鮮卑是郭落帶或胡帶上的瑞獸或鈎，可是這些詞彙並不是中原地區習用於帶鈎和革帶的名稱。什麼是鮮卑呢？包爾漢、馮家升在《“西伯利亞”名稱的由來》一文中解釋為：“鮮卑，它的意思是一種獸，相當於蒙古語 sobar（貙＝五爪虎）。因為鮮卑人崇拜它，把它用作本部落的名稱，同時把它的形象用在金屬帶鈎上。”關於郭落的語源此文中亦有考釋：“至於‘郭落’，伯希和在 1928–1929 年曾在《通報》論王國維的《胡服考》已指出是 **quraq* 的對音，突厥的革帶。又在 1930 年伯希和指出《南齊書》的‘胡洛真’（帶仗人）為 *uraqcën*，案 11 世紀的突厥語詞典有 *qur*，注為腰帶。又北京圖書館藏明代《高昌館譯書》有 *qurr*（庫兒）也作腰帶講。”[15] 江上波夫亦持類似的見解[16]。果依其說，則漢語中以對音形式存在的鮮卑和郭落等詞以及它們所代表的帶鈎和革帶等物，就都應該是從外部傳入的了。然而根據本文以上所述革帶和帶鈎的歷史，此說卻不容易講得通。因為革帶一詞在文獻中早已出現，無須引入。何況《戰國策・趙策》說：“遂賜周紹胡服衣冠、具帶、黃金師比。”可見師比是在胡服上使用的。所以，它和郭落帶有可能並非指中原通用的那類帶鈎和革帶。至於歐亞大陸北方流行的斯基泰一西伯利亞式帶鈎，則是屬另一個系統的器物，與我國帶鈎的形制並不相同。前一種的鈎首向下彎，而我國的鈎首向上彎，二者更有明顯區別。

帶鈎在中原地區廣泛流行以後，革帶已逐漸擺脫了從屬大帶的地位。特別在戰國時代，由於胡服的影響，武士們多著齊膝的上衣和長褲，腰間只束一條裝鈎的革帶。秦始皇陵兵馬俑坑所出大批陶武士的裝束就都是這樣的。又由於革帶這時已無須隱蔽在大帶底下，所以露在外面的帶鈎的造型就受到重視，製作也日趨精巧。製鈎的材料包括金、銀、銅、鐵、玉、瑪瑙各類，即以銅、鐵帶鈎而言，也還有再用包金、錯金、鎏金、嵌琉璃、嵌玉或松石等方法加工的，從而產生了不少工藝珍品。有些高級帶鈎的體積很大，江陵望山 1 號墓所出錯金鐵帶鈎弧長達 46.2、寬達 6.5 厘米 [17]，反映出製鈎手工業的興盛。一般帶鈎的長度，則約在 10 厘米以內。

匈奴·東胡的帶頭、帶鐍和郭落帶

我國北方匈奴·東胡各族用的革帶與中原地區不同，這種革帶的帶鞓上起初只有裝飾物。我國古文獻中曾稱胡服之帶為"貝帶"，如《淮南子·主術》說："趙武靈王貝帶、鵕鸃而朝。"高誘注："趙武靈王出春秋後，以大貝飾帶，胡服。"《史記·佞幸列傳》集解引《漢書音義》也說貝帶是"以貝飾帶"；實例見於西周晚期至春秋早期的河南陝縣上村嶺虢國墓。其 1706 號墓墓主腰間出土六件圓形貝殼飾、一件三角形石飾，排成一橫列。1715 號與 1810 號墓也出形狀相似的帶飾，只不過是石質的和銅質的 [18]（圖 7-2）。上村嶺這批墓葬的出土物中含有某些草原文化的成分，如 1612 號墓所出多鈕鏡，久已為研究者所注意，所以這裏的飾貝殼之帶應即早期的貝帶。內蒙古烏蘭察布盟涼城毛慶溝 5 號春秋晚期至戰國早期北狄墓中的帶飾，形制又有所不同。此墓墓主腹前出土兩枚左右對稱的銅飾牌，原應裝於腰帶會合處兩側。飾牌呈不規則的長方形，正面以陰綫刻劃出簡略的虎紋 [19]（圖 7-3：1、2）。時代與之相近的哈薩克斯坦伊塞克（Issik）塞種王墓中，

◎圖 7-2　陝縣上村嶺

1715 號墓帶具出土位置

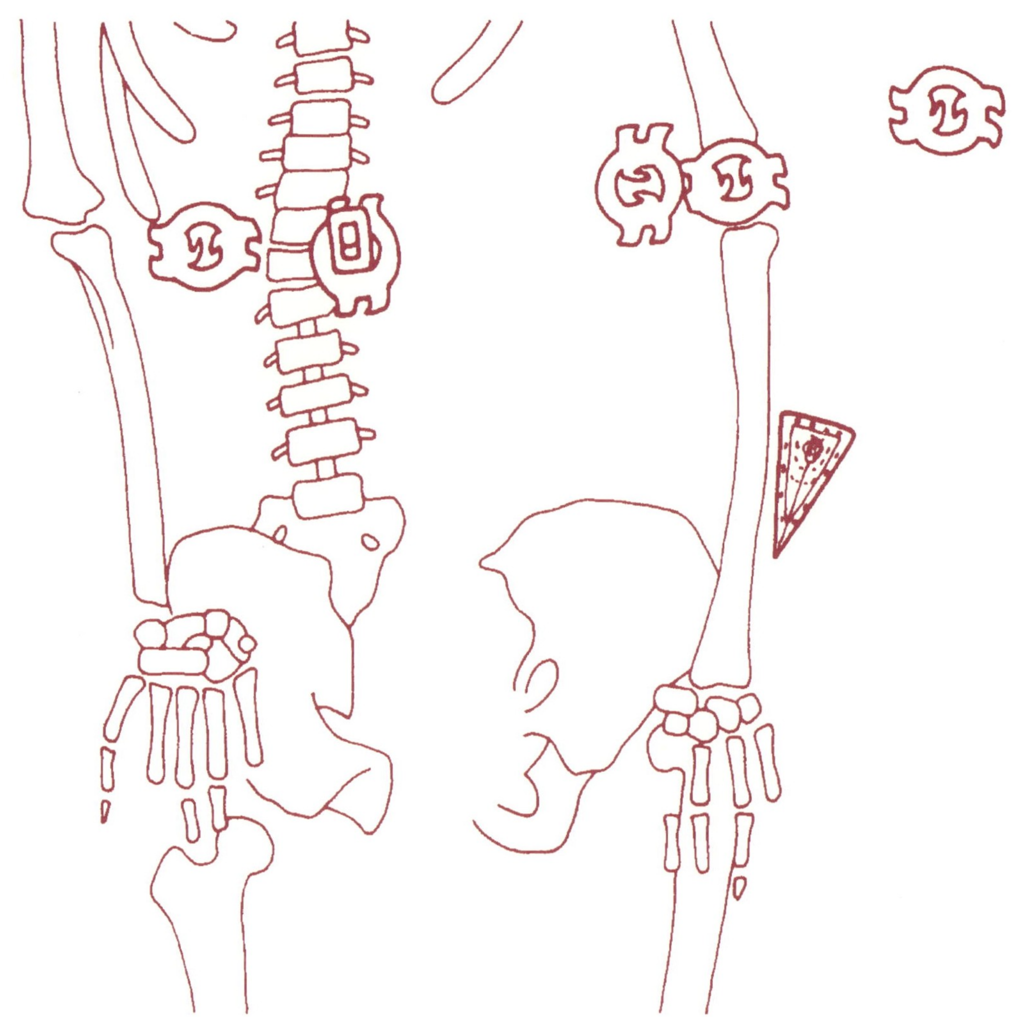

墓主的腰帶上飾有鷹喙鹿身、頭生多枝長盤角的怪獸紋金飾牌及十三件小飾牌，飾牌的鈕均穿過帶鞓在其背面透出；再用兩條細帶貫穿各鈕孔。這樣，既起固定作用，細帶之超出帶鞓的部分又可用於繫結；飾牌本身並不具有括結的功能[20]（圖 7-3：3、4、7）。其小飾牌的綴結方式與內蒙古敖漢旗周家地 45 號夏家店上層文化墓葬出土的窄革帶上所見之例相同（圖 7-3：6）。在內蒙古伊克昭盟杭錦旗阿魯柴登發現的匈奴金銀器中，有十二件鑄成頭生多枝

◎圖 7-3　無括結功能的腰帶飾牌

① 內蒙古涼城毛慶溝 5 號墓帶具出土位置

② 毛慶溝 5 號墓出土的無穿孔帶頭

③ 伊塞克塞種王墓帶具出土位置

④ 伊塞克塞種王墓出土的無穿孔帶頭

⑤ 內蒙古杭錦旗阿魯柴登發現的匈奴無穿孔帶頭

⑥ 內蒙古敖漢旗周家地 45 號墓出土腰帶帶具的綴結方式

⑦ 伊塞克塞種王墓出土腰帶帶具的綴結方式

1

2

3

4

6

5

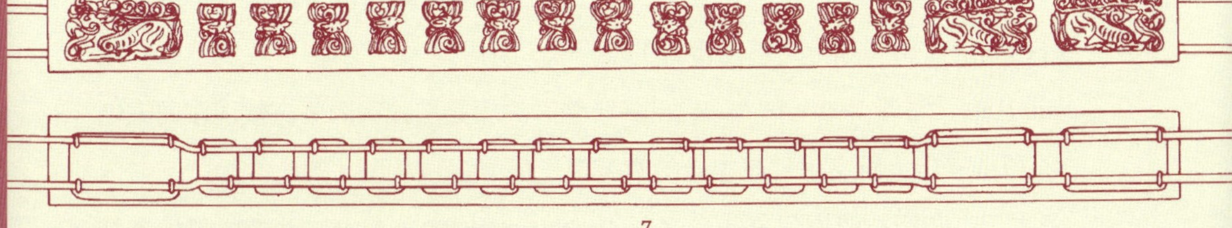

7

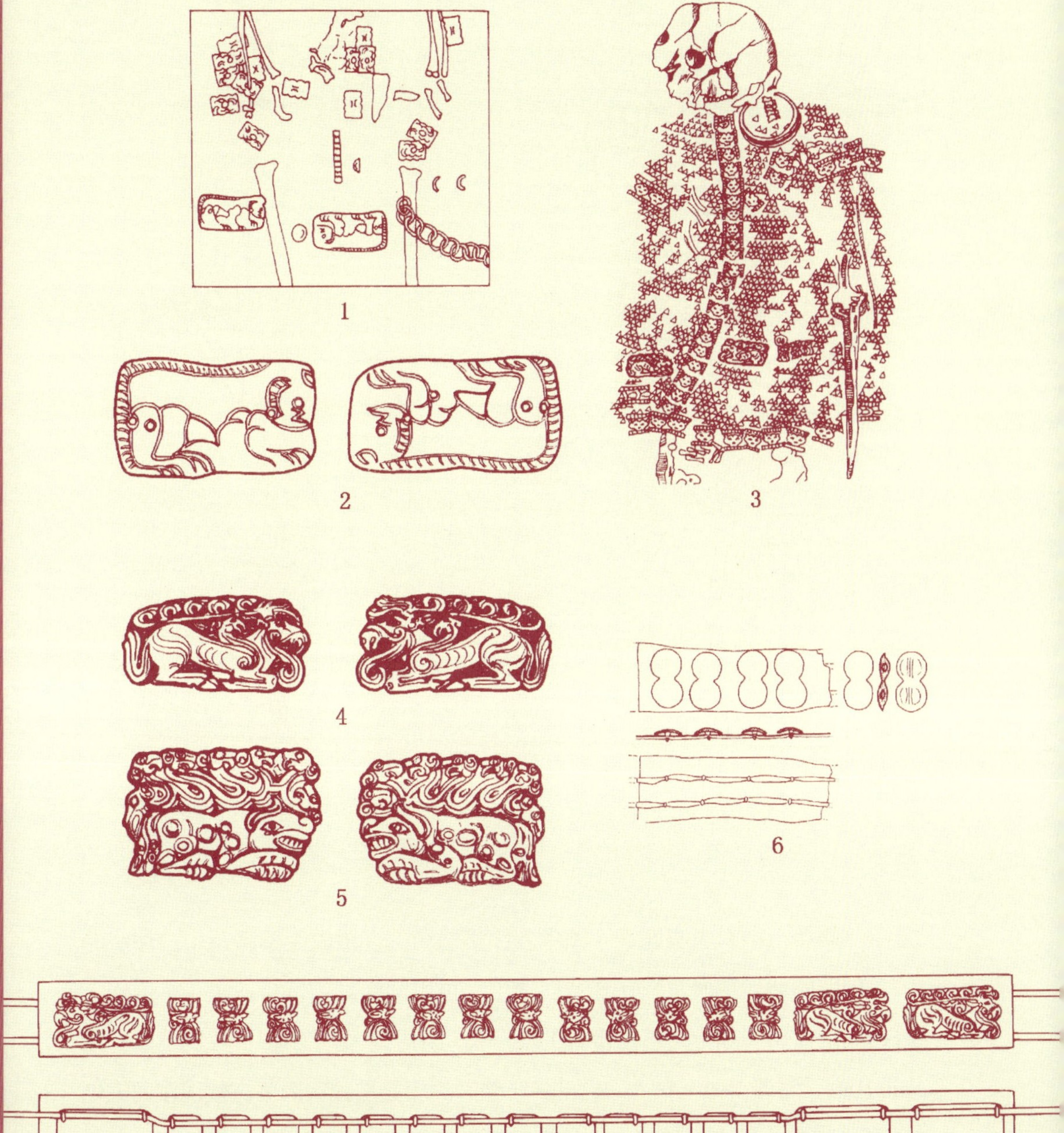

長盤角之虎狀怪獸紋的金飾牌，原來也是裝在一條腰帶上的，和伊塞克塞種王墓的出土物亦頗相似[21]（圖 7-3：5）。這種飾牌在塞種人及迤西的斯基泰人那裏都能見到。烏克蘭切爾卡薩州 Berestnyagi 村之公元前 5 世紀的斯基泰古墓中所出腰帶上的青銅飾牌，以八件為一副，腰前兩件呈側視的獅頭紋，體型較大，顯得更為突出；兩邊則裝有較小的獸面紋飾牌[22]。表明北狄、匈奴以及塞種、斯基泰等族之裝飾腰帶的作法相通，他們的腰帶之形制在許多方面亦應互相接近。

西漢遺物中，這種無括結功能的腰帶飾牌出土的數量雖不多，但分佈廣袤，北起匈奴，南抵南越，均有它的蹤跡。1716 年，俄國的西伯利亞總督加加林公爵獻給沙皇彼得一世一對本地出土的金飾牌，長方形，透雕雙龍紋，邊框飾柳葉形花紋[23]（圖 7-4：1）。此器現藏聖彼得堡愛米塔契博物館，過去曾被鑒定為公元前 4-前 3 世紀的塞種製品。但其龍紋不類塞種藝術風格；而寧夏同心倒墩子 1 號西漢匈奴墓出土的銅飾牌的圖案卻與之全同，說明它其實是西漢時物[24]。成對的此種鎏金銅飾牌在廣州登峰路福建山 1120 號西漢墓及象崗南越王墓中均曾出土[25]（圖 7-4：2、3）。在西安三店村西漢墓及江蘇揚州西漢“妾莫書”墓中，也發現過同類之物[26]。

而略早於此時，戰國晚期已開始對上述兩件一組的飾牌加以改進，即在其中一件的內側開一個孔，以便從另一側用一條窄帶子穿過此孔，再繞回來拴緊；這樣它就初步具有了括結的功能。阿魯柴登發現的戰國匈奴遺物中有此式金牌，鑄出四狼噬牛紋，有穿孔的那一件在牛鼻上硬開一個洞，致使圖案的完整性受損[27]（圖 7-5：1）；說明它初鑄出時原本是不開穿孔的。又如同心倒墩子 19 號西漢匈奴墓出土的雙馬紋銅飾牌，穿孔也正開在馬嘴上[28]（圖 7-5：5）。而在北京徵集到的同型之品，圖案幾乎全同，卻無穿孔[29]，清楚地表明開穿孔者正是無穿孔之飾牌的改進型。

因這類飾牌的改進工作本是匈奴人完成的，故遺物多出於匈奴墓。除了上面舉出的例子外，在伊盟西溝畔 2 號墓（圖 7-5：2）及同心倒墩子 5 號墓

◎圖 7-4　漢代的腰帶飾牌，即無穿孔帶頭

① 南西伯利亞出土的雙龍紋金帶頭

② 廣州登峰路西漢墓出土的虎噬羊紋鎏金銅帶頭

③ 廣州象崗南越王墓出土的蟠龍雙龜紋鎏金銅帶頭

1

2

3

◎圖 7-5　漢代的有穿孔帶頭

① 阿魯柴登發現的四狼噬牛紋金帶頭
② 西溝畔 2 號墓出土的虎豕搏噬紋金帶頭
③ 廣州象崗南越王墓出土的鎏金銅框鑲玻璃帶頭
④ 長沙曹媄墓出土雲駝紋玉帶頭
⑤ 同心倒墩子 19 號墓出土的雙馬紋鎏金銅帶頭

1

2

3

4

5

中也曾發現[30]。有意思的是西溝畔的金飾牌上刻有銘文，同出的銀節約上還刻有“少府”等製作機構的名稱，書體與三晉銅器銘文相同，研究者認為它們或為趙國製作[31]。所以內地對此物也是熟悉的。在廣州象崗南越王墓、河北滿城中山王墓、安徽阜陽汝陰侯墓、湖南長沙曹'墓、江蘇揚州“妾莫書”墓及徐州石橋、陝西西安三店村、四川成都石羊、山東五蓮張家仲崮、廣西平樂銀山嶺等地的西漢墓中均曾出土[32]（圖 7-5：3、4）。最完整的實例則是江蘇徐州獅子山西漢楚王陵外墓道耳室中所出兩端裝金飾牌的貝帶。此帶之帶鞓的痕跡尚存，其上綴貝殼三排，中間夾金花四朵。兩端的兩塊金牌各長 13.3、高 6 厘米，鑄出浮雕式的雙熊噬馬紋。其中一塊無穿孔，另一塊在偏前居中的位置上開穿孔，正處於馬頜下，恰為圖案所包容，是經過設計有意安排的。特別值得注意的是，金牌的穿孔附近發現金穿針，長約 3.3 厘米[33]（圖 7-6）。穿針應拴在固定於另一側之窄帶的末端，以便將它引入金牌的上述穿孔。這就充分證明了前文所推測的繫結方式。

此類金牌無論開穿孔或不開穿孔，由於它們分別裝在腰帶兩端，所以很可能就是班固《與竇將軍箋》所稱“犀毗金頭帶”之“金頭”[34]。又由於除金質者外，也有用其他材料製作的，則又不妨通稱之為“帶頭”。而在車馬具中，中原和長江流域於春秋戰國時期還製作了另一種繫結帶子的扣具，考古報告中稱之為方策。安徽舒城九裏墩與湖南長沙瀏城橋等地的春秋墓中均曾出土[35]。九里墩所出者裝在車軎上，是一個鑄出昂起的鳥頭的長方環，鳥喙與鳥頸略成直角。戰國時常用它作為驂馬之靳帶的扣具，見於汲縣山彪鎮 1 號墓和洛陽中州路戰國車馬坑[36]（圖 7-7：1）。始皇陵 2 號銅車之靳帶上所裝方策出土時還在原來的位置上，將其扣結方式反映得清清楚楚（圖 7-7：3）。不過“方策”這個名稱並不準確，它應該叫鐍。《說文 · 角部》：“鐍，觼或從金、矞。”“觼，環之有舌者。”段玉裁注：“環中有橫者以固繫。”則也被稱為觼的鐍是一種外端有舌（或稱喙狀突起），當中有孔，可用以括結帶子的扣具。依據外輪廓的形狀，將帶鐍分成四型。Ⅰ型：圓形（圖 7-7：2；7-9）；

◎圖 7-6　附穿針的有穿孔金帶頭（徐州獅子山西漢墓出土）

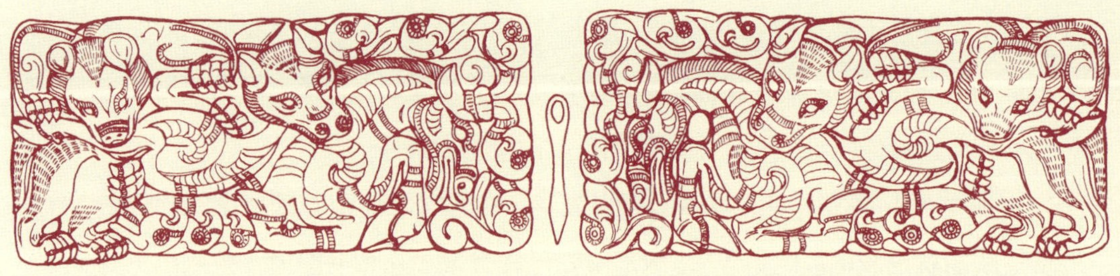

◎圖 7-7　“方策”（1、3）與帶鐍（2）

① 洛陽中州路戰國車馬坑出土的銅方策

② 內蒙古博物館藏銅帶鐍

③ 始皇陵 2 號銅車驂馬靳帶上所裝方策

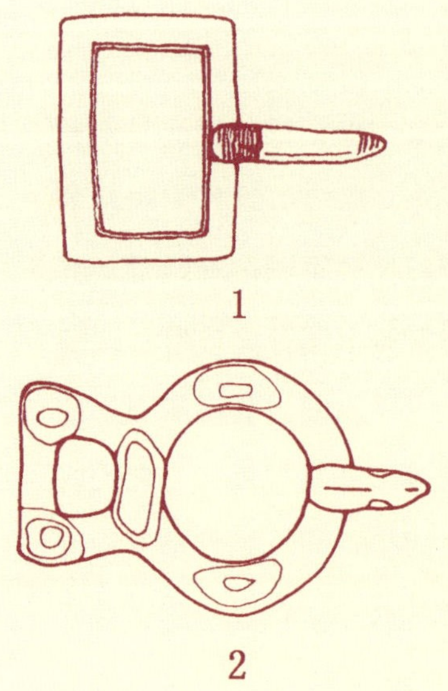

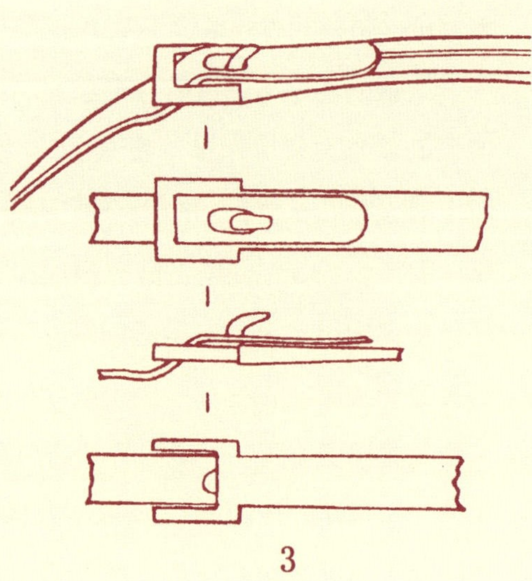

II型：長方形（圖7-10）；III型：刀把形（圖7-8：3;7-11：1）；IV型：前橢後方形（圖7-11：2）。I型圓帶鐍是單獨使用的；II型長方帶鐍有單獨使用的，也有成對使用的；III型和IV型帶鐍則以成對使用者為多。

從年代上說，I型圓帶鐍出現得最早，在春秋晚期至戰國早期的內蒙古伊克昭盟杭錦旗桃紅巴拉1、2號墓中就已經發現。它和毛慶溝5號墓出土的飾牌即無穿孔之帶頭的外形相去較遠，出現的時間卻相距很近，所以不會由那種帶頭演變而來。其直接的借鑒實應得自內地馬具中的方策及圓策。由於採用了裝喙狀固定扣舌的作法，括結功能大為改進。這是我國古代北方民族在帶具工藝上的一項創造。進而，圓帶鐍與無穿孔帶頭相結合，突破了原先單調的圓形構圖。比如一種虎紋帶頭，早期的標本不僅沒有固定扣舌，而且也沒有穿孔（圖7-8：1）。可是後來它在前端拼接上半個圓形帶鐍，功能是改進了，但造型上給人以生硬的感覺，如寧夏彭陽姚河、甘肅鎮原吳家溝圈等地所出之例[37]（圖7-8：2）。這種意匠初出時儘管不夠成熟，卻為日後各類造型精美之帶鐍的設計奠定了基礎。

帶鐍的使用方法沒有在形象材料中充分顯示出來，但根據其構造並參考帶頭的繫結方式可作以下推測：I型鐍的穿孔較大，革帶可將其末端自下而上透過穿孔，再折回來用喙狀突起勾住，而將剩餘部分壓到前一段帶子底下（圖7-9：4）。內蒙古陳巴爾虎旗完工古墓所出帶鐍上殘存之皮帶，即由穿孔中穿出後，再勾在帶鐍前端的喙狀固定扣舌上[38]。內蒙古敖漢旗周家地之夏家店上層文化墓葬中出土的一條革帶，未裝帶鐍，其右端插在左端的切口中。發掘簡報認為：使用時"尚需將兩端折回壓於帶下"[39]。這些情況均可作為上述推測的佐證。II型以下各種帶鐍的穿孔都比較小，估計也應在帶鞓末端縫上供繫結用的窄帶，將窄帶穿入另一端之帶鐍的穿孔中。這些帶鐍常兩兩成對出土，所以窄帶勾住突喙後的剩餘部分似乎還可以壓在前一塊飾牌底下。

II、III、IV型帶鐍中均不乏佳作（圖7-10）。愛米塔契博物館所藏南西伯

◎圖 7-8　從帶頭到帶鐍

① 南西伯利亞出土

② 寧夏彭陽出土

③ 內蒙古烏蘭察布盟徵集品

1

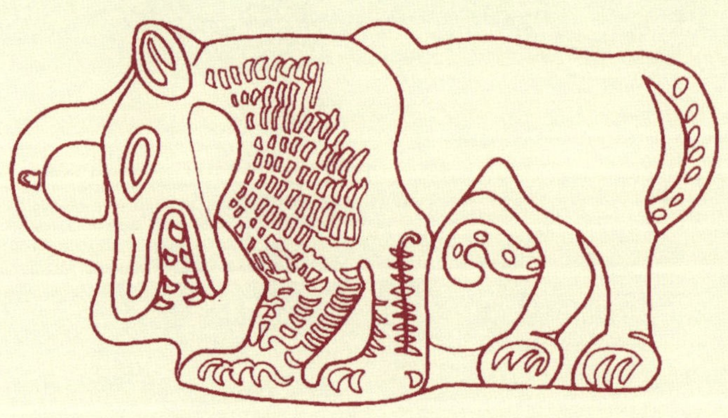

2

3

◎圖 7-9　I 型帶鐍及其使用方法

① 內蒙古伊克昭盟杭錦旗桃紅巴拉出土

② 內蒙古伊克昭盟準格爾旗西溝畔出土

③ 陝西神木出土

④ 使用方法示意圖

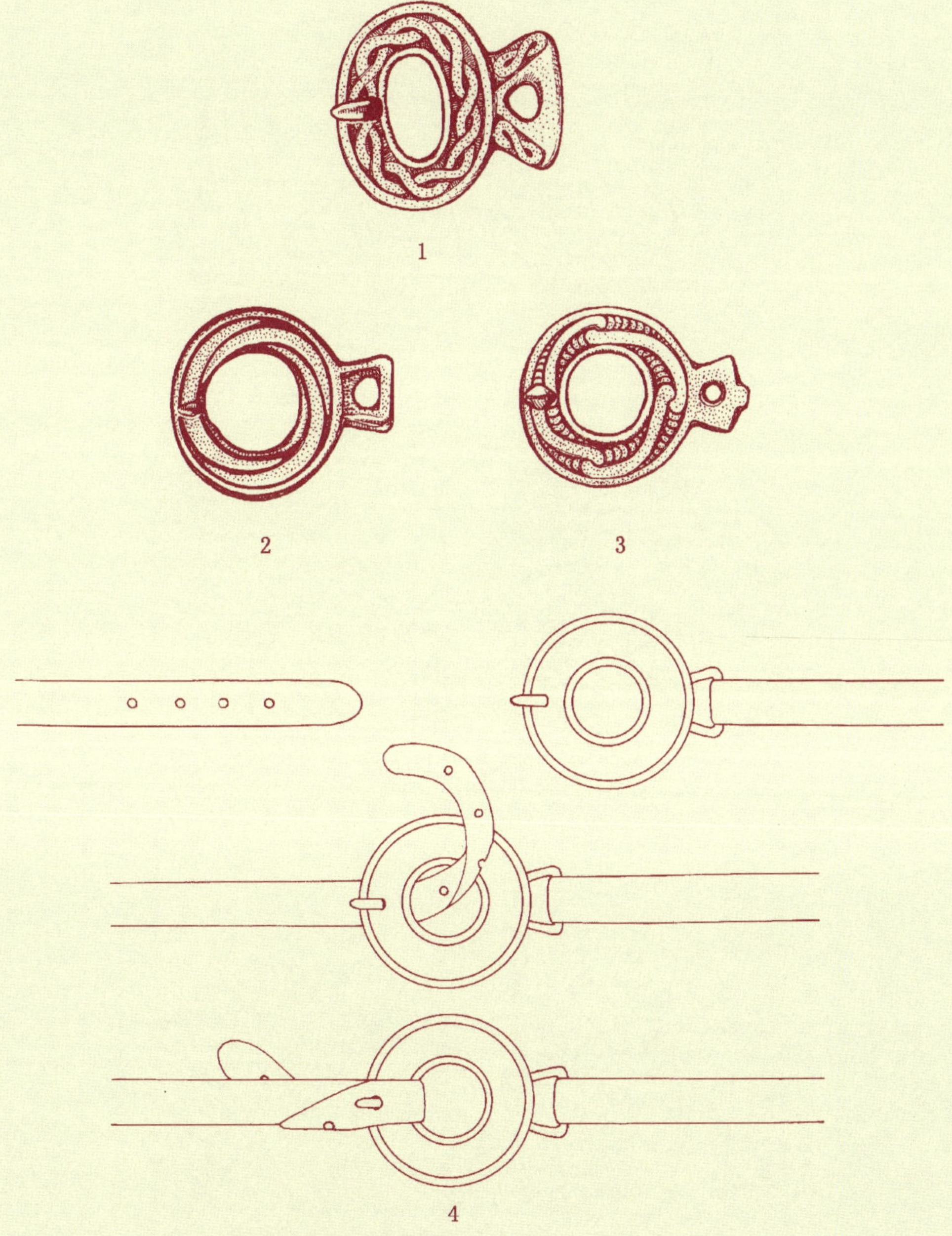

◎圖 7-10　Ⅱ型帶鐍

① 陝西西安客省莊出土

②、③ 遼寧西豐西岔溝出土

1

2

3

利亞出土的怪獸噬馬紋Ⅲ型金帶鐍，更是著名的古代工藝品[40]（圖 7-11：1），時代約屬戰國。其上之後軀極度扭曲的馬，既在斯基泰和塞種金飾上出現，也在寧夏固原三營紅莊出土的戰國匈奴金帶具上見過[41]。如進一步考慮到Ⅲ型帶鐍的分佈地域，則不能排除其作者為匈奴人的可能性。此外，值得注意的是，內蒙古滿洲里市扎賚諾爾與吉林榆樹老河深兩地之東胡鮮卑墓出土的Ⅳ型帶鐍，它們皆為銅質鎏金，並飾以鮮卑神話中的神馬紋[42]（圖 7-11：2）。老河深所出者不僅是兩個一對，而且其中未裝固定扣舌那一件的中部突起，在帶鐍與帶鞓間形成空隙，正可以容納繫結時通過穿孔再繞回來的窄帶之末端。這處墓葬的年代相當兩漢之際。而比它的時代更早，準格爾旗西溝畔戰國匈奴墓與呼倫貝爾盟陳巴爾虎旗完工西漢鮮卑墓中出土的帶鐍，卻都是單獨使用的。那麼為什麼時代較晚的老河深出土物仍然是成對使用的呢？這就不僅應注意到在使用帶頭的歷史階段中所形成的習尚，還應聯繫其特殊的繫結方法，才能說明個中原委。這一點在下文中還要談到。匈奴・東胡革帶除了在用鐍扣結和在鞓上裝飾牌等方面與中原革帶不同外，而且革帶下緣還裝有垂飾。為了適應草原上的遊牧生活，這種垂飾不像華夏族的玉佩那麼拖累。雖然北方各族的革帶在形制上不盡一致，但仍可以歸納出若干共同的特點來。如：1. 用鐍括結；2. 大多數在鞓上裝飾牌；3. 少數在鞓下裝垂飾。根據這些特點，匈奴・東胡革帶和中原用鈎的革帶就可以明顯地互相區別。顏師古所說的胡帶，張宴所說的郭落帶，很可能均指此類革帶而言。此類革帶的帶鐍之裝飾圖案以動物紋為主，所謂鮮卑、瑞獸等或指其中的某些形像。帶鐍上有固定扣舌即鈎狀突喙，故亦無妨稱之為胡帶之鈎。至於郭落，雖然伯希和認為是突厥語的對音，但匈奴語究竟是屬阿爾泰語系中的突厥語族還是蒙古語族，研究者迄無定論，至少不排除匈奴語中有一些與突厥語相通的詞彙。所以，如果匈奴人稱其革帶為郭落，也正是合理的。

◎圖 7-11　成對的Ⅲ型和Ⅳ型帶鐍

① 南西伯利亞出土的怪獸噬馬紋金帶鐍

② 榆樹老河深出土的神馬紋鎏金銅帶鐍

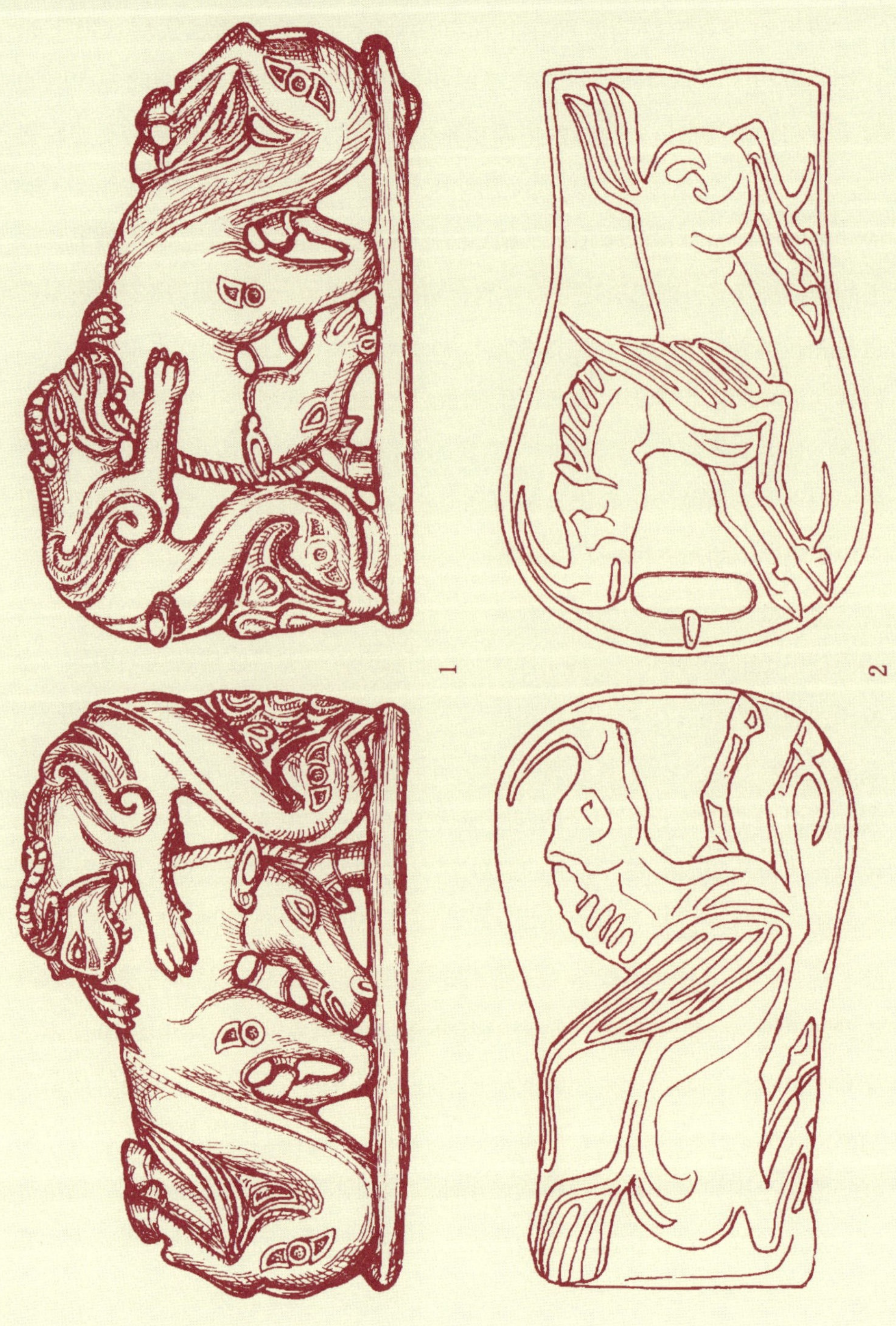

帶扣與鞢韄帶

帶扣與上述方策的區別在於它有活動扣舌，其結構已與現代通用的式樣基本相同。始皇陵 2 號銅馬車的靳帶上所裝之帶鐍，安裝的方向與匈奴·東胡式帶鐍相反，突喙的指向和靳帶末端的走向一致，扣結時更加便利（圖 7-7：3）。將這類反向使用的帶鐍再改進一步，將扣舌後端套在軸上，變成活動的，便是真正的帶扣了。始皇陵 2 號兵馬俑坑 T12 出土的陶鞍馬腹帶上的帶扣是我國目前已發現之最早的有明確年代的實例[43]（圖 7-12），可知它也是先在馬具中使用的。河北滿城 1 號西漢墓所出車馬器中的銅帶扣與廣西西林西漢墓所出小帶扣已裝有活動扣舌[44]。它們一般較小，長度不超過 4 厘米許，且樸素無華[45]（圖 7-13）。富麗的金銀腰帶扣之結構與之相仿，但比它們大得多，是豪華的服飾用具，也是漢晉時代特有的貴重工藝品。它們也可分成單獨使用的和成對使用的兩種。

單獨使用的大帶扣出現於西漢時，以前尚未見過。雲南晉寧石寨山 7 號西漢墓出土的銀帶扣，長 10.1 厘米，扣面飾虎紋，虎目嵌橙黃色玻璃珠，虎體錯金並鑲有綠松石，一前肢握持“三珠樹”之類卉木，背後則襯以繚繞的雲氣[46]（圖 7-14：2）。其形制與朝鮮平壤貞柏洞 37 號樂浪墓所出虎紋銀帶扣極為肖似[47]（圖 7-14：3），均純屬漢代工藝作風。過去曾把晉寧帶扣上的虎紋視為“古希臘的所謂‘亞述式翼獸’”，並認為它是“經波斯、大夏而輸入西南夷”的外來之物；失實殊甚。以上兩件帶扣的穿孔呈弧形，位於扣體前部，扣舌較短；其他漢代金、玉帶扣亦無不如此。新疆焉耆博格達沁古城黑圪墶與平壤石岩里 9 號樂浪墓所出形制相近的龍紋金帶扣，均長約 10 厘米，穿孔的位置也很靠前，主要的紋飾佈置在扣面後部，錘鍱成型，作群龍戲水圖案[48]（圖 7-15：1、2）。焉耆帶扣上有一條大龍和七條小龍。石岩里 9 號墓的帶扣上則只有一條大龍和六條小龍。牠們都出沒於激流漩渦間，揚爪掉尾，擎波擘浪，身姿蜿蜒，頭角崢嶸，充溢著動感。而且龍體上滿綴大小金

◎圖 7-12　始皇陵 2 號俑坑所出陶馬腹帶上的帶扣

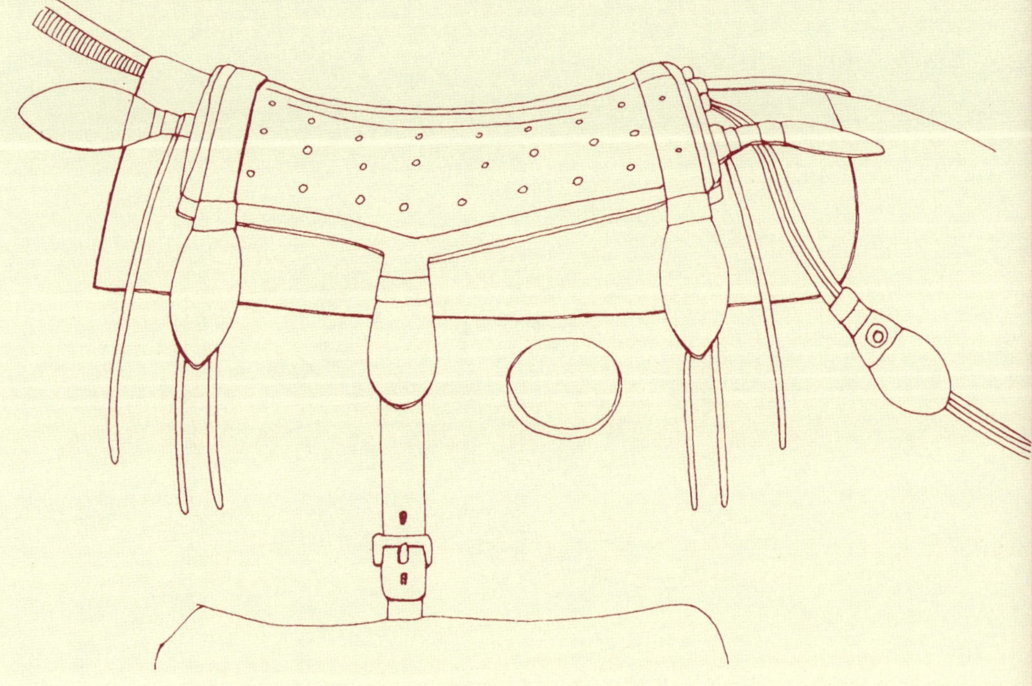

◎圖 7-13　漢代車馬具中的小帶扣

① 滿城 2 號墓出土

② 廣西西林普馱銅鼓墓出土

③ 滿城 1 號墓出土

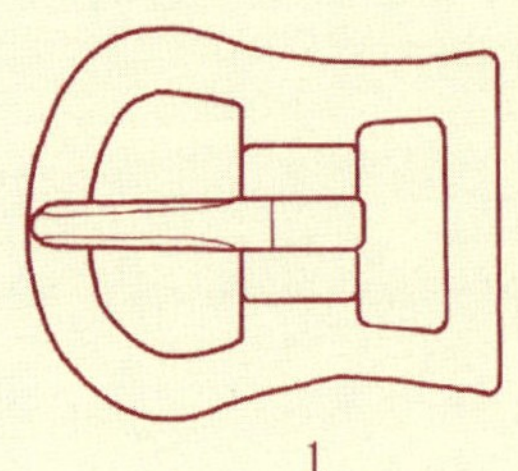

1

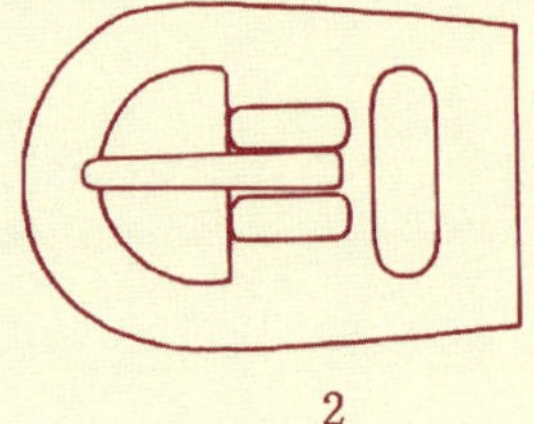

2

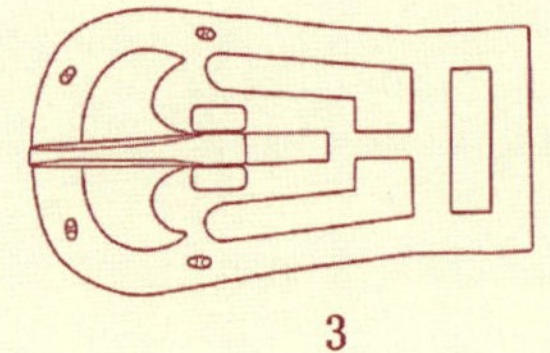

3

◎圖 7-14　漢代的銀帶扣

① 朝鮮平壤石岩里 219 號王根墓出土

② 晉寧石寨山 7 號墓出土

③ 朝鮮平壤貞柏洞 37 號墓出土

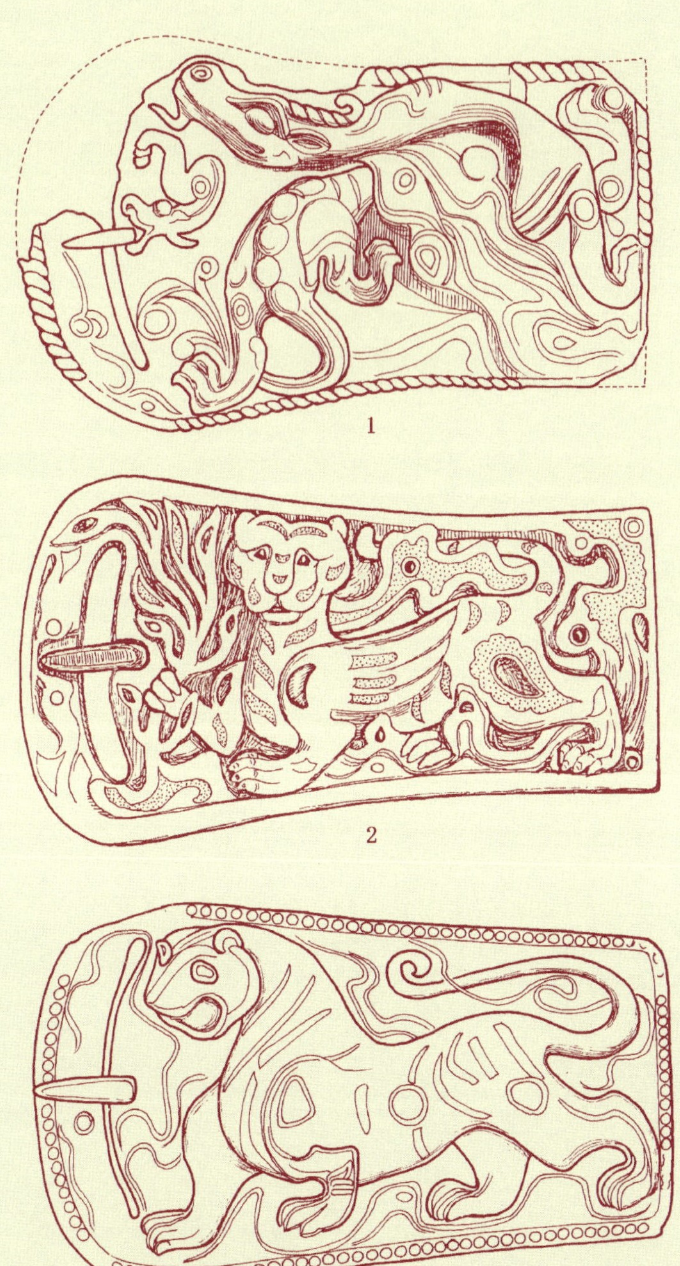

◎圖 7-15　漢晉的金帶扣

① 焉耆出土的八龍帶扣

② 朝鮮平壤出土的七龍帶扣

③ 安鄉劉弘墓出土的龍紋帶扣

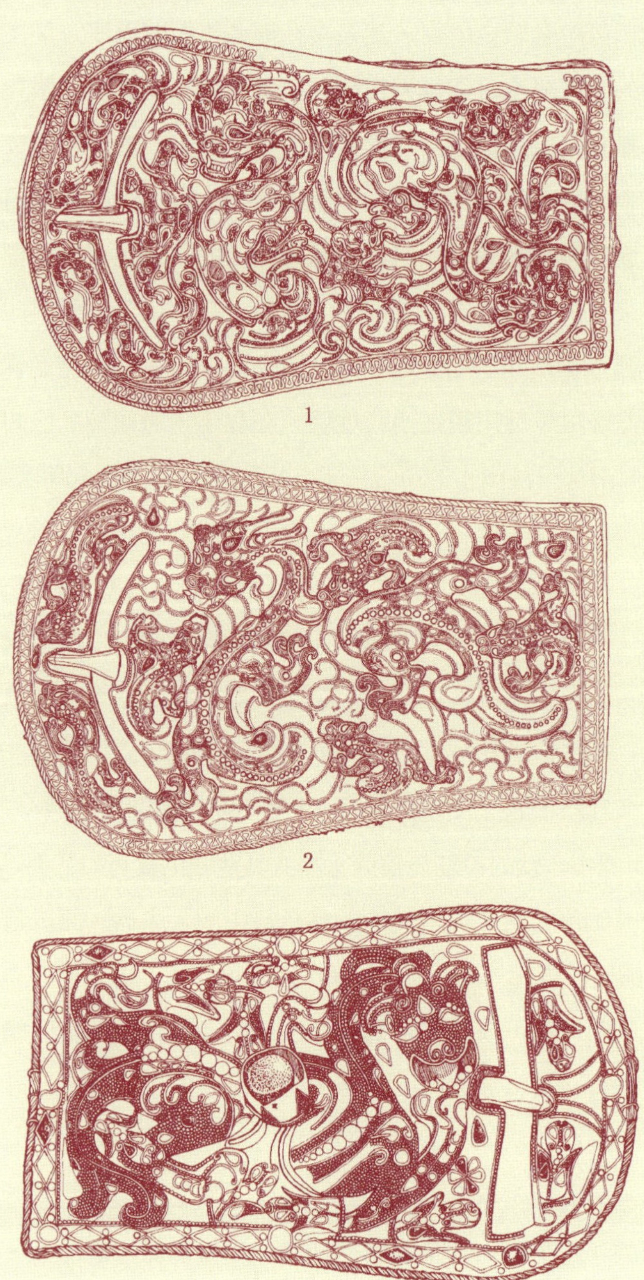

珠，在玲瓏紛華之中，烘托出一派熾烈奔放的藝術氣息。其上之大量細如莧子的小金珠，不能用“炸珠法”、即將金液滴在冷水中凝成；而是先將細金絲斷為等長的小段，再熔融聚結成粒，然後夾在兩塊平板間碾研，加工成滾圓的小珠。但這裏的金珠雖小，卻排列得均勻整齊、清晰光潔，肉眼幾乎觀察不到焊茬，工藝極其精湛，用通常的焊接方法是不能完成的。據研究，這是以金汞齊泥膏將金珠粘合固定，然後加熱使汞蒸發，金珠就牢牢地附著在器物表面上了。其原理與我國的火法鎏金技術是相通的。但也有一些標本上檢查不出汞的痕跡來，似是用在炭粉中加熱的方法，藉助金珠表面形成的炭化物薄膜的還原作用，以所謂“擴散接合法”（diffusion bonding）將金珠固定在金器表面上的。此法很早就出現在西亞地區。在我國，這類製品已知之最早的例子是廣州象崗南越王墓出土的小金花泡。以後在河北定縣八角廊 40 號西漢墓出土的馬蹄金和麟趾金上，也焊有用小金珠組成的連珠紋帶飾[49]。至東漢時，這種工藝已臻成熟之境，江蘇邗江甘泉 2 號、河北定縣北陵頭 43 號等東漢墓所出金勝、金龍頭、金辟邪等物，可視為代表作[50]。這些器物上還鑲以水滴形紅、綠石珠，上述兩件金帶扣上也有。此類紅綠石珠即故宮博物院藏東漢建武二十一年鎏金銅尊的銘文中所稱“青碧、閔瑰飾”。青碧指上面鑲嵌的綠色石珠，多為綠松石。閔瑰即玫瑰。《急就篇》顏師古注說：“玫瑰，美玉名也。”它可能指含鈦的粉紅色薔薇水晶或其他紅色寶石如紅瑪瑙之類，但有時也在白色或無色的石珠或玻璃珠的粘合料中調入朱砂，鑲成後亦透出紅色。在金器上鑲嵌“青碧、閔瑰”，為漢代所習見；而西方當時在金器的水滴形框格中或填以琺琅釉，漢代尚無此種作法。焉耆帶扣上的紅、綠二色石珠均有存者；石岩裏 9 號墓之帶扣上只剩下七顆綠色的了，據統計，其上原共鑲嵌石珠四十一顆。

漢代工藝品上的龍紋常穿遊於山巒、雲氣間，儘管修長的身軀被景物遮去一段，但首尾的呼應指顧，四爪的屈伸低昂，不僅仍保持整體感，而且使構圖更加緊湊飽滿。上述金帶扣雖以水波紋襯地，但上面的大龍也是這樣安排的。其他銀或玉製的漢代龍紋帶扣亦然，平壤石岩里 219 號西漢王根墓出土的銀帶扣（圖 7-14：1）、洛陽東關夾馬營路 15 號東漢墓出土的玉帶扣均可為例[51]（圖 7-16：1）。過去只注意雲南、新疆和樂浪出土的帶扣，會使人產生此物僅通行於邊地的錯覺；當時價格更昂貴的玉帶扣在洛陽出土，則可消除這一疑竇。台北故宮博物院所藏漢代玉帶扣，扣面浮雕四靈，朱雀的頭部延伸成扣舌，已脫失。其大龍和小龍也自渦紋中露出半身，但此渦紋究竟是代表水波還是雲氣，就難以確指了[52]（圖 7-16：2）。

根據焉耆所出之例，此類金帶扣之創製可上溯到西漢晚期，而降至西晉，其工藝技巧猶有新的進展；這是自湖南安鄉黃山頭西晉．劉弘墓出土的實例上看到的[53]（圖 7-15：3）。一、安鄉金帶扣上的龍紋改進了穿遊掩映的構圖，在龍軀中部鑲嵌了一枚較大的圓形寶石；和上海博物館所藏“庚午”玉帶具（圖 7-16:3）的作法一致。這樣就對漢代龍紋帶扣之傳統格式有所突破，使扣面圖案上出現了明確的重心。二、所焊金珠的顆粒更小，安排得更密集，排列得更整齊，工藝更加繁難。三、鑲嵌物增多。不算龍身上的大圓珠和水滴形小珠粒，僅邊框裏的菱形格與圓形格中所嵌者，補足時已應有四十四枚之多。所以其整體效果既輝煌奪目又穩重安詳。不過這時裝鈎的革帶還在廣泛使用；西晉以降，才逐漸過渡到以裝帶扣和帶銙的鞢韄帶為主的階段。

鞢韄是帶鞓上垂下來的繫物之帶，垂鞢韄的革帶則稱為鞢韄帶。但繫鞢韄時須先在鞓上裝銙，銙附環，鞢韄繫在環上。宋．沈括《夢溪筆談》卷一：“帶衣所垂蹀躞，蓋欲佩帶弓劍、帉帨、鞶囊、刀礪之類。自後雖去蹀躞，而猶存其環，環所以銜蹀躞，如馬之鞦根，即今之帶銙也。”裝環之銙最早見於河北定縣 43 號東漢墓，為銀質長方形小牌，兩側各有兩弧相連，有四個對稱的鏤孔。所懸之環為馬蹄形，環孔呈弧底的凸字形[54]（圖 7-17：1）。這種銙的造型雖然特殊，但從 2 世紀末直到 4 世紀，它卻幾乎沒有多大變化。在洛陽 24 號西晉墓（圖 7-17：2、3）、江蘇宜興元康七年（297 年）周處墓（圖 7-17：4-9）、吉林集安洞溝 152 號墓、日本奈良新山古墳等處均

◎圖 7-16　漢晉的玉帶扣和玉帶具

① 洛陽夾馬營路東漢墓出土

② 台北故宮博物院藏

③ 上海博物館藏

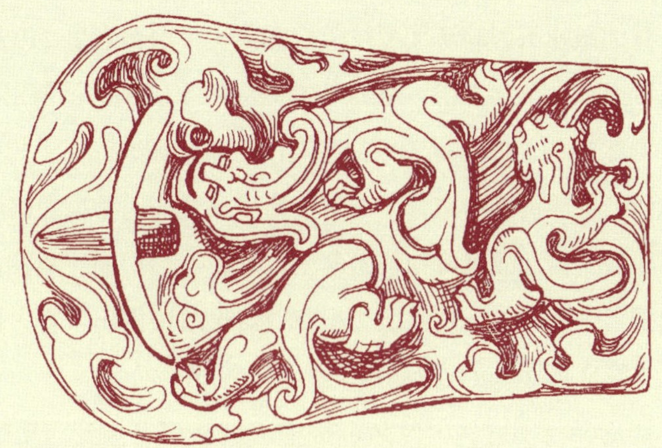

1

2

3

曾出土[55]。因為它主要流行於晉代，故可稱之為“晉式帶具”。此式帶具中除上述懸馬蹄形環的帶銙以外，還有懸心形環和懸圓角方牌的帶銙，這幾種銙均見於周處墓。不過周處墓出土的帶具已殘缺，日本收藏的同類器物卻有較完整者，可與出土物相印證（圖 7-17：10-20）。和這幾種帶銙同出的帶扣比東漢時更加規範化，都是一端為圓頭的長方牌，在弧形穿孔上裝短扣舌，透雕龍紋或龍鳳紋。如未經盜擾或散失，每枚帶扣還要配一枚同樣規格的透雕飾牌，其圖案常為虎紋，也有少數作龍紋的，然而都不裝扣舌（圖 7-17：4、10、13、19）。這種組合和 II 型以下的各類匈奴・東胡帶鐍相似。過去常有人把後一種飾牌稱為鉈尾。但鉈尾是革帶末端的包頭，繫結時應自帶扣中穿過去；可是這種飾牌的尺寸卻和它對面的帶扣一樣大，難以通過扣孔，所以它不應是鉈尾。在周處墓出土的帶具中，一種尾端呈尖角的長條形鏤孔銀片才是其鉈尾（圖 7-17：9）。很明顯，此物就是由獅子山楚王陵出土的那類穿針演變而成的。當繫結時，晉式帶具大約仍與匈奴・東胡帶鐍相仿，飾牌與帶扣兩兩相對；它們的花紋互相對稱，正適合作這樣的安排。上述上海博物館所藏“庚午”透雕龍紋玉帶具，其龍紋只有一角三足，且其匚形邊框上下不對稱，似是將殘品加工修琢而成。試予復原，則此物當是晉式帶具中帶扣對面的飾牌。這塊飾牌背面的銘文稱自己是“白玉衮帶鮮卑頭”，與《大招》王注“鮮卑，衮帶頭也”的說法正合。從而證明此類帶具確係承襲匈奴・東胡帶鐍之制。但一套完整的晉式帶具，除帶扣與上述飾牌外，其他幾種帶銙各應有多少件，迄今仍不太清楚。

同時晉式帶具的繫結方式問題過去亦未解決。斯基泰人之遍裝飾牌的腰帶，其長度大致與腰圍相等，兩端在腰前會合對齊，再用窄帶繫結[56]。我國裝無穿孔的帶頭之腰帶的繫結法也只能如此。而裝有穿孔的帶頭時，腰帶一端的窄帶可以通過另一枚帶扣之穿孔，繞回來再繫結。使用帶鐍時，起括結作用的是鑄出固定扣舌的那一件；其對稱的另一件則只起裝飾作用。本來一件已敷用，所以要在對面增加一件，則是沿襲用帶頭時的格局。帶鐍的括結

◎圖 7-17　晉式帶具

① 定縣 43 號漢墓出土　④-⑨ 宜興西晉・周處墓出土　⑬-⑱ 日本京都私家收藏

②、③ 洛陽 24 號西晉墓出土　⑩-⑫ 日本新山古墳出土　⑲、⑳ 日本山光美術館藏

帶扣與其相對的飾牌	懸蹄形環之銙
	 1
 2	 3
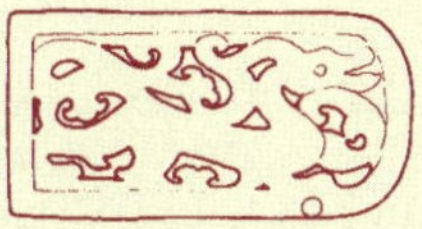 4 　5	 6
 10 　11	 12
 13 　14	 15
 19 　20	

懸心形環之銙	懸圓角方牌之銙	鉈尾
 7	 8	 9
 16	 17	 18

法是將其一端的窄帶自下而上通過對面的帶扣之穿孔，再折返回來用扣舌勾住[57]。但剩餘的窄帶如何處理，發掘中未觀察到明確的現象，沒有現成的答案，目前只能用國外的材料作為旁證。伊拉克哈德爾（Hatra）古城址發現的安息石雕像，年代為 1-3 世紀，其腰帶的繫結之狀如圖 7-18：1[58]。此石像上的窄帶將腰帶兩端的"帶頭"括結起來以後，多餘部分則在當中垂下。韓國忠清南道扶餘郡窺岩面廢寺出土的 5 世紀畫像磚上之神怪所束腰帶，多餘部分也垂於腰腹中部[59]（圖 7-18：2）。因此，以老河深 105 號鮮卑墓之帶鐍及同出之帶環為例，其繫結狀況當如圖 7-19：1。而以宜興周處墓所出帶扣及同出之帶具為例，其繫結狀況則當如圖 7-19：2。雖然這裏的窄帶貫穿的是裝活動扣舌的帶扣，卻依然要折返回來將多餘的部分於腰腹中部打結下垂。這不僅由於此前腰帶上的窄帶一直被這樣處理，而且周處墓所出帶具如何配置施用，長期不明，採用圖中的繫結法，則使它們各得其所。又如日本京都谷冢古墳出土的帶具[60]，其鉈尾頂端的飾片上鏤有龍紋。若將鉈尾橫置，不僅使帶銙遮起，也使鉈尾頂部之飾片上的龍成為側置形，與其他部分不相協調。如採用圖 7-19：3 所示之繫結法，就顯得合理了。回過來再看那些單獨使用的大帶扣，便可知其括結法應與圖 7-19：2 基本一致，只不過僅用一枚帶扣而已。

此外，還應當對內蒙古烏蘭察布盟和林格爾縣另皮窰與呼和浩特市土默特左旗討合氣出土的鐵芯包金之豬紋與神獸紋帶具略作討論。兩地出土的帶具中各有二件成對的馬蹄形帶扣，但既無穿孔也無明確的扣舌，仍應看作帶頭。此外，兩地各有二件接近橢圓形的帶環，可以確認其形制與老河深所出者相同。討合氣還出了四件長條形帶銙[61]。過去由於不熟悉帶扣之成對使用的沿革，所以在報導和展出時，均將一件帶扣和一件側置之帶環組成一套。其實，它們的配置方式當如圖 7-20，束腰時用兩帶扣之間的窄帶相繫結。再者，過去將另皮窰與討合氣所出帶具的年代定為北魏，亦嫌太晚。另皮窰的豬紋帶扣與西溝畔 4 號西漢墓所出包金臥羊紋帶扣屬同一類型[62]；而與另皮

◎圖 7-18　括結後餘下的窄帶垂於腹前

① 據哈德爾出土安息石雕像

② 據扶餘窺岩面廢寺出土畫像磚

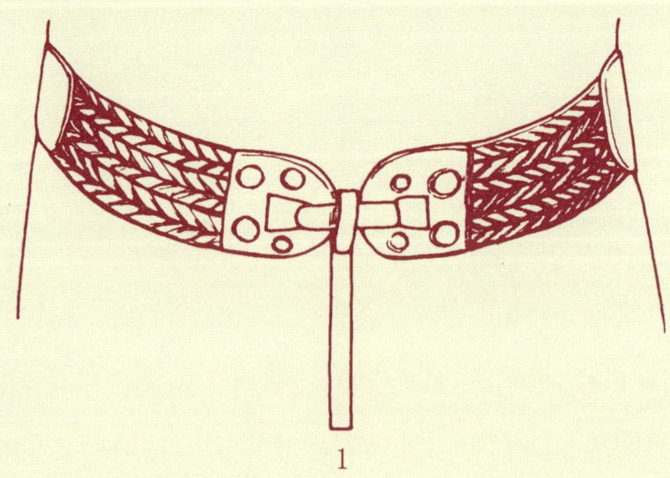

1

2

◎圖 7-19　幾種帶扣的使用方式示意圖

① 榆樹老河深 105 號墓出土

② 宜興周處墓出土

③ 日本京都谷塚古墳出土

◎圖 7-20　另皮窰與討合氣出土帶具的使用方式示意圖

① 另皮窰帶具

② 討合氣帶具

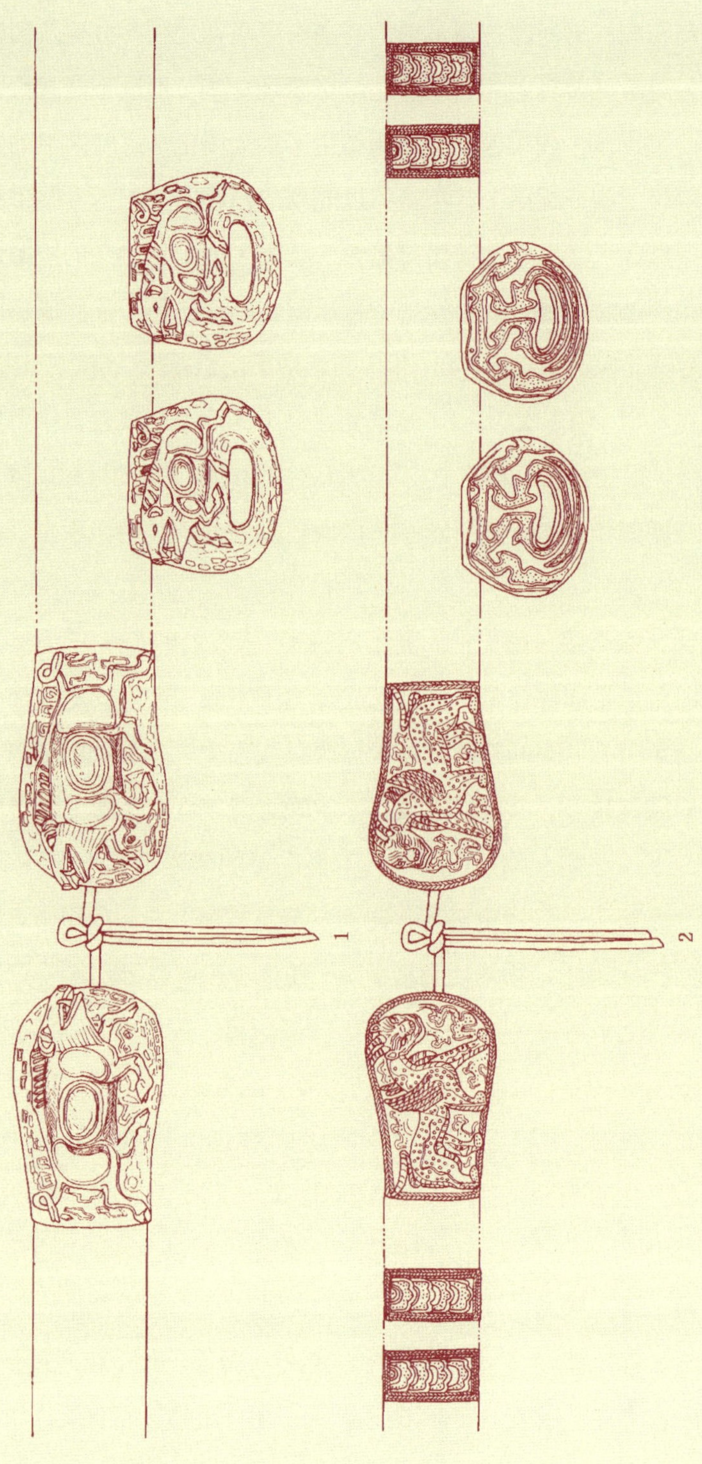

窖帶環形制相同的老河深帶環，則是西漢末東漢初之物。故另皮窖帶具也是漢代製品。討合氣帶具上的神獸紋之風格要晚一些，但也不能遲於晉代。因為進入南北朝以後，我國帶具的形制發生了重大變化。這時裝活動扣舌的小帶扣已在腰帶上廣泛採用，其扣身只以簡單的橫軸支撐扣舌。腰帶也變成前後等寬的一整條，並迅速向鞢韄帶過渡。延續了近千年之久的紋飾繁縟的大帶扣、帶扣與飾牌成雙、在帶端加窄帶以繫結的作法等，從此成為歷史的陳跡。河北定縣北魏太和五年（481 年）石函中所出銀帶扣、懸環的銀方銙和長條形的銀鉈尾[63]（圖 7-21：1），是已知之最早的南北朝式帶具中各類部件較齊備的實例，以後它在長時期中成為帶具之主要的形式。4 世紀以降，中國革帶帶具並為朝鮮和日本人民所熟悉，進而對當地的帶具製作產生了很大影響（圖 7-21：2、3）。

至唐代，如李肇《國史補》卷下所說："革皮為帶……天下無貴賤通用之。"其所謂革帶即鞢韄帶，這時已成為男子常服中必備的組成部分。不過隋與初唐時革帶上所繫的鞢韄較多，盛唐以後漸少。少數民族和東、西鄰國之革帶上的鞢韄較多，漢族地區較少。中晚唐時，許多革帶上已不繫鞢韄，只剩下帶銙了。在南北朝後期與隋代，最高級的鞢韄帶裝十三環。《周書·李賢傳》："高祖……降璽書勞賢，賜衣一襲及被褥，並御所服十三環金帶一要。"同書《李穆傳》："穆遣使謁隋文帝，並上十三環金帶，蓋天子之服也。"唐初的開國功臣李靖曾受賜十三環玉帶。《新唐書·李靖傳》："靖破蕭銑時所賜于闐玉帶，十三胯，七方六圓，胯各附環，以金固之，所以佩物者。"唐·韋端符《衛公故物記》對這條帶作了較詳細的描述："玉帶一，首末為玉十有三：方者七、挫者兩，隅者六，每綴環焉為附，而固著以金。丞曰：'傳云：環者利佩用也。'……佩筆一，奇木為管，韜刻，飾以金，別為金環以限其間韜者；火鏡二；大觿一；小觿一；笇囊二；椰盂一。蓋常佩於玉帶環者十三物，亡其五，有存者八。"[64]但唐代制度規定，帶環一般不超過九枚。後唐·馬縞《中華古今注》卷上："唐革隋政，天子用九環帶，百官士庶皆同。"目

◎圖 7-21　南北朝帶具與朝鮮、日本帶具的比較

① 河北定縣北魏石函中所出帶具

② 朝鮮慶州皇南里第 82 號墳東冢出土帶具

③ 日本宮山古墳第 2 主體出土帶具

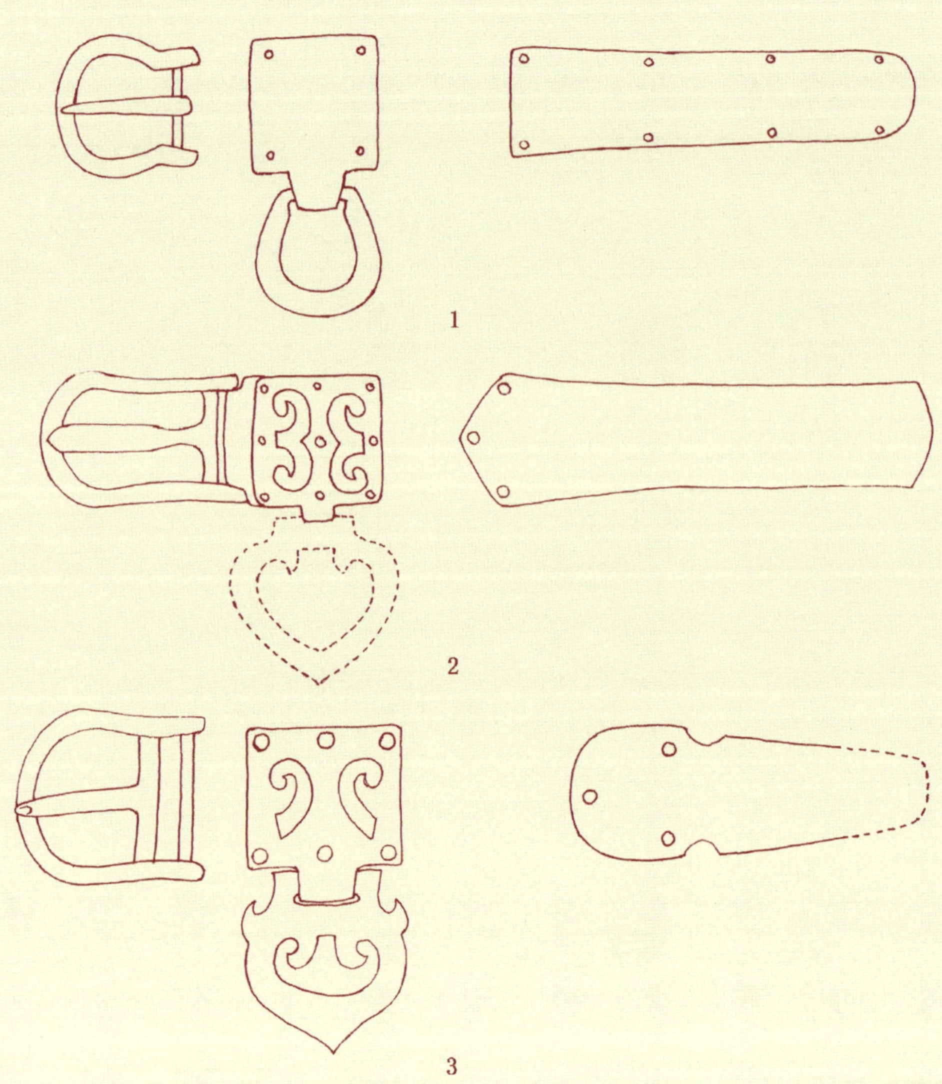

◎圖 7-22　單帶扣．單鉈尾帶具的幾種類型

① 西安隋．姬威墓出土

⑤-⑩ 西安何家村唐代窖藏出土

⑪-⑯ 吉林和龍八家子渤海墓出土。其"拱型銙"的外輪廓雖與以上兩例有別，但當中有穿，作用相同

⑰-⑲ 內蒙古昭烏達盟翁牛特旗解放營子遼墓出土

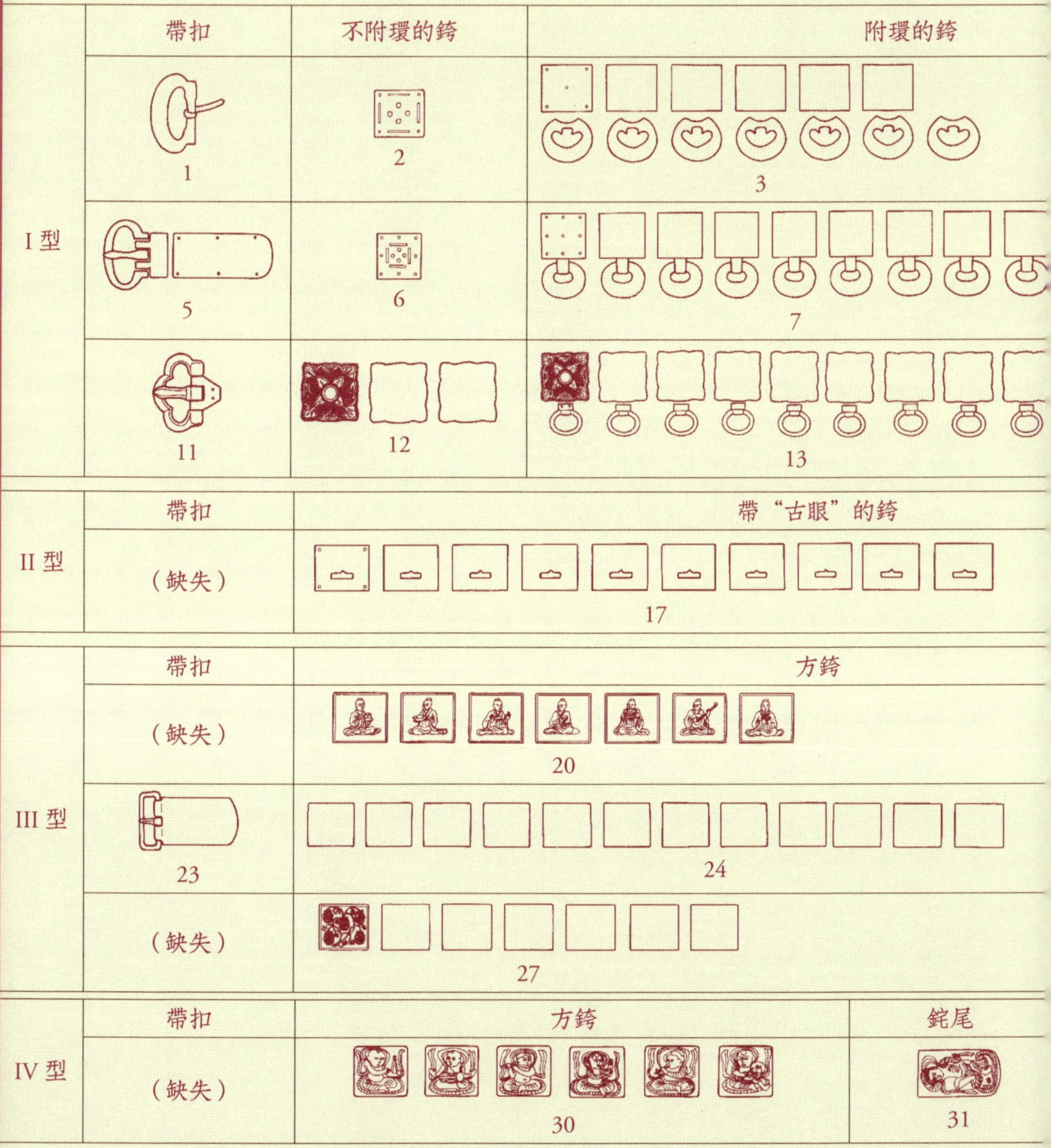

	帶扣	不附環的銙	附環的銙
I 型	1	2	3
	5	6	7
	11	12	13

	帶扣	帶"古眼"的銙
II 型	（缺失）	17

	帶扣	方銙
III 型	（缺失）	20
	23	24
	（缺失）	27

	帶扣	方銙	鉈尾
IV 型	（缺失）	30	31

⑳-㉒ 江西上饒宋・趙仲湮墓出土。其"桃形銙"簡報中未刊出圖像，故以虛綫表示

㉓-㉖ 內蒙古哲里木盟奈曼旗青龍山遼陳國公主墓出土

㉗-㉙ 江蘇吳縣元・呂師孟墓出土

㉚、㉛ 日本大和文華館藏唐代帶具

	不附環的銙	拱形銙	鉈尾
	?	 4	（缺失）
	 8	 9	 10
	 14	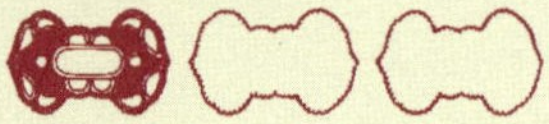 15	 16

	拱形銙	鉈尾
	 18	19

	桃形銙	鉈尾
	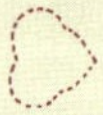 21	 22
	 25	26
	 28	 29

前在出土物中尚未發現過裝十三環之帶。陝西西安郭家灘隋·姬威墓所出與日本白鶴美術館所藏的玉帶具均非整副，各僅有七環（圖 7-22：3）。只在西安何家村出土的十副玉帶中有一副完整的白玉九環帶；在吉林和龍八家子渤海遺址出過一副九環金帶[65]（圖 7-22：5-16）。可是在唐代繪畫中未見過裝環之腰帶。北齊和隋代的石刻綫畫與壁畫中之人物雖然腰帶下或有環，但也只能看到寥寥幾枚（圖 7-23）。唐代一般都將鞢韄直接繫在腰帶之鏤有扁穿孔的拱形銙上（圖 7-24）。何家村之九環帶已附有三枚拱形銙。唐代五品以上武官有佩鞊韘七事的制度，可是在圖像中也很少見到[66]。初唐的《凌煙閣功臣像》和《步輦圖》中的官員只佩香囊和魚袋，韋洞墓石椁綫雕人物還有在革帶上佩刀子的（圖 7-25：1）。像韋端符所記李靖帶上所佩的其他物品，圖像中尚未發現過。

刀子是唐人在革帶上經常佩戴之物。《隋唐嘉話》載："太宗……召（薛萬徹）對握槊，賭所佩刀子。帝佯為不勝，解刀以佩之。" 唐代的刀子即宋元所稱"篦刀"（《武林舊事》卷七；《草木子》卷三下），日本正倉院尚藏有唐代刀子之精品多種（圖 7-25：2）。唐人佩香囊者更為常見，革帶上繫掛的蠶豆形小袋即是香囊。正倉院所藏香囊亦是此形（圖 7-26）。內蒙古哲裏木盟奈曼旗青龍山遼·陳國公主墓中，公主的腰帶上佩有鏤花金香囊，雖非實用之品，卻極其精緻。此墓中駙馬的腰帶上除香囊外，還佩有玉柄銀刀子和春季捺鉢時用的玉柄刺鵝錐[67]。

至於帶銙本身，它的質地有玉、金、犀、銀、銅、鐵諸種，但唐代最重視玉銙。玉銙以素面的居多，也有雕琢出各種圖案的。其中有走獸，如西安何家村出土的白玉銙雕獅子紋。也有飛禽，如李廓詩所謂："玉雁排方帶。"[68] 浮雕人物的更為多見，遼寧遼陽曾出土雕有抱瓶童子紋的帶銙，日本奈良大和文華館藏有雕出伎樂童子紋的帶銙與鉈尾（圖 7-22：30、31）。腰帶束結完畢，方銙皆位於背後，即張祜詩所謂："紅罨畫衫纏腕出，碧排方胯背腰來。"[69] 這樣，帶銙遂不會被腰帶穿過扣孔後的末端所覆蓋。方銙如排列得

◎圖 7-23　繫環帶的人物

① 莫高窟 281 室西壁隋代壁畫

② 山東益都北齊石刻綫畫

1　　2

◎圖 7-24（左）　革帶上的拱形銙（唐懿德太子墓石椁綫刻）

◎圖 7-25（右）　佩在革帶上的刀子

① 西安唐・韋泂墓石椁綫刻畫中佩刀子的人物

② 日本正倉院藏唐沉香把鞘金銀繪飾嵌珠玉刀子

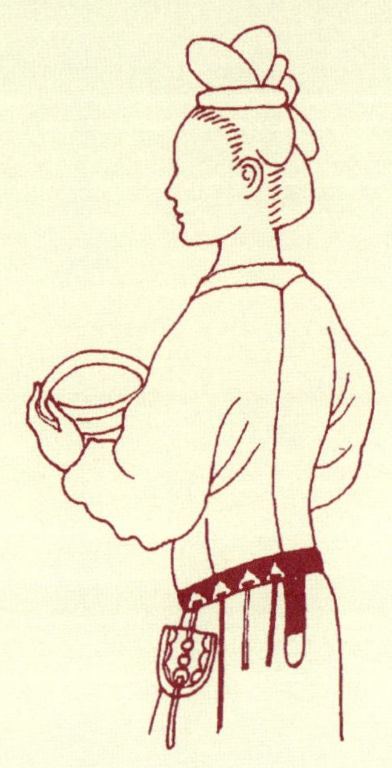

1　　2

◎圖 7-26　蘇方羅香囊（日本正倉院藏）

◎圖 7-27　倒插與順插的鉈尾

① 莫高窟 194 窟唐代壁畫中皇帝的侍從

②《歷代帝王圖卷》中陳宣帝之侍從

稀疏，則稱為“稀方”；如排列得緊密，則稱為“排方”[70]。也有將帶銙琢成方、團二式的，上述何家村出土物中有其實例。

腰帶末端所裝鉈尾，又名撻尾、獺尾、插尾或魚尾[71]。《新唐書・車服志》說：“腰帶者，搢垂頭於下，名曰鉈尾，取順下之義。”似乎這一部分曾向上反插，即《談苑》所說：“古有革帶，反插垂頭，……唐高祖詔令向下插垂頭。”向上反插和向下順插的例子在唐畫中都能見到（圖 7-27）；但初唐以後均向下插，所以鉈尾的圖案多呈豎垂之形。鉈尾由於受到注意，逐漸成為帶具中的重要部件。宋・王洙《王氏談錄》記一唐代金帶，銘文就刻在鉈尾上：“龍朔某年，紫宸殿宣賜鄭畋。”前蜀・王建墓所出玉帶具，也在鉈尾上刻銘[72]。

自出土實物所見，隋唐時裝單帶扣・單鉈尾的帶具可以分成兩大類型。Ⅰ型帶具在銙下附環，如上述姬威墓、何家村窖藏中所出者，主要流行於隋代和唐代前期。姬威墓玉銙所附之環，環孔略呈弧底凸字形，尚與晉式帶具接近。日本白鶴美術館所藏帶具之銙環與永泰公主墓出土的一件相同，後者之製作年代的下限不能晚於神龍年間。何家村所出銙環的形制介於上述二者之間，應為唐代初年的製品。Ⅱ型帶具不附環，卻在方銙上穿孔。這種孔眼似即宋・王得臣《麈史》卷上所說：“胯且留一眼，號曰古眼，古環象也。”此型帶具不僅方銙上有古眼，拱形銙上也有。其流行時間約應自初唐至遼代前期。遼寧朝陽與山西平魯出土的此型帶銙，均應為唐代前期之物。解放營子遼墓出土物則為遼代前期者（圖 7-22：17、18）。

除單帶扣・單鉈尾帶以外，唐代還有雙帶扣・雙鉈尾帶。它最早出現在穿甲的武士身上。敦煌莫高窟 154 窟南壁中唐壁畫毗沙門天王像，已在襟部用很短的雙鉈尾帶連接。再晚一些，遂出現了繫於腰部的雙鉈尾帶。日本京都教王護國寺所藏唐代木雕毗沙門天像與敦煌石室所出絹本唐畫毗沙門天及眷屬像中的藥叉均繫此式帶。穿常服者，如四川彭山後蜀廣政十八年（955年）宋琳墓所出俑[73]，其帶有雙帶扣，腹前那段革帶的兩端互相對稱，但好

◎圖 7-28　雙鉈尾帶

① 莫高窟 154 窟中唐壁畫毗沙門天王

② 日本教王護國寺藏唐木造毗沙門天王像

③ 四川彭山後蜀．宋琳墓出土陶俑

④《韓熙載夜宴圖》中之執扇者（1-3 為身前，4 為背後）

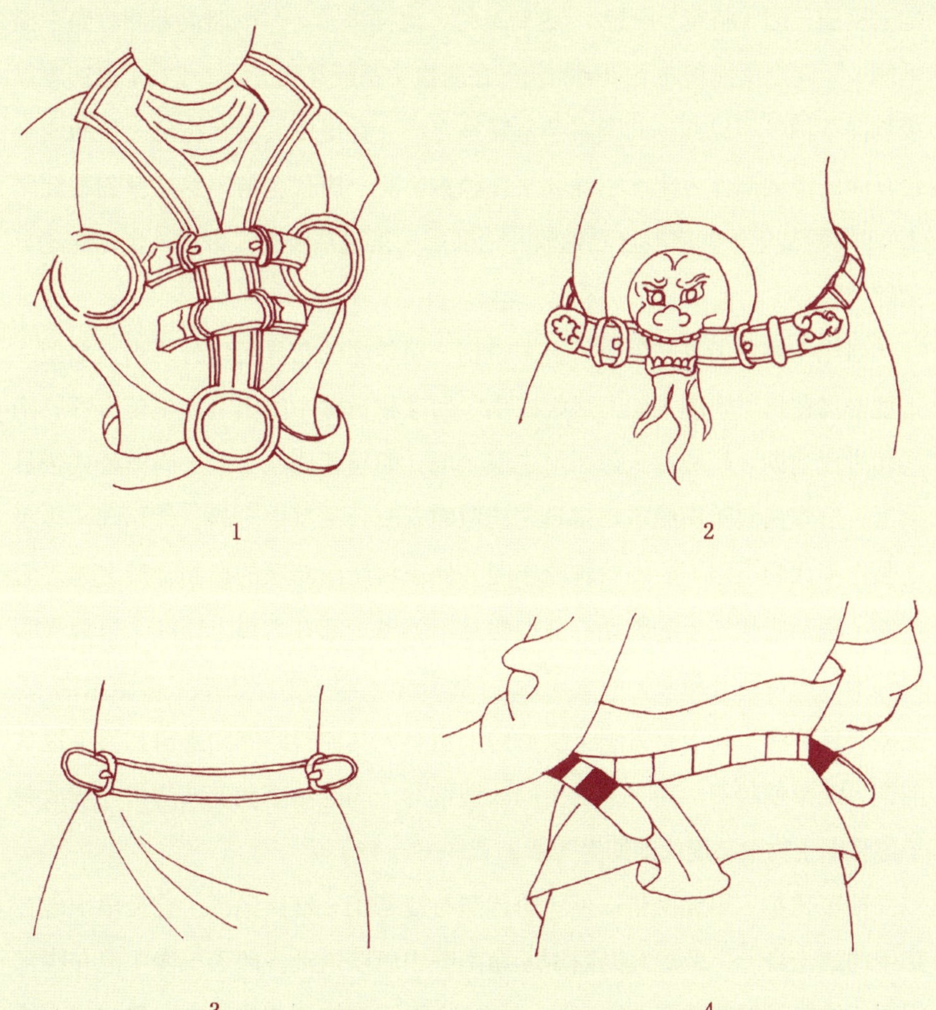

像未裝鉈尾。在傳顧閎中筆之《韓熙載夜宴圖》中，就把雙鉈尾帶畫得很清楚了（圖 7-28）。在單帶扣·單鉈尾帶上，因為帶鞓有一部分要從帶扣中穿過，所以不便在這段鞓上裝銙，而只能將銙裝在無須穿過帶扣的腰後之鞓上。而雙帶扣·雙鉈尾帶由於腹前與腰後的帶鞓都是固定的，不存在穿扣孔的困難，也沒有帶銙被帶子末端覆蓋的問題，所以腹前也可以裝銙。周鞓裝銙的作法是伴隨著雙鉈尾帶出現的。起初雙鉈尾帶為武職人員所使用。北宋以後，此式革帶漸多。《金史·輿服志》謂革帶“左右有雙鉈尾”，可見此式革帶在金代已較通行了。

此外，還有一種雙帶扣·單鉈尾帶，如王建墓及江西遂川北宋·郭知章墓所出者[74]。此類帶具只有一枚大鉈尾，卻有兩枚帶扣，復原後兩側不能對稱。而且由於鉈尾較寬，難以從其帶扣中穿過，需用無鉈尾的那一端先後穿過兩個帶扣以繫結，並不方便。它出現在雙帶扣·雙鉈尾帶之後，所以不能把它看作是自單帶扣·單鉈尾帶向雙帶扣·雙鉈尾帶過渡的中間環節，而只能被認為是一種不常見的變體罷了。

宋、明的金、玉帶

宋尚金帶，這一點與唐有所不同。宋·王鞏《甲申雜記·補闕》：“太宗皇帝嘗欲自宰臣至侍從官，等第賜帶。且批旨曰：‘犀近角，玉近石，惟金百煉不變，真寶也。’遂作笏頭帶以賜輔臣。”宋·歐陽修《歸田錄》卷二也說：“初，太宗嘗曰：‘玉不離石，犀不離角，可貴者金也。’乃創為金銙之制，以賜群臣。”金鎊上有各種花紋。宋·岳珂《愧郯錄》卷一二說：“金帶有六種：球路、御仙花、荔枝、師蠻、海捷、寶藏。”其中御仙花的圖案大約與荔枝相近，所以歐陽修說：“今俗謂……御仙花為荔枝。”[75] 太平興國七年（982 年）李昉奏：“荔枝帶本是內出，以賜將相。在於庶僚，豈合僭服？望非恩賜者，官至三品乃得服之。”[76] 東荔枝金帶“世謂之‘橫金’”[77]，可見它在當時備受重視。這類帶具在出土物和博物館藏品中都有實例。江西遂川郭知章墓曾出整套的荔枝紋金帶具，包括帶扣二件、方銙九件、有穿孔的桃形銙一件、鉈尾一件。江蘇吳縣元・呂師孟墓也出一套，包括方銙七件、有穿孔的桃形銙一件、鉈尾一件[78]。此墓雖葬於元大德八年（1304年），但呂師孟仕宋至樞密副都承旨，所以他的帶具縱非宋物，也仍應保存著宋制的規模。此外，寧夏銀川西夏8號陵出土荔枝紋金鉈尾一件[79]，美國波士頓美術館藏有荔枝紋金銙一件（圖7-29）。至於球路紋，據《營造法式》所載圖樣，則相當於近代所稱套錢紋[80]（圖7-30）。

物紋帶銙這時仍然受到重視。宋代皇室珍藏的紫雲樓帶，其帶銙飾以醉拂林紋："拂林人皆突起，長不及寸，眉目宛若生動，雖吳道子畫所弗及。若其華紋，則有六、七級，層層為之。鏤篆之精，其細微之象，殆入鬼神，而不可名。"[81]但唐代已有"紫拂林帶"[82]，所以宋代帶具上的某些人物紋或係沿襲唐制。其海捷紋不知所指。獅蠻紋則在孟元老《東京夢華錄》卷八"重陽"條中提起過："又以粉作獅子、蠻王之狀，置於糕上，謂之'獅蠻'。"飾有這種圖案的帶銙未見宋代之例，可是在元明時的戲曲和小說裏，獅蠻帶卻成為武將披掛中的常見之物。如，《水滸傳》第五四回說宋江"頭頂茜紅巾，腰繫獅蠻帶"；《三國演義》第五回說呂布"腰繫勒甲玲瓏獅蠻帶"；《西遊記》第六〇回說混世魔王"腰間束一條攢絲三股獅蠻帶"。例子很多，不勝枚舉。但實物直到1987年才在南京太平門外板倉村87BCCM1號明墓中出土，為二十塊琥珀帶具，皆呈紫紅色。方形帶板飾人物牽獅子，地子上散綴金錠、珊瑚、彩球、寶珠等。其人物或跣足髽髻，或戴虛頂尖帽，多袒露一肩，似表明他們來自遠方。獅子與人物互相顧盼，構圖飽滿勻稱[83]（圖7-31）。這套帶具雖為明代物，但應與宋之獅蠻相去不遠。

至於鉈尾，雖在唐代已受重視，但其長度反而比南北朝時縮短。至宋代，它又開始加長。《麈史》卷上說："撻尾始甚短，後稍長，浸有垂至膝者。今（政和時）則參用，出於人之所好而已。"不過應該說明的是，在宋代，單鉈尾帶還有相當數量，雙鉈尾帶尚未居絕對優勢。

◎圖 7-29　荔枝紋帶具

① 波士頓美術館藏鎏金銅荔枝紋帶銙

② 江蘇吳縣元・呂師孟墓出土金荔枝紋帶銙

③ 西夏 8 號陵出土金荔枝紋鉈尾

1

3

2

◎圖 7-30　宋代的球路紋（據《營造法式》）

◎圖 7-31　獅蠻帶（鉈尾部分，南京太平門外板倉村明墓出土）

宋代推重金帶，所以玉帶不常見，但等級卻很高。這時皇帝用排方玉帶，親貴勳舊如受賜玉帶，則將銙琢成方、團兩形。宋·葉夢得《石林燕語》卷七："國朝親王皆服金帶。元豐中官制行，上欲寵嘉、岐二王，乃詔賜方團玉帶，著為朝儀。先是，乘輿玉帶皆排方，故以方團別之。"神宗賜二王玉帶事，又見宋·王明清《揮麈錄·前錄》卷一、《宋史》卷一五三及河南鞏縣孝義鎮宋·趙頵（即嘉王）墓誌[84]，可見此項賞賚之非同尋常。但這時的歌舞伎樂人卻也有在便服上繫排方玉帶的[85]；封建時代中，若干物質文化現象常常並不像制度規定的那麼整齊劃一。因此宋墓偶或也出玉帶具。江西上饒南宋建炎四年（1130年）墓所出人物紋玉帶具共九件，包括方銙七件、有孔的桃形銙一件、鉈尾一件[86]（圖7-22：20-22）；除未見帶扣外，和呂師孟墓所出荔枝紋金帶具中的種類相同。安徽安慶棋盤山元大德五年（1301年）墓所出玉帶具，包括方銙八件和有孔的桃形銙一件[87]。在博物館藏品中也見過多件方銙和一件有孔的桃形銙相組合的，應是當時的通例。這時的方銙上不穿孔（即古眼），可見這時已不在方銙下繫物。《麈史》說："至和、皇祐間為方銙無古眼。"則其消失的時間在北宋前期。另外，當時還將有孔的桃形銙橫裝在帶鞓上，和唐代將尖拱形銙作豎向裝置的方式有別。遼開泰七年（1018年）陳國公主墓中的帶具，正處在古眼消失的前夕，故式樣繁多。而且因為是特製的隨葬品，用銀片作帶鞓，所以給桃形銙的裝置方式保留下了清楚的例證[88]。大致說來，當革帶下垂多條鞢韄、雜佩諸物之制盛行的時候，銙的裝法並不統一。如內蒙古赤峰大營子遼駙馬贈衛國王墓出土的革帶，帶鞓還保存著一部分，其上之桃形、有古眼和無古眼的方形金銙錯綜相間，似無固定的序列[89]。而當古眼消失以後，則多枚方銙與一枚橫裝的桃形銙之組合逐漸固定。因此可將這種組合作為單帶扣·單鉈尾帶具之第Ⅲ型（圖7-22：23-29）。至於只裝無孔方銙之帶具則可列為其第Ⅳ型（圖7-22：30、31）。但它的出現並不一定晚於Ⅱ型和Ⅲ型，因為早在唐代已有Ⅳ型帶具的標本，它應是自唐代中期以來一直存在的一種簡化的形式。

宋代在金、玉帶之外，還特別重視通犀帶。犀角本為棕褐或黑褐色，其中有一縷淺色斑紋貫通上下的名通犀，用它製作的帶具在唐代已經很名貴[90]。但宋代的通犀帶銙尤其注意這種淺斑所形成的自然花紋。宋・何薳《春渚紀聞》記一通犀銙中有形如"翔龍"；宋・袁褧《楓窗小牘》所記有"龍擎一蓋"；宋・岳珂《桯史》所記有"壽星扶杖"；金・元好問《續夷堅志》所記則有"鹿銜花"。這樣的帶銙計價鉅萬，十分罕見，當時我國南北方的統治者均著意搜求。《揮麈前錄》記韓似夫使金，"見金主所繫犀帶倒透，中正透如圓鏡狀，光彩絢目"。使得宋使也認為是稀有之珍物了。

革帶一般只在腰間束一條，是為常制。但宋、元時有在身前束腰之帶上再加一帶者，上面之帶名看帶或義帶，下面的仍稱束帶。宋・孟元老《東京夢華錄》卷六記皇帝親從官的裝束有"看帶、束帶"；同書卷七記百戲演員也"繫錦繡圍肚看帶"。宋・陳長方《步里客談》卷下說："承平時，茶酒班殿侍繫四五重顏色裹肚。…… 今不復繫如許裹肚，但有義帶數條耳。"成都宋・張確墓出土的陶俑就有在束帶上再加看帶者[91]（圖 7-32）。

又唐、宋品官公服所繫單鉈尾帶，皆將方銙施於背後，胸前裸露帶鞓。《宋史・王旦傳》說："有貨玉帶者，弟以為佳，呈旦。旦命繫之，曰：'還見佳否？'弟曰：'繫之安得自見？'旦曰：'自負重而使觀者稱好，無乃勞乎！'"可證。但這時的雙鉈尾帶卻在腰前遍裝帶銙。北宗仁宗皇后像中的宮女、河北宣化遼墓壁畫中的樂工所繫之帶均如此[92]。至金代，這種裝銙方式已形成制度。《金史・輿服志》說："銙，周鞓，小者置於前，大者施於後。"金人重視玉帶，記載中明確說他們的帶"玉為上"。金代女真貴族繼承遼代四時捺鉢的習俗，春搜秋獮，所以在其玉帶具上曾有"春水、秋山之飾"[93]。春水的圖案內容是春搜時縱鶻攫天鵝，秋山的內容是秋獮時在山林中射熊及鹿。近年已經識別出傳世文物中的鶻攫天鵝紋玉鉈尾有金代之物，為鑒定金代的帶具找到了一項標準。

明代也重視玉帶，"蟒袍玉帶"是這時顯赫的裝束。玉帶具成為當時的寶

◎圖 7-32　宋代的看帶（成都宋．張確墓出土陶俑）

◎圖 7-33　明式玉帶扣結法

（明定陵出土玉帶，在"三合"處用卡具括結，兩鉈尾前的帶扣只用於調節腰帶的長度）

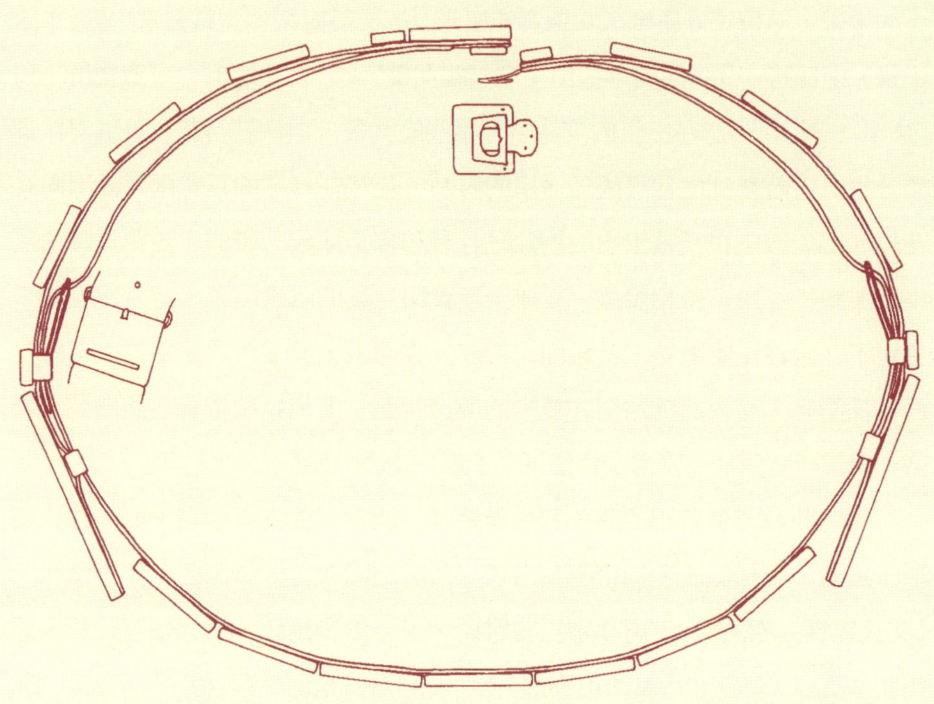

貨，在大官僚聚斂的財物中，玉帶是重要的一宗，籍沒朱寧時，清點出的玉帶竟達二千五百條[94]。新中國建國後，經科學發掘的明墓為數不少，墓主的身份從平民、高官、親王直到皇帝，因而出土了一大批玉帶具，式樣繁多。南京洪武四年（1371 年）汪興祖墓出土的金鑲玉高浮雕雲龍紋帶具，琢製精巧，與《水滸全傳》第八〇回所描寫的“襯金葉、玉玲瓏、雙獺尾”玉帶頗接近。江西南城崇禎七年（1634 年）朱由木墓出土的鏤空透雕玉銙，應屬玲瓏玉帶一類。明·劉若愚《明宮史》水集說宮內所用玉帶：“冬則光素，夏則玲瓏。”其所以如此，或即從玲瓏帶透空通氣這一點上著眼。再者，玉帶還有寬窄的區別。宋代的玉帶以“稻”作為寬度的單位，如陸游《老學庵筆記》卷七說：“王荊公所賜玉帶，闊十四稻，號玉抱肚。”但其具體度量方法不詳。遼寧鞍山倪家台明代崔氏墓地出土的帶銙，寬 6.3、5.3、3.1 厘米不等，最寬的一種與江西南城明·朱翊鈏墓所出寬 6 厘米的玉銙相近[95]。明代稱玉帶之闊者為“四指”帶[96]，四指正合 6 厘米許。江蘇泰州明·徐蕃夫婦墓出土的腰帶，男帶寬 6 厘米，女帶寬 5 厘米[97]。一般說來，女帶較窄。《天水冰山錄》中並將“女帶”特地標出，有“闊女帶”、“中闊女帶”、“窄女帶”和“極窄女帶”。不過在出土的帶銙中，哪些屬女帶，還當結合花紋等情況作具體分析。這時雙鉈尾帶已成為通用的服制，往往在鉈尾的正背兩面鑄出同式花紋。上述鞍山崔氏墓出土的銅鉈尾且有和帶扣鑄成一體的，表明這時的鉈尾已與腰後那段革帶相脫離，變成全無實用意義的附屬品了。定陵出土的玉帶也不在兩鉈尾處繫結。其腰前之帶鞓分成兩截，於三台之居中的大帶銙背面裝插銷座，而於此銙右側之較窄的帶銙背面、即另一截帶鞓之前端裝舌形簧；繫帶時將簧插入座內卡住便可[98]（圖 7-33）。

南北朝時革帶帶鞓的顏色似尚無定制，北齊·婁睿墓壁畫中的人物雜用紅、黑鞓。唐代冕服上的帶鞓為白色，常服上的帶鞓多為黑色。宋·龐元英《文昌雜錄》卷五說：“唐朝帝王帶雖犀、玉，然皆黑鞓，五代始有紅鞓。潞州明皇畫像，黑鞓也，其大臣亦然。……不知紅鞓起於何時也。”莫高窟 130

窟盛唐壁畫中晉昌郡太守樂廷瓌的帶為黑鞓，可證龐說。但李賀詩已有“玉刻麒麟腰帶紅”之句[99]，莫高窟 20、156 窟晚唐壁畫中的供養人亦用紅鞓，可見唐代中、晚期常服用紅鞓的漸多。宋代則規定四品以上和四品以下但已賜紫、緋的官員可用紅鞓[100]。至明代，臣僚之帶又不許用紅鞓。《明史·耿炳文傳》：“燕王稱帝之明年，刑部尚書鄭賜……劾炳文衣服器皿有龍鳳飾，玉帶用紅鞓，僭妄不道。炳文懼，自殺。”是其例。所以明人畫像中的帶鞓多為黑色或深藍色。不過，自宋代以降，帶鞓也有全以布帛製作、未墊革胎的，但其規格和革帶一脈相承，所以本文也就一併加以敘述了。

明代皇帝的玉帶除雙鉈尾外，有裝銙二十二枚的。臣僚的玉帶裝銙十八枚，連同鉈尾共二十枚。明·方以智《通雅》卷三七“鞶帶”條說：“今時革帶，前合口曰三台，左右各排三圓桃。排方左右曰魚尾，有輔弼二小方。後七枚，前大小十三枚。”據朝鮮學者於元代撰寫、明初增補的漢語會話讀本《樸通事》所記，三台又稱“三台板兒”；左右三圓桃合稱“南斗六星板兒”；輔弼二小方稱“左輔、右弼板兒”；腰後的七枚排方稱“北斗七星板兒”[101]。清初葉夢珠《閱世篇》也說，明代“腰帶用革為質，外裹青綾，上綴犀玉花青金銀不等。正面方片一，兩傍有小輔二條，左右又各列三圓片，此帶之前面也。向後各有插尾，見於袖後。後面連綴七方片以足之。帶寬而圓，束不著腰；圓領兩脅各有細鈕貫帶於巾而懸之，取其嚴正整飭而已”。出土的明代整套帶具亦多為此制。但裝上十八枚銙以後，帶子已相當長，官員們的腰腹往往不稱此帶圍，所以不僅不嚴整，反而鬆垮地拖在腰間（圖 7-34）。原本為束腰之用的革帶，這時已然變成累贅的裝飾品。清代將革帶緊繫在補褂之內，雖然帶上也有方圓四枚帶板，但入朝時一般不外露，所以此物在人們心目中的重要性也就有所降低了。

元、明的縧帶和縧環

在金、玉帶日益制度化的過程中，它逐漸退出日常生活，成為官服的一

◎圖 7-34　明・沈度像

部分。明人所繪《南都繁會圖》裏的店招上乃徑稱之為“官帶”。從而在官員燕居時，或者在根本不穿官服的人們那裏，遂繫縧帶。明代《脈望館古今雜劇》的“穿關”中，官員多為“補子圓領，帶”，平民則是“茶褐直身，縧兒”。這種情況在南宋時已不罕見，吳自牧《夢粱錄》卷一三記敘杭州市肆名家，在沙皮巷就有陳家縧結舖，即縧帶的專賣店。繫縧帶時固然可以將兩端直接縛結，但也可以裝上帶鈎勾括起來。縧帶上的帶鈎稱縧鈎，其環稱縧環。南宋的縧環已出現精美之品，《西湖老人繁勝錄》“七寶社”條所記有“玉縧環”。《元史・伯顏傳》說：“伯顏之取宋而還也，詔百官郊迎以勞之。平章阿合馬先百官半舍道謁，伯顏解所服玉鈎縧遺之。且曰：‘宋寶玉固多，吾實無所取，勿以此為薄也。’”伯顏從南宋獲取之玉鈎縧應即一套玉縧鈎和縧環，惟南宋的實例未見，此物到元代才多起來。《元史・輿服志》中雖有皇帝戴袞冕、高官戴貂蟬籠冠等記載，彷彿這時宮廷中仍襲用前朝舊制，實際上並非如此。試看元代所繪皇帝御容，完全是一派蒙古風貌，如果讓一位剃“婆焦”、垂“不狼兒”的皇帝戴上冕旒，則未免滑稽。故上述《輿服志》的記載，大概與現實尚有一定距離。對民間而言，元代雖不禁漢人、南人穿漢裝，但包括中原地區在內的城市居民之衣著實受到蒙古服式的強烈影響。這時男子多“頂笠穿靴”，外衣一般由貼裏、比甲、搭護等組成；於是縧帶更大行其時。元曲《包待制陳州糶米》中妓女王粉蓮不認得包拯，要請他看大門，對他說：“好老兒，你跟我家去，我打扮你起來，與你做一領硬掙掙的上蓋，再與你做一頂新帽兒，一條茶褐縧兒。”正是當時老年人的打扮。其中提到的茶褐縧兒，在朝鮮的另一種漢語讀本《老乞大》中也曾出現，那裏所列朝鮮商人買進的貨物中就有“茶褐欒帶一百條”，可見它是一宗日常用品。山西大同元・馮道真墓出土了一條絲縧帶，其上裝銅鈎和玉環，銅鈎長 5 厘米，而玉環長 11.2 厘米，環比鈎要大，也比鈎更眩眼[102]。縧帶之鈎有做得很講究的。甘肅漳縣元・汪世顯家族墓中所出絲縧帶上裝玉縧鈎[103]。江蘇無錫元・錢裕墓也出玉縧鈎，長 7.4 厘米，且在琵琶形的鈎體上鏤出高浮雕的荷葉

◎圖 7-35　元·錢裕墓出土玉絛環

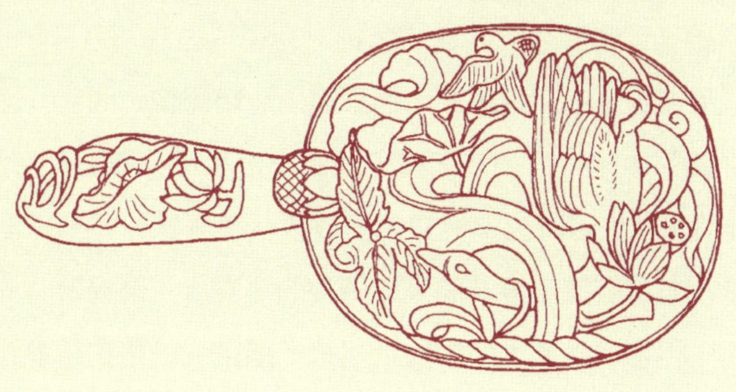

◎圖 7-36　元代的玉絛環

蓮花紋。其環呈橢圓形，長 8.3 厘米，比鈎稍大，環上鏤空透雕海東青攫天鵝紋[104]。出土時二者已經分離，經無錫市博物館徐琳組合復原[105]（圖 7-35）。北京故宮博物院也藏有此式元代玉絛環，也在絛鈎上飾以高浮雕的花紋[106]。後來，匠師遂打破常規，不再拘泥於一鈎一環的格式，而將鈎、環改成對稱的部件，當中互相套接之處也設計成適合的圖形，括結裝置隱於背後，正面的造型渾然一體，使之從環和鈎的模式中解脫出來，卻統稱為絛環。這是元代工藝美術的新創造，北京故宮亦藏有其實例（圖 7-36）。

元代絛環除以玉琢製者外，還有其他各類珍品，表明繫服者已不盡是平民。《老乞大》中說一富家子弟注重穿著："繫腰也按四季：春裏繫金絛環；夏裏繫玉鈎子，最低的是菜玉，最高的是羊脂玉；秋裏繫減金鈎子，尋常的不用，都是玲瓏花樣的；冬裏繫金廂寶石鬧裝，又繫有棕眼的烏犀繫腰。"玉製的且不說，金的和鎏金的絛環當時也不在少數；《元史．輿服志》說宮廷之儀衛等員都用鎏金絛環。而在這裏面，特別值得注意的是"金廂寶石鬧裝"的絛環。《老乞大》的"集覽"中說鬧裝是"用金石雜寶裝成為帶者"。元以前，我國所產寶石的品種不多。元代自域外輸入多種寶石。元．陶宗儀《南村輟耕錄》卷七"回回石頭"條記載頗詳，他舉出的外來寶石，有紅色的剌子（紅寶石），綠色的助木剌（祖母綠），各色鴉鶻（電氣石）及含活光的貓睛等。在我國使用寶石的歷史上，可以毫不誇張地說，元代進入了一個空前繁榮的新階段。這時在舉行只孫宴的場合，如元．柯九思《宮詞》中說："千官一色真珠襖，寶帶攢裝穩稱腰。"元．周伯琦《近光集》卷一也說，與會者"服所賜只孫珠翠金寶衣冠腰帶"。馬可．波羅則說，參加只孫宴的官員，穿的"衣服皆出汗賜，上綴珍珠寶石甚多"。這些衣飾中很可能包括鬧裝絛環，可惜至今尚未發現元代的實物。

直到明代，在定陵出土的文物中才見到真正的鬧裝絛環。這裏共出此類絛環十四件，其中編號 W76 的那一件還連接在絛帶上。帶為絲編，棕色，雙層，一端有穗，另一端已殘，它和《陳州糶米》中提到的"茶褐絛兒"或有

◎圖 7-37　定陵出土龍紋鬧裝絛環

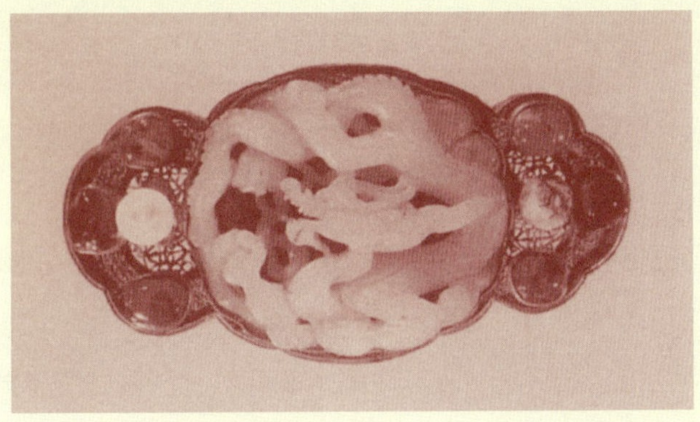

◎圖 7-38　定陵出土疊方勝紋鬧裝絛環

◎圖 7-39　定陵出土心字紋鬧裝絛環

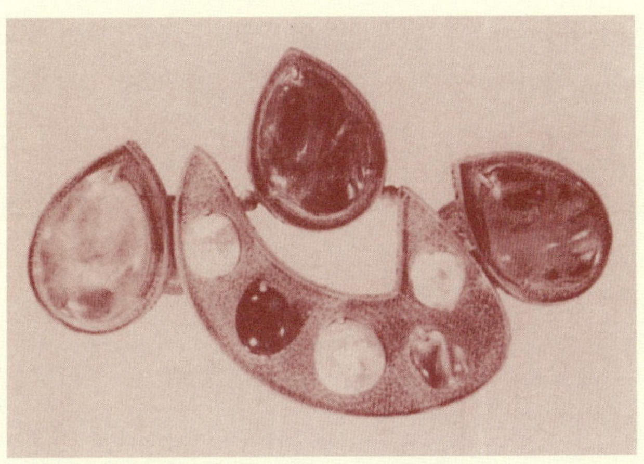

近似之處。發掘報告將這裏的絛環皆稱為“鑲珠寶金帶飾”，其實與《天水冰山錄》所載絛環之名稱相較，有的幾乎若合符契。比如定陵之 W182 號“雲頭形金帶飾”，正面中心嵌白玉團龍，兩端嵌紅、藍寶石和珍珠，背面累花絲（圖 7-37）；審其形制，豈不正和《天水冰山錄》所記之“金廂玉雲龍累絲絛環”極近嗎？再如 W181 號“三菱形金帶飾”（圖 7-38）；其所稱三菱形按傳統的叫法應為“疊方勝”，則又和《天水冰山錄》之“金廂玉疊方勝寶石絛環”極近。W185 號呈心字形，正面嵌貓睛石與紅、藍、綠、白色的寶石及珍珠（圖 7-39）；又和所記“金廂貓睛心字祖母綠珠絛環”極近。就連造型並不奇特的 W37 號“長條形金帶飾”，在《天水冰山錄》中也能找到一個更適合它的“金廂摺絲珠寶長樣絛環”的名字。有了《天水冰山錄》的記載，它們的名稱和用途遂均得以確認[107]。不過這些絛環已不再由幾部分組成，它們都是一個整體，只在背面設兩個鈕或兩個穿，用來和套在絛帶的卡子相括結，以控制腰帶的長短。它們的工藝水平誠如發掘報告所作評價：“全為花絲鑲嵌，做工極細，造型多樣，構圖新穎；同一類型之中，又富於變化。底托多做成雙層，更顯凝重；其上鑲嵌珍珠寶石，五光十色，富麗多彩，璀璨閃光，實為瑰寶。”在明代宮廷繪畫《宣宗行樂圖》和《憲宗元宵行樂圖》中，大批太監均繫裝絛環的絛帶，其中有的還可能就是鬧裝絛環。在一幅《憲宗調禽圖》中，成化皇帝和一名小太監的絛帶上繫鬧裝絛環，另一名太監腰間為白玉絛環（圖 7-40）。

絛環在清代依然行世，可是由於服制的變化，它的使用範圍較前縮小，鬧裝絛環已不多見。故宮所藏《情殷鑒古圖》中的道光皇帝，身穿藍色便服，腰繫黃色絛帶，裝白玉絛環，形制上未見創新之處，只不過更長、花紋更複雜而已（圖 7-41）。南宋時出現的絛環至此乃接近尾聲，更晚的實例頗罕；既便有，也多為仿品，僅供玩賞，意義就又自不同了。

◎圖 7-40　明《憲宗調禽圖》

◎圖 7-41　清《情殷鑒古圖》

注 釋

1 《舊唐書·輿服志》："東京帝王，爾雅好古，明帝始命儒者考曲台之說，依《周官》五輅六冕之文，山龍藻火之數，創為法服。"《後漢書·明帝紀》："二年春正月辛未，宗祠光武皇帝於明堂，帝及公卿列侯始服冠冕、衣裳、玉佩、絇屨以行事。" 則法服即上衣下裳之禮服。

2 《禮記·玉藻》："韠，君朱，大夫素，士爵韋。" 鄭玄注："朝服用韠，祭服用韍。"《釋名·釋衣服》對韠韍則不加區分，謂："韍，韠也；韠，蔽膝也，所以蔽膝前也。"

3 《左傳·閔公二年》："大子（晉太子申生）帥師，公衣之偏衣，佩之金玦。" 楊伯峻注："偏衣，《晉語》一亦作'偏裻之衣'。裻，背縫也，在背之中，當脊樑所在。自此中分，左右異色，故云偏裻之衣，省云偏衣。" 武昌義地出土俑正著左右異色之偏衣。

4 《後漢書·輿服志》劉注引《東觀書》："永平二年正月，公卿議春南北郊。東平王蒼議曰：'……光武受命中興，建明堂，立闢雍。陛下以聖明奉遵，以禮服龍袞祭五帝，禮缺樂崩，久無祭天地冕服之制。按尊事神祇，絜齋盛服，敬之至也。日月星辰，山龍華藻，天王袞冕十有二旒，以則天數。…… 天地之禮，冕冠裳衣，宜如明堂之制。'"

5 《禮記·雜記》："公襲卷衣一，…… 朱綠帶，申加大帶於上。" 鄭注："朱綠帶者，襲衣之帶，飾之雜以朱綠，異於生也。此帶亦以素為之。申，重也，重於革帶也。革帶以佩韍。必言重加大帶者，明有變必備此二帶也。"

6 引自朱德熙、裘錫圭：《信陽楚簡考釋》，《考古學報》1973 年第 1 期。

7 山東煙台地區文管組：《山東蓬萊縣西周墓發掘簡報》，《文物資料叢刊》3，1980 年。

8 洛陽出土者，見《洛陽中州路（西工段）》頁 103，科學出版社，1959 年。淅川出土者，見河南省丹江庫區文物發掘隊：《河南省淅川縣下寺春秋楚墓》，《文物》1980 年第 10 期。湘鄉出土者，見湖南省博物館：《湖南韶山灌區湘鄉東周墓清理簡報》，《文物》1977 年第 3 期。寶雞出土者，見寶雞市博物館、寶雞市渭濱區文化館：《陝西寶雞市茹家莊東周墓葬》，《考古》1979 年第 5 期。懷柔出土者，見北京市文物工作隊：《北京懷柔城北東周兩漢墓葬》，《考古》1962 年第 5 期。

9 臨淄出土者，見山東省博物館：《臨淄郎家莊一號殉人墓》，《考古學報》1977 年第 1 期。鳳翔出土者，見吳鎮烽、尚志儒：《陝西鳳翔高莊秦墓地發掘簡報》，《考古與文物》1981 年第 1 期。

10 湖北江陵望山 2 號墓出土的遣策上也提到革帶、玉璜、玉鉤和環（《文物》1966 年第 5 期，圖版 24），其鉤、環亦應附屬於革帶，而不是繫佩飾用的。

11 馬得志、周永珍、張雲鵬：《一九五三年安陽大司空村發掘報告》，《考古學報》第 9 冊，1955 年。

12 郭寶鈞：《山彪鎮與琉璃閣》頁 49，科學出版社，1956 年。

13 原田淑人：《漢六朝の服飾》頁 135，插圖 35，東京，1937 年。

14 北方草原民族地區已發現之最早的帶鈎，見於遼寧喀左南洞溝石椁墓（《考古》1977 年第 6 期）。參看王仁湘：《古代帶鈎用途考實》，《文物》1982 年第 10 期。

15 包爾漢、馮家升：《“西伯利亞” 名稱的由來》，《歷史研究》1956 年第 10 期。

16 江上波夫：《師比並びに郭落帶に就きて》，《東方學報》2，東京，1932 年。

17 湖北省文化局文物工作隊：《湖北江陵三座楚墓出土大批重要文物》，《文物》1966 年第 5 期。

18 中國科學院考古研究所：《上村嶺虢國墓地》頁 22、23，圖版 23、52、57，科學出版社，1959 年。此類帶具還有黃金製品。上村嶺 2001 號虢國墓出土一套共十二件，其中一件三角形飾、一件方環、三件獸面、七件圓環（《華夏考古》1992 年第 3 期）。山西曲沃曲村 I 11M8 號晉侯墓出土一套共十五件，其中也有一件三角形飾，但方環為二件，獸面為一件，式樣不同的圓環則有十一件（《文物》1994 年第 1 期）。由於三角形飾的存在，可知以上兩處的帶具與上村嶺 1706 號墓所出者屬同類，然而其安裝方式與功能尚不明。

19 內蒙古文物工作隊：《毛慶溝墓地》，載《鄂爾多斯式青銅器》，文物出版社，1986 年。

20 К. Акишев, А. Акишев, *Древнее золото Казахстана*. с.39-41,64-126. АлмаАта, 1983.

21 中國社會科學院考古所內蒙古工作隊： 《內蒙古敖漢旗周家地墓地發掘簡報》，《考古》1984 年第 5 期。田廣金、郭素新： 《內蒙古阿魯柴登發現的匈奴遺物》，《考古》1980 年第 4 期。

22 《スキタイ黃金美術展》圖 37，日本放送協會，1992 年。

23 С.И. *Руденко, Сибирская коллекиия Петра.* I табл. 8,9. Москва-Ленинград, 1962.

24 寧夏文物考古研究所等：《寧夏同心倒墩子匈奴墓地》，《考古學報》1988 年第 3 期。

25 廣州市文物管理委員會、廣州市博物館：《廣州漢墓》下冊，圖版 35，文物出版社，1981 年。廣州市文物管理委員會、中國社會科學院考古研究所、廣東省博物館：《西漢南越王墓》上冊，頁 165、166，文物出版社，1991 年。

26 朱捷元、李域錚：《西安東郊三店村西漢墓》，《考古與文物》1983 年第 2 期。揚州市博物館：《揚州西漢“妾莫書”木椁墓》，《文物》1980 年第 12 期。

27 中國社會科學院考古所內蒙古工作隊： 《內蒙古敖漢旗周家地墓地發掘簡報》，《考古》1984 年第 5 期。田廣金、郭素新： 《內蒙古阿魯柴登發現的匈奴遺物》，《考古》1980 年第 4 期。

28 寧夏文物考古研究所等：《寧夏同心倒墩子匈奴墓地》，《考古學報》1988 年第 3 期。

29 程長新、張先得：《歷盡滄桑重放光華》，《文物》1982 年第 9 期。

30 伊克昭盟文物工作站、內蒙古文物工作隊：《西溝畔匈奴墓》，《文物》1980 年第 7 期。

31 見注 21 所揭文。又李學勤：《東周與秦代文明》頁 274–276，文物出版社，1984 年。

32 廣州所出者，見《考古》1984 年第 3 期，頁 228（未發圖像）。滿城所出者，見《滿城漢墓發掘報告》上冊，頁 142。阜陽所出者，見《文物》1978 年第 8 期。長沙所出者，見《文物》1979

年第3期。揚州所出者，見《文物》1980年第12期。徐州所出者，見《文物》1984年第11期。西安所出者，見《考古與文物》1983年第2期。成都所出者，見《考古與文物》1983年第2期。平樂所出者，見《考古學報》1978年第4期。

33 獅子山楚王陵考古發掘隊：《徐州獅子山西漢楚王陵發掘簡報》；鄒厚本、韋正：《徐州獅子山西漢墓的金扣腰帶》，均見《文物》1998年第8期。

34 《太平御覽》卷六九六。

35 安徽省文物工作隊：《安徽舒城九里墩春秋墓》，《考古學報》1982年第2期。湖南省博物館：《長沙瀏城橋一號墓》，《考古學報》1972年第1期。

36 山彪鎮出土者，見《山彪鎮與琉璃閣》頁35，該書稱之為卡環。中州路出土者，見洛陽博物館：《洛陽中州路戰國車馬坑》，《考古》1974年第3期，此方策出土時還在束靳帶的原位置上。

37 無扣舌和穿孔的虎紋帶頭見 E.C. Bunker, C.B. Chatwin, A.R. Farkas, *"Animal Style" Art From East to West*. p.49. New York, 1970. 接上半個圓形帶鐍者，見韓孔樂等：《寧夏固原近年發現的北方系青銅器》，《考古》1990年第5期；劉得禎、許俊臣：《甘肅慶陽春秋戰國墓葬的清理》，《考古》1988年第5期。

38 內蒙古文物工作隊：《內蒙古陳巴爾虎旗完工古墓群清理簡報》，《考古》1965年第6期。

39 《考古》1984年第5期，頁424。

40 С.И. *Руденко, Сибирская коллекиия Петра.* I табл. 8,9. Москва-Ленинград, 1962.

41 鍾侃、韓孔樂：《寧夏南部春秋戰國時期的青銅文化》，載《中國考古學會第四次年會論文集》，文物出版社，1983年。

42 鄭隆：《內蒙古札賚諾爾古墓群調查記》，《文物》1961年第9期。吉林省文物考古研究所：《榆樹老河深》頁64-66，文物出版社，1987年。

43 秦俑考古隊：《秦始皇陵二號銅車馬清理簡報》，《文物》1983年第7期。始皇陵秦俑坑考古發掘隊：《秦始皇陵東側第二號兵馬俑坑鑽探試掘簡報》，《文物》1998年第5期。

44 中國社會科學院考古研究所、河北省文物管理處：《滿城漢墓發掘報告》上冊，頁119，文物出版社，1980年。廣林壯族自治區文物工作隊：《廣西西林縣普馱銅鼓墓葬》，《文物》1978年第9期。

45 漢代車馬具中的小帶扣，扣雖小，前部的穿孔卻較大，表明繫結時無須再另加一條窄帶。

46 雲南省博物館：《雲南晉寧石寨山古墓群發掘報告》圖版107，文物出版社，1959年。

47 朝鮮民主主義人民共和國社會科學院考古研究所田野工作隊：《考古學資料集》5，平壤，1978年。

48 韓翔：《焉耆國都、焉耆都督府治所與焉耆鎮城》，《文物》1982年第4期。町田章：《古代東アジアの裝飾墓》口繪2，京都，1987年。

49 河北省文物研究所：《河北定縣 40 號漢墓發掘簡報》，《文物》1981 年第 8 期。

50 南京博物院：《江蘇邗江甘泉二號漢墓》，《文物》1981 年第 11 期。定縣博物館：《河北定縣 43 號漢墓發掘簡報》，《文物》1973 年第 11 期。

51 藤田亮策、梅原末治：《朝鮮古文化綜鑒》卷 3，圖版 76，天理，1959 年。洛陽市文物工作隊：《洛陽東關夾馬營路東漢墓》，《中原文物》1982 年第 5 期。

52 見注 48 之二，口繪 4。

53 《安鄉清理西晉劉弘墓》，《中國文物報》1991 年 8 月 18 日。

54 定縣博物館：《河北定縣 43 號漢墓發掘簡報》，《文物》1973 年第 11 期。

55 洛陽出土者，見河南省文化局文物工作隊第二隊：《洛陽晉墓的發掘》，《考古學報》1957 年第 1 期。宜興出土者，見羅宗真：《江蘇宜興晉墓發掘報告》，《考古學報》1957 年第 4 期。集安出土者，見集安縣文物保管所：《集安高句麗墓葬發掘簡報》，《考古》1983 年第 4 期。新山古墳出土者，見梅原末治：《金銅透雕竜紋帶具に就いて》，《考古學雜誌》50 卷 4 號，1965 年。

56 見注 22 所載 L.S.Klochko《スキタイの衣裝》。

57 內蒙古文物工作隊：《內蒙古陳巴爾虎旗完工古墓群清理簡報》，《考古》1965 年第 6 期。

58 奈良縣立美術館：《シルクロ－ド大文明展・オアシスと草原の道》圖 7，奈良，1988 年。

59 見注 48 之二，頁 70。

60 梅原末治：《松尾村穀冢》，載《京都府史跡名勝天然記念物調查報告》冊 2，京都，1920 年。

61 內蒙古自治區博物館等：《和林格爾縣另皮窰村北魏墓出土的金器》；伊克堅、陸思賢：《土默特左旗出土北魏時期文物》，均載《內蒙古文物考古》第 3 期，1984 年。

62 伊克昭盟文物工作站、內蒙古文物工作隊：《西溝畔漢代匈奴墓地調查記》，《內蒙古文物考古》創刊號，1980 年。

63 河北省文化局文物工作隊：《河北定縣出土北魏石函》，《考古》1966 年第 5 期。

64 《唐文粹》卷七七。

65 韓偉：《唐代革帶考》，《西北大學學報》（哲社版）1982 年第 3 期。郭文魁：《和龍渤海古墓出土的幾件金飾》，《文物》1973 年第 8 期。

66 參看《中國古輿服論叢》一書《兩唐書輿（車）服志校釋稿》【舊 96】注④。

67 內蒙古文物考古研究所：《遼陳國公主駙馬合葬墓發掘簡報》；孫機：《一枚遼代刺鵝錐》，均載《文物》1987 年第 11 期。

68 《全唐詩》七函一〇冊。

69 《全唐詩》八函五冊。

70 《麈史》卷上："方銙…… 其稀者目曰稀方，密者目曰排方。"

71 撻尾見《中華古今注》卷上"文武品階腰帶"條，獺尾見成都撫琴台前蜀王建墓出土玉帶銘，插尾見《閱世編》，魚尾見《宋史・輿服志》，皆銠尾的別名。

72 馮漢驥：《王建墓內出土"大帶"考》，《考古》1959 年第 8 期。

73 四川省博物館文物工作隊：《四川彭山後蜀宋琳墓清理簡報》，《考古通訊》1958 年第 5 期。

74 唐昌樸、梁德光：《江西遂川發現北宋郭知章墓》，《文物資料叢刊》6，1982 年。

75 宋・歐陽修：《歸田錄》卷二。

76 《宋史・輿服志》。

77 宋・徐度：《卻埽編》卷上。

78 江蘇省文物管理委員會：《江蘇吳縣元墓清理簡報》，《文物》1959 年第 11 期。

79 寧夏回族自治區博物館：《西夏八號陵發掘簡報》，《文物》1978 年第 8 期。

80 球路帶亦名球文帶。《麈史》卷上："國朝祖宗創造金球文帶。"《宋史・吳居厚傳》："以老避位…… 恩許仍服方團金球文帶。" 球路、球文，名異實同。宋・李誡《營造法式》中多用球文之名，該書卷二一"格子門"條載"四斜球文格子門"。宋元時，有些格子門被稱為"亮槅"。《古今小說・張古老種瓜娶文女》："韋義方把舌頭舔開朱紅球路亭〔亮〕槅。" 元曲《謝金吾》："夫役每，把那金釘朱戶、虬鏤亮槅，拆不動的都打爛了罷！" 乃以同音字"虬鏤"代表球路。可見"毬文格子門"與"球路亮槅"所指亦同。《揚州夢》："近雕 ，穿玉戶，龜背球樓。" 則是說格子門上的欞眼有六邊形的龜背與套環形的球路。對照《法式》所載球文圖樣，知其為互相絡合之圓球組成的圖案。許政揚《宋元小說戲曲語釋》引《燕青博魚・醉夫歸》"他把我這個竹眼籠的球樓磴折了四五根"，認為球樓〔路〕即竹籠上的"圓孔箧紋"（《許政楊文存》頁 48-53），其說至確。《法式》中的圖樣正與圓孔箧紋相似。雖然由於組合上的變化，球路紋有"四斜"、"簇四"、"簇六"等多種式樣，但其基本結構相同。舊說以為球路紋指薩珊式的聯珠紋，不確。

81 宋・蔡絛：《鐵圍山叢談》卷六。

82 《唐語林》卷二："張燕公文逸而學奧，…… 上親解紫拂林帶以賜焉。" 唐蘭《〈劉賓客嘉話錄〉的校輯與辨偽》（《文史》第 4 輯）謂此條應出自《嘉話錄》。

83 南京市博物館：《江蘇省南京市板倉村明墓的發掘》，《考古》1999 年第 10 期。在革帶上裝帶銙、銠尾等帶具，雖自其悠遠的淵源上說，與中亞、西亞帶具有著文化上的聯繫，但宋以後的帶具，卻純然是中國作風，西方絕無與之相近之例。方齡貴《元明戲曲中的蒙古語》（漢語大詞典出版社，1991 年）一書中說：獅蠻"乃'闥獅蠻'之省"，"為 dānishmandī 的對音，本義為伊斯蘭教教士"。從而認為獅蠻帶與回回人的裝束有關。實誤。獅蠻帶和闥獅蠻不過用字偶同而已。

84 周到：《宋魏王趙頵夫妻合葬墓》，《考古》1964 年第 7 期。按治平四年宋神宗封弟顥為岐王，熙寧四年封弟頵為嘉王。元豐三年分別進封為雍、曹王。元豐八年哲宗即位後進封為揚、荊王。元祐二年追封頵為魏王。

85 王國維：《庚辛之間讀書記．片玉詞條》。

86 陳柏泉：《上饒發現雕刻人物的玉帶牌》，《文物》1964 年第 2 期。

87 白冠西：《安慶市棋盤山發現的元墓介紹》，《文物參考資料》1957 年第 5 期。

88 內蒙古文物考古研究所：《遼陳國公主駙馬合葬墓發掘簡報》；孫機：《一枚遼代刺鵝錐》，均載《文物》1987 年第 11 期。

89 熱河省博物館籌備組：《赤峰縣大營子遼墓發掘報告》，《考古學報》1956 年第 3 期。

90 唐．李德裕《李文饒集．別集》卷一《通犀帶賦．序》說："客有以通犀帶示余者，嘉其珍物，古人未有詞賦，因抒此作。" 可見通犀帶並非李德裕日常服御之物。賦中謂此帶銙上"芝草繞葩而獵葉，煙霞異狀而輪囷"，則似已注意到其自然花紋。9 世紀中一位佚名的阿拉伯旅行家所著《中國印度見聞錄》說"印度各地都有犀牛……有時其角紋似人形、孔雀形、魚形或其他花紋。中國人用來製造腰帶。根據花紋的美觀程度，在中國，一條的價格可達兩千、三千或者更多的迪納爾"（據穆根來等譯本，中華書局，1983 年）。

91 翁善良、羅偉先：《成都東郊北宋張確夫婦墓》，《文物》1990 年第 3 期。

92 宋仁宗皇后像，見沈從文《中國古代服飾研究》（香港，1981 年）頁 332。宣化遼墓壁畫，見河北省文物管理處、河北省博物館：《河北宣化遼壁畫墓發掘簡報》，《文物》1975 年第 8 期。

93 《金史．輿服志》。

94 《叢書集成初編》本《天水冰山錄》附錄"籍沒朱寧數"。

95 南京市博物館：《南京明汪興祖墓清理簡報》，《考古》1972 年第 4 期。江西省文物工作隊：《江西南城明益定王朱由木墓發掘簡報》，《文物》1983 年第 2 期。遼寧省博物館文物隊等：《鞍山倪家台明崔源族墓的發掘》，《文物》1978 年第 11 期。江西省文物工作隊：《江西南城明益宣王朱翊鈏夫婦合葬墓》，《文物》1982 年第 8 期。

96 如《金瓶梅》中提到過"四指大寬萌（蒙）金茄南香帶"（三一回）、"四指荊山白玉玲瓏帶"（七〇回）等。

97 泰州市博物館：《江蘇泰州市明代徐蕃夫婦墓清理簡報》，《文物》1986 年第 9 期。

98 中國社會科學院考古研究所等：《定陵》上冊，頁 207，文物出版社，1990 年。

99 唐．李賀：《李長吉歌詩》卷三。

100 《宋史．輿服志》："四品以上服金帶。以下升朝官，雖未升朝已賜紫、緋，內職諸軍將校；並服紅鞓金塗銀排方。"

101 據《樸通事諺解》本，朝鮮李朝肅宗三年（1677 年）邊暹、朴世華刊，京城帝國大學法文學部影印，奎章閣叢書第八，漢城，1943 年。

102 大同市文物陳列館等：《山西省大同市元代馮道真、王青墓清理簡報》，《文物》1962 年第 10 期。

103 甘肅省博物館等：《甘肅漳縣元代汪世顯家族墓葬簡報之一》，《文物》1982 年第 2 期。

104 無錫市博物館：《江蘇無錫市元墓中出土一批文物》，《文物》1964 年第 12 期。

105 徐琳：《對錢裕墓出土的“春水”玉和白玉帶鈎的再認識》，《無錫文博》2000 年第 2 期。

106 故宮博物院編：《古玉精萃》圖 89，上海人民美術出版社，1987 年。

107 以上所舉鬧裝絲環之實例，見《定陵》下冊，圖版 123-126。

捌

霞帔墜子

唐代婦女在裙衫之外著帔，帔也叫帔帛或帔子，它好像是一條很長的大圍巾，但質地輕薄柔曼，從頸肩上搭下，縈繞披拂，頗富美感，故成為唐代女裝重要的組成部分。及至宋代，婦女日常已不著帔。但正像若干前一時代的常服在後一

時代變作禮服一樣，帔帛在宋代婦女的禮服中卻以霞帔的名稱出現，成為一宗隆重的裝飾品。這時它平展地垂於胸腹之前，與唐代帔帛之隨意裹曳的著法大不相同。這和綬的演變過程有點類似。本來在漢代，綬是繫印的組帶，纍纍若若，繫法並無定制，有時甚至將它塞在腰間盛綬的鞶囊裏。然而到了宋代，綬卻變得像一幅蔽膝，也平平展展地垂在腹前了。

霞帔一詞初見於唐。白居易《長慶集・霓裳羽衣歌和微之》中有"虹裳霞帔步搖冠"之句，但這只是說舞女的帔子色艷若霞，和作為專門名稱的宋代霞帔不同。服裝史中有些名字世代因襲，容易混淆。比如帔帛或簡稱為"帔"，但這要和隋唐以前的"帔"區別開。《方言》卷四說："裙，陳魏之間謂之帔。"所以顏師古在《急就篇》的注中也說："裙即裳也，一名帔。"它與帔帛顯然毫無關係。《釋名・釋衣服》則說："帔，披也；披之肩背，不及下也。"此處之"帔"卻又不是裙裳，而指一種較短的上裝了。《南史・任昉傳》說其子任西華是一位不怕冷的怪人，"冬月著葛帔練裙"，傳中將"帔"與"裙"對舉，可見他的"帔"也是《釋名》裏說的那一種。本文所討論的霞帔，上限不超過北宋，故與唐代之前的帔以及唐代的帔子等物均不相涉。

為了使霞帔平展地下垂，遂於其底部繫以帔墜。宋墓中出土者為數不少。就已知的實例而言，以南京幕府山北宋墓所出金帔墜為最早。這件帔墜高 8.5、寬 5.7 厘米，外輪廓呈心形，透雕鳳凰牡丹紋（圖 8-1）。晚出的帔墜在外形和尺寸上與之大體相仿。如，上海寶山月浦南宋寶慶二年（1226 年）譚氏墓出土的銀鎏金鴛鴦紋帔墜；福建福州浮倉山南宋淳祐三年（1243 年）（南京幕府山出土） 黃升墓出土的銀捲草紋帔墜（圖 8-2：1）；浙江湖州龍溪三天門南宋墓出土的金捲草紋帔墜（圖 8-2:2）；江蘇武進蔣塘 5 號南宋墓（此

◎圖 8-1　北宋帔墜

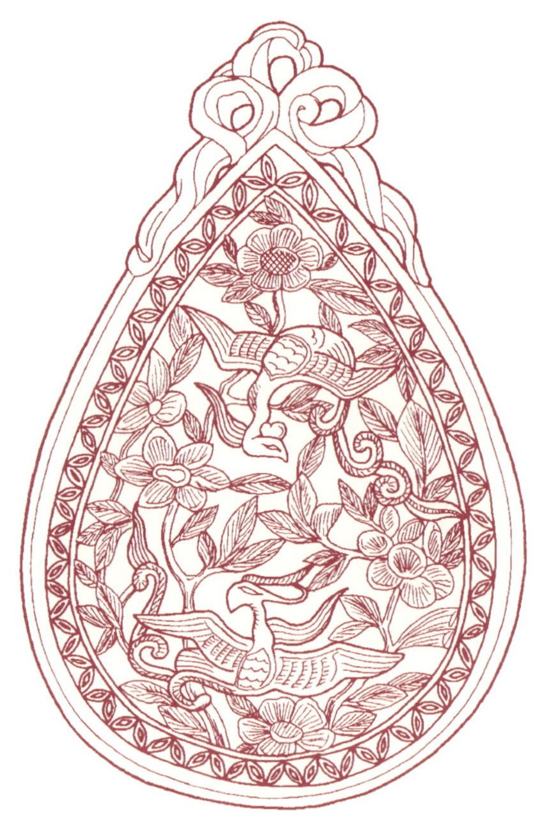

墓的年代不早於 1237 年，不晚於 1260 年）出土的三件鎏金銀帔墜；江西德安桃源山南宋咸淳十年（1274 年）周氏墓出土的兩件鎏金銀帔墜，一件透雕繡球朵帶紋，上方有"轉官"二字，另一件透雕竹葉紋，上方有一"壽"字；它們的輪廓均呈心形，高約 6-8 厘米。此外，1993 年在上海舉辦的中國文物精華展中，展出了安徽宣城西郊窰場宋墓出土的一件雙龍紋金帔墜，高 7.8 厘米；其龍紋的造型甚為別致，每條龍各有三翼，尾部上揚，變成圖案化的捲草紋，為前所未見[1]（圖 8-2：3）。審其形制，亦應為南宋時物。南宋的金帔墜不多，除此例之外，只在福州黃升墓還出過一件圓形的鳳紋金墜。

雖然北宋時已有帔墜的實例，但至南宋時此物才比較常見。《宋史・輿服

◎圖 8-2　南宋帔墜

① 福建福州黃升墓出土

② 浙江湖州三天門南宋墓出土

③ 安徽宣城西郊窰場南宋墓出土

1

2

3

◎圖 8-3　宋代的玉帔墜

① 北京故宮博物院藏

② 浙江新昌南宋墓出土

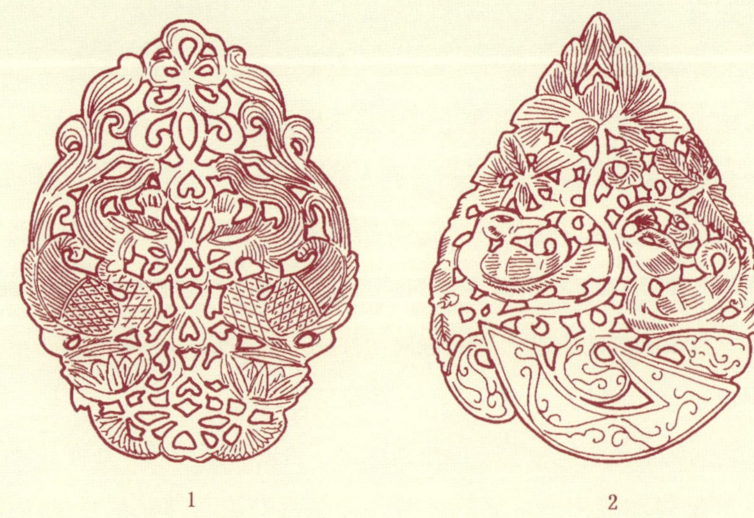

1　　2

◎圖 8-4　元代帔墜（蘇州虎丘呂師孟墓出土）

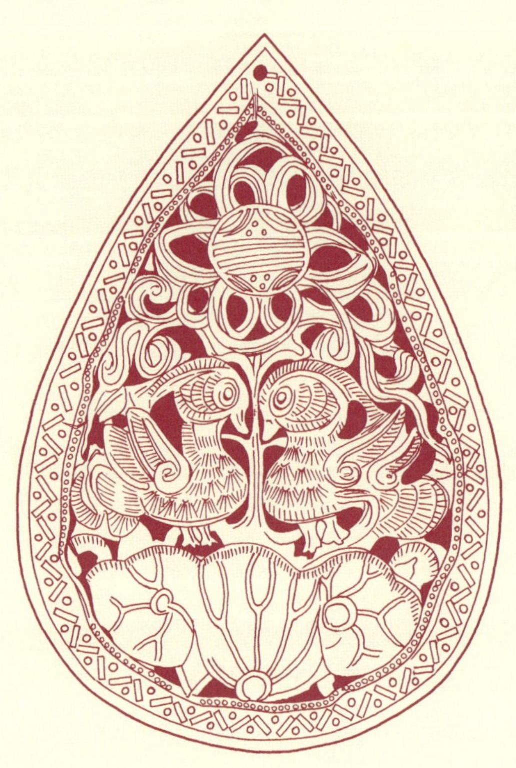

志》也是在寫“中興”以後的南宋“后妃之服”時才提到墜子。不過，南宋后妃用的不是金帔墜而是玉帔墜。《宋史．輿服志》說：“后妃大袖，生色領，長裙，霞帔，玉墜子。”過去在玉器中從未鑒定出此類玉帔墜來，今以上述金銀墜子為據，通過比較，可以初步判定故宮舊藏的一件雙鳳紋玉飾應即南宋后妃所用玉墜子（圖 8-3：1）。此器著錄於《中國美術全集．玉器卷》，書中定為唐物，似有可商。應當注意的是，在南宋時，霞帔墜子還沒有形成嚴格的制度，其紋飾式樣紛繁，民間也廣泛使用。吳自牧《夢粱錄》卷二〇說，這時杭州嫁娶時所送聘禮，“富貴之家當備三金送之，則金釧、金鋜、金帔墜者是也。若鋪席宅舍或無金器，以銀鍍代之。否則貧富不同，亦從其便”。

元代的帔墜在蘇州虎丘呂師孟墓、安徽六安花石嘴元墓及長沙延祐五年（1318 年）墓中均曾出土。前兩例飾一對鴛鴦，後一例飾雙龍戲珠圖案，都是成對的禽獸圖案，式樣大體沿襲宋代之舊，而與明式帔墜的紋飾有別[2]（圖 8-4）。

明代的帔墜又稱“墜頭”，在南京板倉村明初墓、北京南苑葦子坑夏儒墓、江西南城嘉靖十八年（1539 年）朱祐檳墓、上海浦東嘉靖二十三年（1544 年）陸氏墓、甘肅蘭州上西園正德五年（1510 年）彭澤墓及安徽歙縣黃山儀表廠明墓中均曾出土[3]。一般高 9 厘米左右。這時的帔墜有的附有掛鉤，佩戴時更為方便。根據黃山儀表廠明墓出土帔墜上的刻文，當時將這種掛鉤稱作“釣圈”。《明史．輿服志》說，明代一品至五品命婦的霞帔上綴金帔墜，六品、七品綴鍍金帔墜，八品、九品綴銀帔墜。洪武二十四年規定：公侯及一品二品命婦的霞帔繡翟紋，三品四品繡孔雀紋，五品繡鴛鴦紋，六品七品繡練鵲紋。“墜子中鈒花禽一，四面雲霞文，禽如霞帔，隨品級用”。則明代帔墜的紋飾中只有一隻禽鳥；凡雕出對禽紋或非禽鳥紋的帔墜，倘非皇室所用，則時代均應早於明。而且還可以根據明代帔墜所飾禽鳥的品種，推測其主人的身份。如南京板倉村明墓出土的翟紋帔墜（圖 8-5：1），佩戴者應為公侯夫人或一、二品命婦；而黃山儀表廠明墓出土的練鵲紋帔墜（圖 8-5：2），

◎圖 8-5　明代服制中規定的帔墜

① 翟紋帔墜（江蘇南京板倉村明墓出土）

② 練鵲紋帔墜（安徽歙縣黃山儀表廠明墓出土）

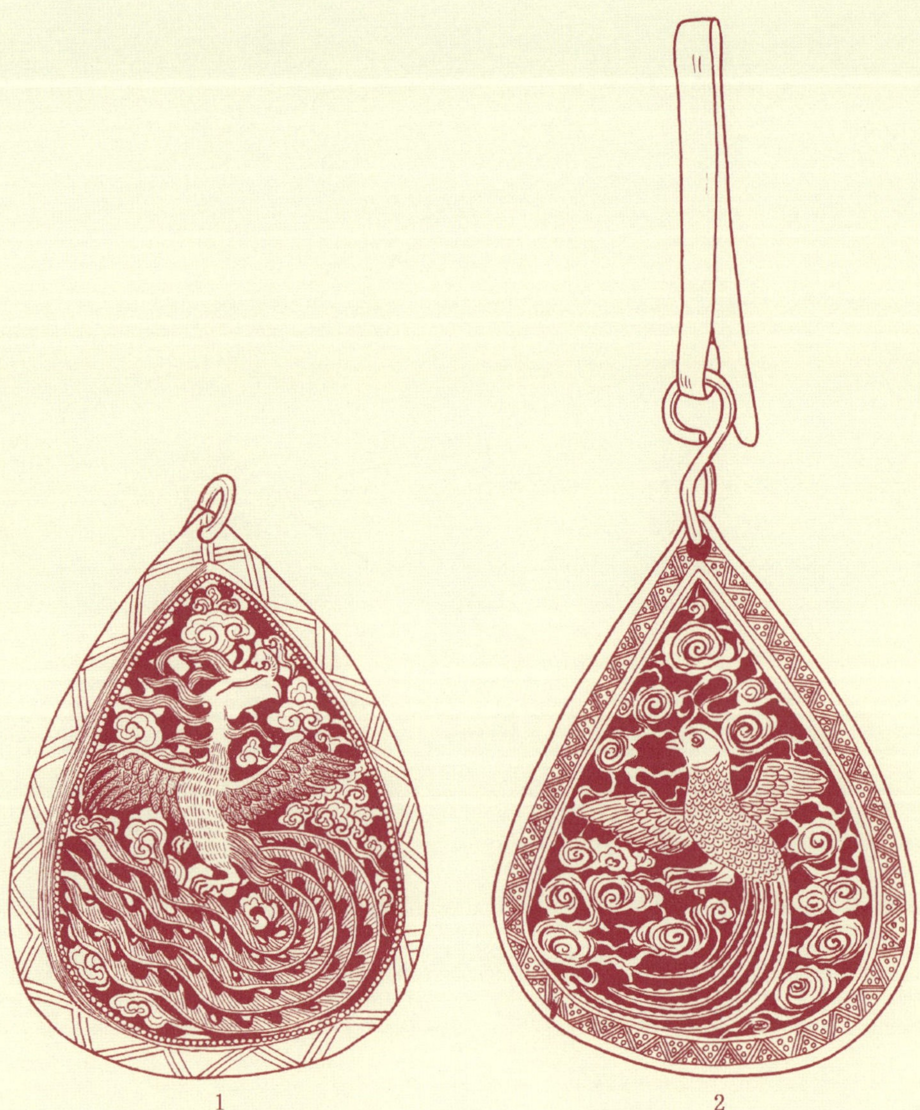

◎圖 8-6　出土時仍繫在霞帔上的帔墜（江西德安南宋・周氏墓出土）

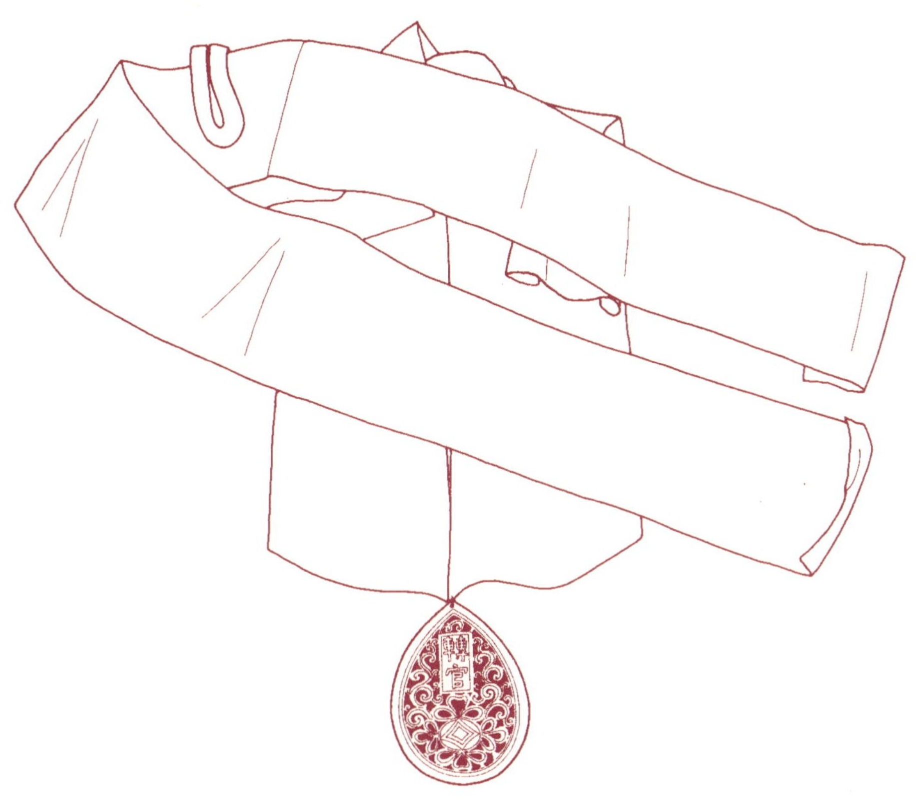

則是作為六、七品官員母、妻之安人、孺人等所佩戴的了。

在若干考古報告中，常將帔墜稱為香囊、銀熏或佩飾，有時發表的圖片或將心形帔墜的尖端向下倒置，可見對帔墜還存在著不少誤解。此物為繫在霞帔上的帔墜是有確切證據的，福州黃升墓的金帔墜出土時尚縫在褐色繡花霞帔底端，德安周氏墓的銀帔墜出土時也縫在素羅霞帔底端（圖 8-6）。再如《歷代帝后像》中的宋宣祖後像、《岐陽王世家文物圖集》中的明・朱佛女畫像，也都在所佩霞帔底端繫有墜子（圖 8-7）。但它們多是正面像，看來彷彿霞帔從頸後繞過雙肩便下垂於身前。而根據明《中東宮冠服》所繪施鳳紋霞帔之大衫的正、背面圖，可知霞帔乃是兩截，分別從大衫背後下襬底部開始向上延伸（圖 8-8），與唐代帔子的形制已大不相同。

◎圖 8-7　明・朱佛女像

已發現之等級最高的霞帔墜子出土於明定陵，在其第 2 號和第 14 號器物箱內，各出分成兩截的霞帔一副、金帔墜一件。墜體的輪廓亦呈心形，高 9.4 厘米。其與各地出土的明代帔墜相近，惟兩面膨起較高，且不飾禽鳥，而是二龍戲珠紋。此墜之頂部還有四片托葉，攏合成蒂形，其上裝金鈎。與朱祐檳墓及黃山儀表廠明墓之帔墜上的金鈎不同的是，此鈎的鈎首特別長，有如一根扡子，當中還裝凸榫；此扡穿過霞帔底部的扣環後，可以將榫卡在墜子背面的凹槽中，如此則不易脫下（圖 8-9）。該帔墜不僅設計周密，而且鑲嵌寶石和珍珠，堪稱精美的宮廷文物。但發掘報告稱之為“鑲珠寶桃形香熏”，還將掛鈎視為“手柄”，說它：“既可以拿在手中，又可以插在腰帶上隨身攜帶。”[4] 與實際情況就大相徑庭了。

以上列舉之明代帔墜，大多數是合乎制度的。定陵所出者不必說；彭澤墓出土的墜子上刻有“銀造局，正德五年八月，內造”字樣，亦足為證。不過官僚富戶也可以自造帔墜。這在南宋已有先例，《夢粱錄》言之鑿鑿；德安周氏墓所出帶“轉官”字樣的帔墜，肯定不是官方規定的式樣。浙江新昌南宋墓出土的一件玉帔墜，鏤出鴛鴦穿花和一個“心”字[5]（圖 8-3：2），不禁令人憶起《小山詞》“記得小蘋初見，兩重心字羅衣”之句，“心字”寧有深意耶？紗羅上飾心字紋而已。但穿起兩襲飾心字紋之羅衣，用心亦良苦。雖然定陵出土的絲環和耳墜都有飾以“心”字的，可是這種情思繾綣的紋樣，應不會被納入正規輿服序列之中。再如上海打浦橋明代御醫顧定芳夫婦墓女棺中所出帔墜，有心形的，還有正六邊形與長六邊形組合而成的，均在鎏金鏤花嵌寶石的銀邊框中鑲透雕玉飾[6]（圖 8-10）。松江富庶，手工業發達，其製作之精巧自不待言，然而卻難以將它視為明代帔墜之常制。

清代因服制的變化，出土物中已不見帔墜。這時雖尚存霞帔之名，但所謂霞帔已變成一件帶方補子、下沿縫滿穗子的繡花坎肩（圖 8-11）；它的底部自然無須再繫掛帔墜了。

◎圖 8-8　明刊《中東宮冠服》中霞帔與帔墜的佩戴方式

1

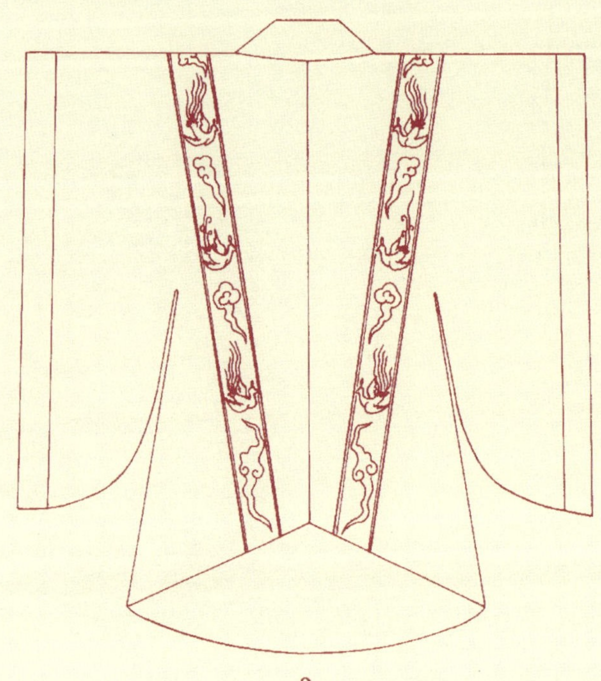

2

◎圖 8-9　明代皇后用金帔墜（北京昌平定陵出土）

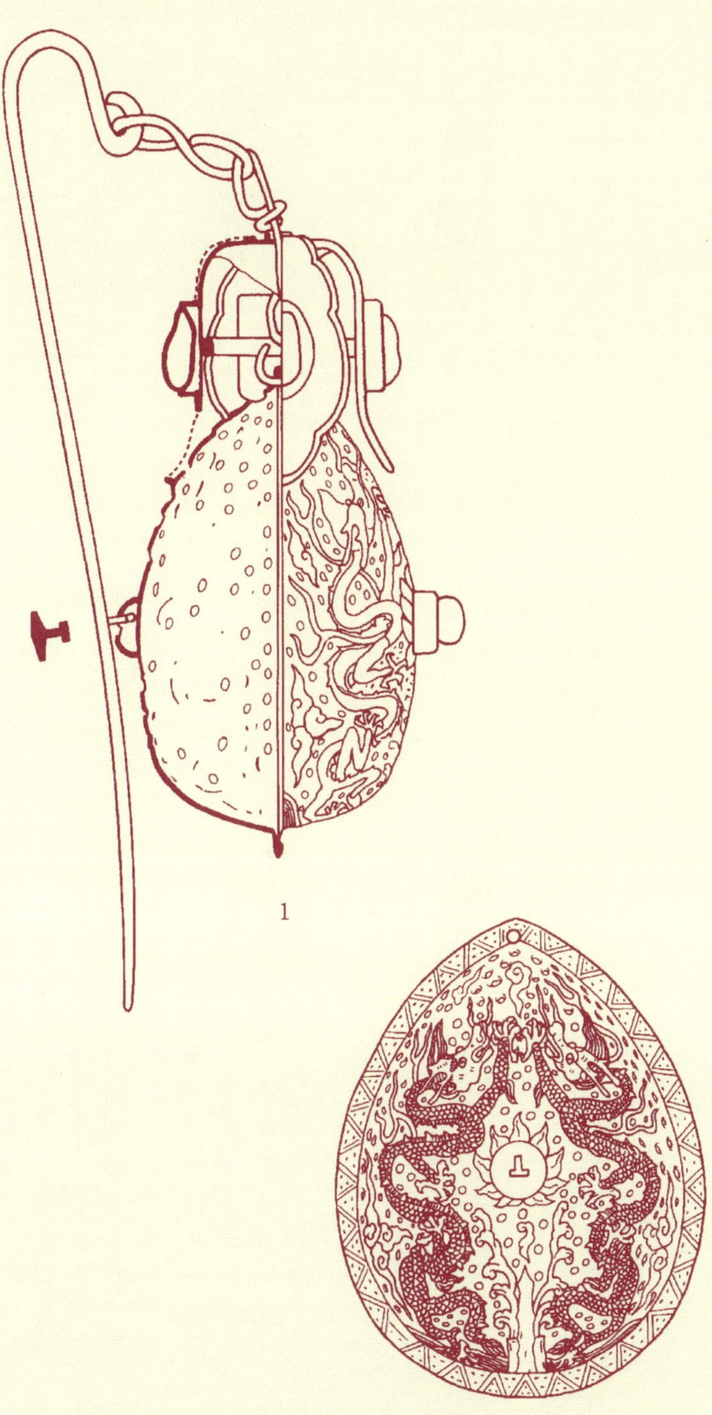

◎圖 8-10　明代民間自製的帔墜　（上海打浦橋明墓出土）

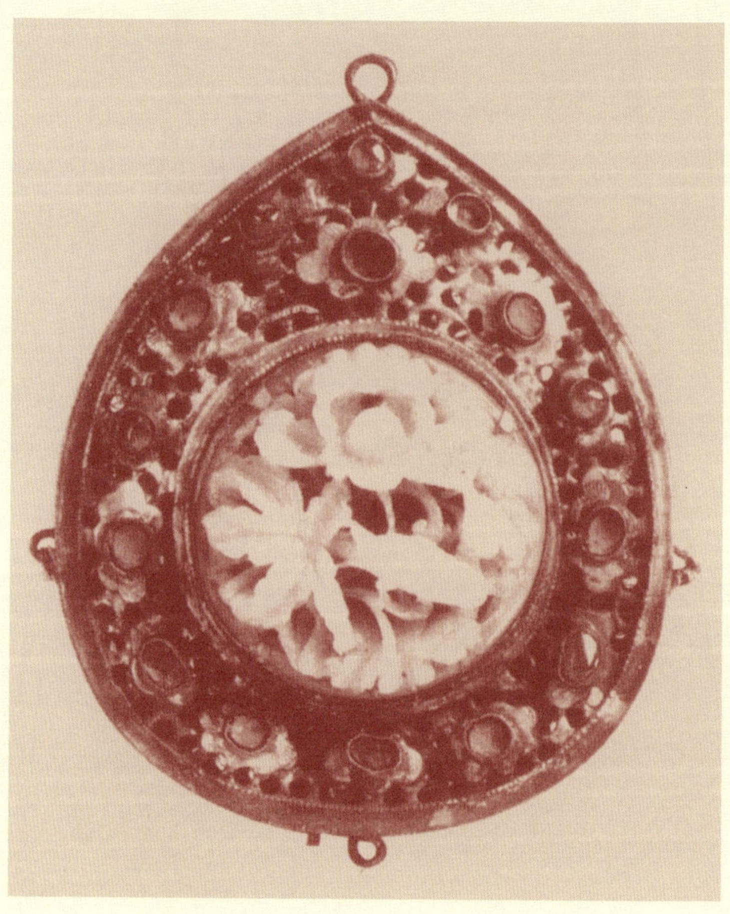

◎圖 8-11　清代霞帔

注釋

1 南京市博物館：《南京幕府山宋墓清理簡報》，《文物》1982年第3期。上海市文物保管委員會等：《上海古代歷史文物圖錄》頁63。福建省博物館：《福州北郊南宋墓清理簡報》，《文物》1977年第7期。湖州市博物館：《浙江湖州三天門宋墓》，《東南文化》2000年第9期。陳晶、陳麗華：《江蘇武進村前南宋墓清理記要》，《考古》1986年第3期。江西省文物考古研究所等：《江西德安南宋周氏墓清理簡報》，《文物》1990年第9期。《中國文物精華》編輯委員會編：《中國文物精華・1993》圖版123，1993年。

2 江蘇省文物管理委員會：《江蘇吳縣元墓清理簡報》，《文物》1959年第11期。安徽六安縣文物工作組：《安徽六安花石嘴古墓清理簡報》，《考古》1986年第10期。長沙市文物工作隊：《長沙元墓清理簡報》，《湖南文物》第3輯，1988年。

3 南京博物院：《江蘇省出土文物選集》圖216。北京市文物工作隊：《北京南苑葦子坑明代墓葬清理簡報》，《文物》1964年第11期。江西省博物館：《江西南城明益王朱祐檳墓發掘報告》，《文物》1973年第3期。上海博物館：《上海浦東陸氏墓記述》，《考古》1985年第6期。甘肅省文物管理委員會：《蘭州上西園明彭澤墓清理簡報》，《考古通訊》1957年第1期。《中國文物精華》編輯委員會編：《中國文物精華.1997》圖版105，文物出版社，1997年。

4 中國社會科學院考古研究所、北京市文物研究所：《定陵》上冊，頁160、162，文物出版社，1990年。

5 新昌市文管會：《浙江新昌南宋墓發掘簡報》，《南方文物》1994年第4期。

6 王正書：《上海打浦橋明墓出土玉器》，《文物》2000年第4期。

玖・明代的束髮冠、鬏髻與頭面

冠在先秦、西漢時本為“幨持髮”之具，它是一件禮儀性的、固定在髻上的髮罩，形體不大，側面透空，與後世戴的帽子在尺寸和功能上均異其趣。及至東漢，由於襯在冠下的幘和冠結合成一整體，冠遂變大，將頭頂完全遮住；儘管式樣有別，但在許多方面已與帽漸次趨同。不過南北朝時，士人往往單獨戴平上幘。這種幘亦名平巾，即隋唐時所謂平巾幘，它的形體也比較小，《宋書．五行志》遂稱之為“小冠”（圖 3-10：5）。雖就淵源而言，平巾幘與冠分屬不同的系統；但它也是固定在髻上的髮罩，並不具有帽子的功能，籠統地叫作小冠未嘗不可。然而由於唐代在常服中戴襆頭，平巾幘只用於著法服的場合，一般情況下不戴。所以到了晚唐五代，日常生活中戴平巾幘的人已經很少了。但從另一個角度講，上述過程又說明我國男子戴小冠歷時悠久，長期沿襲成風。因此後世的束髮冠，可以認為就是在這一傳統的影響下產生的。

束髮冠出現於五代，它也是束在髻上的髮罩，曾被稱為矮冠或小冠。宋．陶谷《清異錄》卷三說：“士人暑天不欲露髻，則頂矮冠。清泰間（後唐年號，934-936 年），都下星貨鋪賣一冠子，銀為之，五朵平雲作三層安置，計止是梁朝物。匠者遂仿造小樣求售。”後梁時出現的這類小冠，至宋代更為流行。宋．趙彥衛《雲麓漫鈔》卷四：“高宗即位，隆裕送小冠，曰：‘此祖宗閒居之服也。’蓋國朝冠而不巾，燕居雖披襖亦帽，否則小冠。”陸游詩：“室無長物惟空榻，頭不加巾但小冠。”所詠正是此物。但陸游詩又曾說：“久拋朝幘懶重彈，華髮蕭然二寸冠。”[1] 其所謂“二寸冠”也指小冠，卻用了漢代杜欽的典故。《漢書．杜欽傳》：“欽字子夏，少好經書，……為小冠，高廣才二寸。由是京師更謂欽為小冠杜子夏。”杜欽之冠固應為西漢式樣，不過有意做得特別小而已，應與宋代小冠的形制不同。為避免和杜欽之小冠以及作為平巾幘之別名的小冠相混淆，本文將宋以後的小冠統稱“束髮冠”。蘇轍《椰冠》詩云：“垂空旋取海棕子，束髮裝成老法師。”[2] 可見此名稱在宋代已呼之欲出。到了明代，“束髮冠”在文獻中就比較常見了。

◎圖 9-1　宋畫中戴束髮冠的人物

①《折檻圖》

②《聽琴圖》

1

2

宋代的束髮冠可以單獨戴，如宋畫《折檻圖》中的漢成帝、《聽琴圖》中的撫琴者，均只戴束髮冠（圖 9-1）。它也可以戴在巾帽之內。一幅宋代人物畫，於坐在榻上的文士巾下，清楚地透露出裏面戴的蓮花形束髮冠（圖 9-2）；而形制基本相同的宋代白玉蓮花冠曾在江蘇吳縣金山天平出土[3]（圖 9-3），說明圖中人物的形象是寫實的。可是到了明代，束髮冠的地位變得很特殊。按照制度：明代入流的官員朝服戴樑冠，公服戴展角襆頭，常服戴烏紗帽；士子、庶人戴四方平定巾；農夫戴斗笠、蒲笠[4]。雖然後來頭巾的式樣繁多，但束髮冠仍是逸出禮數之外的。

明．劉若愚《明宮史〔水集〕．束髮冠條》說："其制如戲子所戴者。"徑謂此冠如戲裝；無論如何不能算是恭維的話。實際上除了道士、廟裏塑的神像、戲台上的若干角色外，明代極少有人會在公眾場合中把自己打扮成這般模樣。上文所述吳縣金山出土的那類冠，這時已成為神仙儀飾的特徵。如明．趙琦美《脈望館抄校本古今雜劇．馬丹陽三度任風子》中之"東華仙"，戴的就是"如意蓮花冠"。所以像《紅樓夢》第三回，賈寶玉一出場就"戴著束髮嵌寶紫金冠"，一副吉祥畫中"麒麟送子"的派頭，正是作者"將真事隱去"，把人物和清代的現實拉開距離的筆法。誠如鄧雲鄉先生所說，這是"戲台上最漂亮的戲裝，不很像《鳳儀亭》中戲貂蟬的呂布嗎"？其見解十分深刻，殆不可易[5]。因為莫說曹雪芹之時，就是明代的男子也只能把束髮冠掩在巾帽之下，所沿襲的仍是宋代在巾下戴小冠的那種作風，不這樣戴就顯得很不隨俗。在圖像資料中，雖然巾下的束髮冠不易表現，但如四川平武報恩寺萬佛閣明代壁畫、山西右玉寶寧寺明代水陸畫，乃至萬曆刻本《御世仁風》的版畫中，都能看到這樣的例子，其中有些還畫得十分具體[6]（圖 9-4）。故當時戴束髮冠要達到的效果是：半彰半隱，似隱猶彰。它是男子首服中雖不宜公開拋露又不願完全遮起的一份雍雅與高傲。

既然如此，所以明代束髮冠的數量不是很多，《天水冰山錄》中清點出來的金廂束髮冠、玉冠、水晶冠、瑪瑙冠、象牙冠等一共十七件，而玉帶、各

◎圖 9-2　在頭巾下戴蓮花冠的宋代人物

◎圖 9-3　宋代的白玉蓮花冠

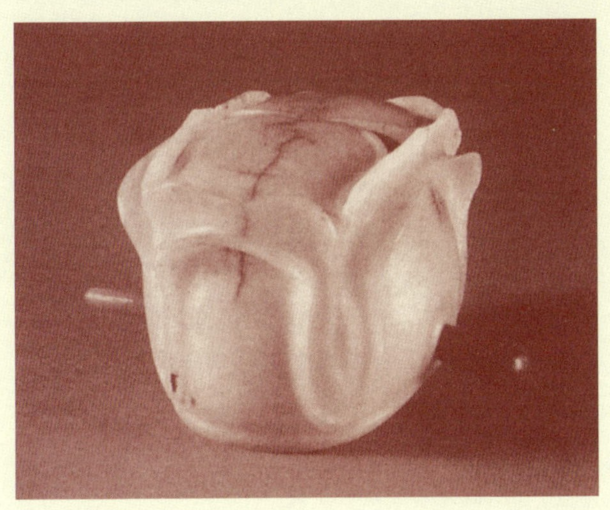

◎圖 9-4　罩在頭巾下的束髮冠

① 山西右玉寶寧寺明代水陸畫

② 四川平武報恩寺明代壁畫

③ 明刊本《御世仁風》中的版畫

1

2

3

色金廂帶的總數卻達三百二十六條，可見束髮冠不像玉帶之類，是一套隆重的官服中必備之物。不過嚴嵩府上的金、玉束髮冠，當年雖是在炫耀富貴，但此物畢竟還有風雅的一面。明・文震亨《長物志》稱："鐵冠最古，犀、玉、琥珀次之，沉香、葫蘆又次之，竹籜、瘿木者最下。" 以上兩方面的情況在出土物中都能得到印證。

已出土的明代束髮冠，有金、銀、玉、瑪瑙、琥珀、木諸種。金束髮冠之最早的一例見於南京中華門外郎家山明初宋朝用墓，闊 7.8、高 4 厘米，兩側有穿孔，可貫簪以使之固定[7]（圖 9-5：1）。此冠頂部有五道樑狀凸綫，係作為裝飾，並元朝服之樑冠上的樑所具有的代表等級的用意。因為如江西南城株良鄉萬曆二十一年（1593 年）某代益王墓中出土的金束髮冠，闊 7、高 6 厘米，卻只壓出四道樑，與郡王的身份無從比附[8]。又南京江寧殷巷天啟五年（1625 年）沐昌祚墓出土的金束髮冠，闊 10.9、高 4.5 厘米，冠頂壓出六道樑。沐昌祚襲封黔國公，而"公冠八樑"[9]；可見其束髮冠之形制亦與朝服中的樑冠無涉。此冠用兩支碧玉簪固定，出土時尚插在冠上[10]（圖 9-5：2）。銀束髮冠已發表的只有一例：南京太平門外崗子村明初安慶侯仇成墓出土，闊 8.2、高 3 厘米，壓出五道樑[11]。玉髮冠在上海浦東明・陸氏墓中發現過，闊 5、高 3.1 厘米[12]。瑪瑙冠在江西南城岳口鄉萬曆三十一年（1603 年）益宣王朱翊鈏墓與江蘇蘇州虎丘萬曆四十一年（1613 年）王錫爵墓各出一件，均高 3.5 厘米[13]（圖 9-5：3）。琥珀束髮冠出土於南京太平門外板倉村正德十二年（1517 年）徐俌墓，闊 6.7、高 3.7 厘米，冠上雕出長短不等的凸樑，安排得不甚規範，更只能作為工藝品上的圖案花紋看待了[14]（圖 9-5：5）。《天水冰山錄》中所記各種質地的束髮冠，除水晶、象牙冠以外，在出土物中都已見到。木束髮冠在上海寶山冶煉廠明・李氏墓中出過一例，木製品能完整地保存下來，洵屬不易[15]（圖 9-5：4）。它大概就是文震亨提到的竹籜冠、瘿木冠之儔了。

上述諸例皆男子之冠，但戴冠者卻不限於男子。江蘇蘇州盤溪吳・張士

◎圖 9-5　明代的男用束髮冠（1、2. 金　3. 瑪瑙　4. 木　5. 琥珀）

① 南京郎家山明・宋朝用墓出土

② 南京江寧殷巷明・沐昌祚墓出土

③ 江西南城明・朱翊鈏墓出土

④ 上海寶山明・李氏墓出土

⑤ 南京板倉明・徐俌墓出土

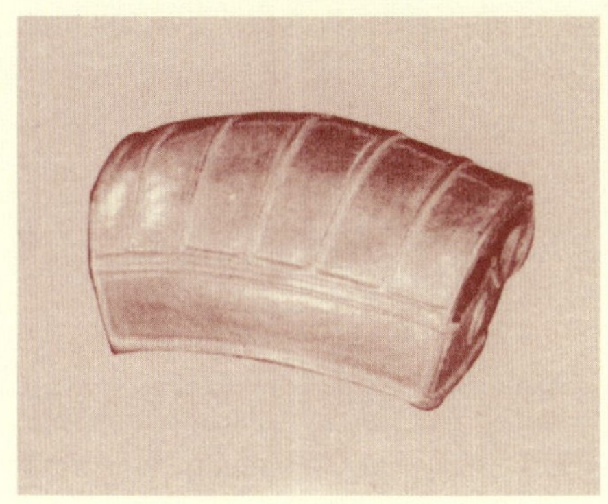

1

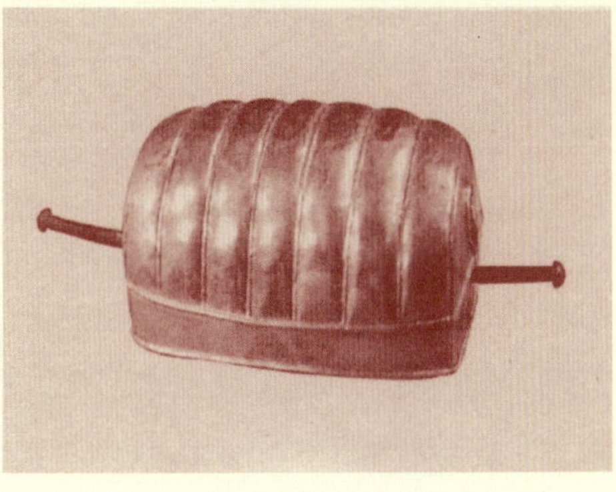

2

3

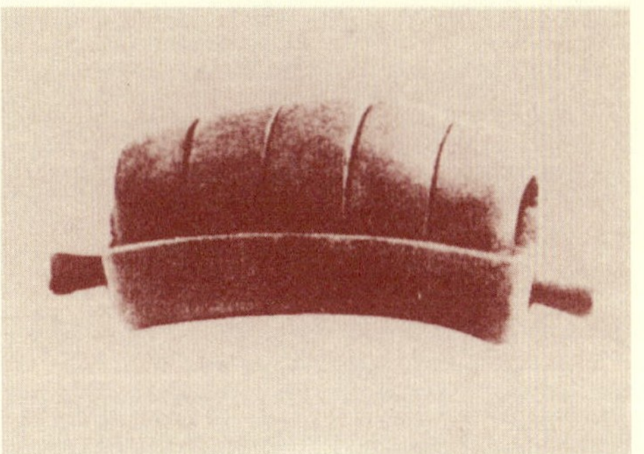

4

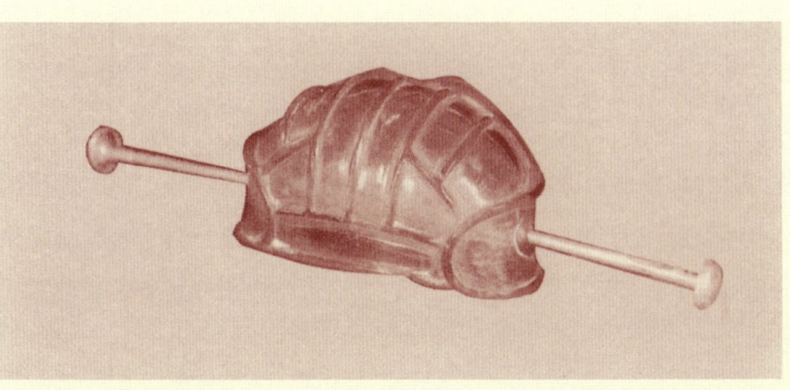

5

◎圖 9-6　明代女用金樑冠　（蘇州吳·張士誠母曹氏墓出土）

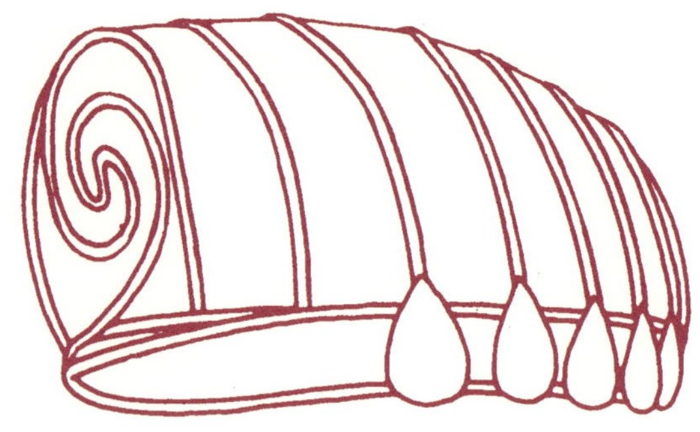

誠父母合葬墓中，其父母均戴冠，兩頂冠形制略同，但只有女冠保存較好。此冠闊 24、高 13 厘米，以細竹絲編成內殼，外蒙麻布及薄絹，邊棱緣以金絲，再用金絲連結成七道樑。而在冠的前部還裝有五塊鑲金邊的小玉片，其上分別刻出虎、鼠、兔、牛、羊五種生肖[16]（圖 9-6）。山西大同元·馮道真墓中出土之冠，前後各裝七塊金色小圓片，作法與此女冠相近[17]。馮道真之冠闊 19.9、高 8.8 厘米，正視呈元寶形，應屬道冠。張士誠母之冠雖比一般束髮冠大，卻比真正的樑冠小，後部也沒有高起的冠耳，整體造型與樑冠不侔（圖 3-2：1）；或為殮服中所用之道冠類型的冠。明代婦女在社會生活中戴的當然不是這種冠。從萬曆三十八年（1610 年）刻本《西廂記》插圖中崔母所戴之冠看，女冠雖與男子的束髮冠接近，但較高聳（圖 9-7）。這種冠年長的貴婦人平日也可以戴，《醒世姻緣傳》第七一回寫童奶奶往陳太監處走門路時，就戴著"金綫五樑冠子，青遍地錦箍兒"。有些婦女在結婚典禮中也戴冠，《金瓶梅》第九一回寫孟玉樓改嫁李衙內，上轎時，"玉樓戴著金樑冠兒，插著滿頭珠翠"。《儒林外史》第五回寫嚴監生將妾趙氏扶正，"趙氏穿著大紅，戴了赤金冠子，兩人拜了天地，又拜了祖宗"。忖其冠之形狀，或均與《西廂記》插圖相似。此式銀冠曾在四川平武窖藏中出土兩件，高 5.8–6 厘米，其頂部的弧綫膨起（圖 9-8：1）；男式束髮冠頂部的弧綫則相對緩和一

◎圖 9-7　戴冠的崔夫人（明萬曆刻本《西廂記》版畫）

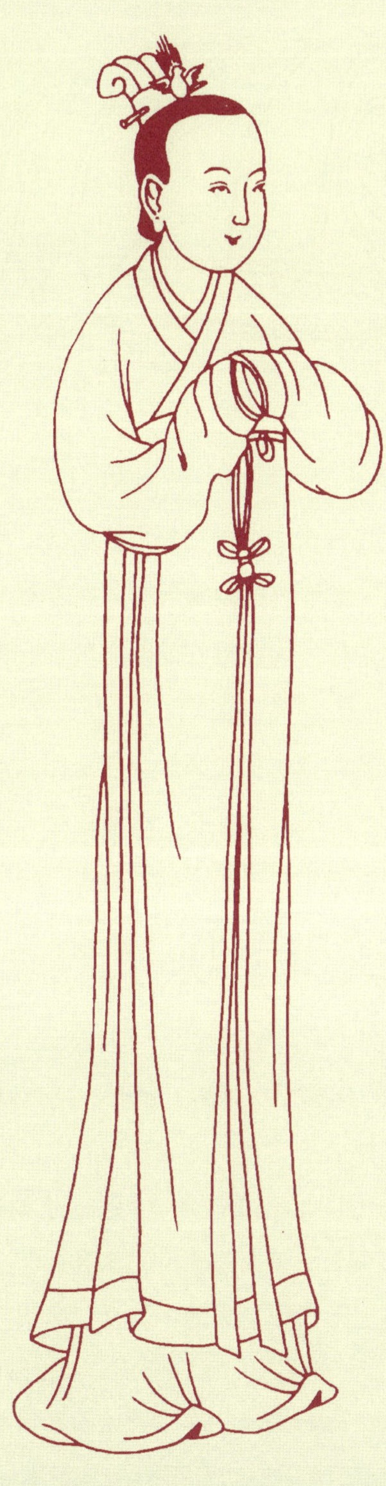

些[18]。在流出國外的銀器中也發現過此式女冠，高 10.2 厘米[19]（圖 9-8：2）。自其冠後所立“山子”的形制看，亦是明代之物。

但四川平武銀器窖藏的時代簡報斷為宋，疑不確。此窖藏共出四種器物：五曲梅花盞、四瓣花形盤、冠與花束。以其銀盞與江蘇溧陽平橋所出宋代梅花銀盞相較，差別很大[20]。平武銀盞上的折枝形把手雖在溧陽出土的桃形盞上也見過，但這一意匠那時還不成熟，構圖顯得不自然。與平武盞上的折枝把手最相近之例見於湖南通道瓜地村出土的南明桃形銀盞[21]（圖 9-9）。故平武窖藏實屬明代。分析這裏出土之銀冠的形制，更有助於說明此問題。

婦女戴冠是北宋的風氣，唐代尚不流行。仁宗時出現了白角冠及與其配套的白角梳[22]。繼而白角冠又有“點角為假玳瑁之形者，然猶出四角而長矣。後長至二三尺許，而登車簷皆側首而入”[23]。河南禹縣白沙北宋元符三年（1100 年）趙大翁墓壁畫中婦女戴的大冠前後出尖角，惟不是四角而是二角，或為其稍簡化的形式[24]（圖 9-10）。不過這麼大的冠戴起來相當不便，所以“俄又編竹而為團者，塗之以綠。浸變而以角為之，謂之團冠”。“又以團冠少裁其二邊而高其前後，謂之‘山口’”[25]。山西太原晉祠宋塑宮女像有戴團冠者，正塗成綠色，當中且有明顯的山口（圖 9-11：3）。團冠在宋代很常見，河南偃師出土磚刻中的廚娘、河南新密平陌大觀二年（1108 年）墓壁畫中對鏡之女子，以及宋畫《瑤台步月圖》中的貴婦都戴團冠[26]（圖 9-11：1、2）。元·周密《武林舊事》卷七說，在宋孝宗誕辰的“會慶節”壽筵上，三盞後，“皇后換團冠、背兒”。卷八還說皇后謁家廟時也戴團冠。足證當時此俗通乎上下。以宋代的團冠與平武銀冠相較，形制上判若二物。而後者卻與南京棲霞山、江蘇無錫等地出土之明代女用髮罩的輪廓基本相同[27]（圖 9-12）。不過這兩件髮罩均以粗金絲為骨架，再絡上細金絲絞結而成，和用金銀薄片錘鍱出的冠不一樣，其名稱應為“鬏髻”。

鬏髻的出現有兩方面的淵源。一方面如上文所述，是受了婦女戴冠之風氣的影響；另一方面則與“包髻”的流行有關。宋·孟元老《東京夢華

◎圖 9-8　明代女用銀冠

① 四川平武出土

② 傳世品

1

2

◎圖 9-9　平武出土的梅花形銀盞與通道出土的桃形銀盞

① 平武出土

② 通道出土

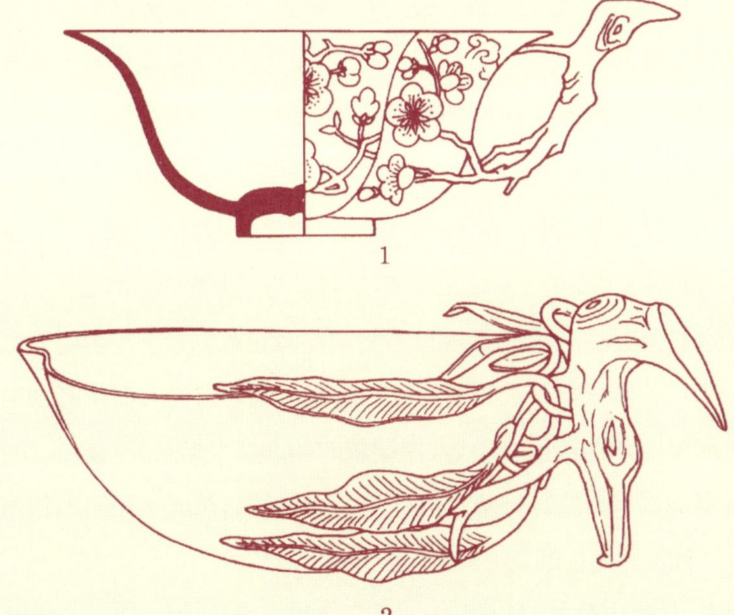

1

2

◎圖 9-10　宋代婦女所戴出尖角的大冠（白沙宋墓壁畫）

◎圖 9-11　宋代的團冠

① 宋．劉宗古《瑤台步月圖》

② 河南偃師出土宋代磚刻劃

③ 山西太原晉祠塑像

◎圖 9-12　明代的扭心㲉髻

① 南京棲霞山明墓出土

② 無錫明墓出土

1

2

◎圖 9-13　包髻

① 明刊《江蘺記》版畫

② 河北宣化遼墓壁畫

1

2

錄》卷五說，有些媒人“戴冠子，黃包髻”。按戴冠子時無須包髻，所以這裏的意思是：或戴冠子，或包髻；可見二者以類相從。金代進而重視包髻，“包髻團衫”是金代婦女的禮服[28]。包髻之狀當如河北宣化遼墓壁畫中所見者[29]（圖 9–13：2）。“包髻團衫”作為婦女的盛裝在元曲中仍被提到。如關漢卿《詐妮子調風月》中的唱詞說：“許下我包髻團衫紬手巾，專等你世襲千戶小夫人。”又提到：“剛待要藍包髻。”則包髻有黃、有皂、有藍，顏色不一；在明代版畫中還有花布包髻（圖 9–13：1）。而𩭹髻一詞則始見於元曲。賈仲名《荊楚臣重對玉梳記》中妓女顧玉香稱自己：“都是俺個敗人家油𩭹髻太歲，送人命粉臉腦兒神。”又《錦雲堂暗定連環計》一劇，王允在唱詞中說貂蟬是：“油掠的𩭹髻兒光，粉搽的臉道兒香。”則所謂𩭹髻指的是挽成某種式樣的髮髻。視關漢卿《感天動地竇娥冤》中稱老婦人蔡婆婆“梳著個霜雪般白𩭹髻”，可知元代說的𩭹髻，起初就是髮髻本身。但在戴冠和包髻的影響下，𩭹髻上又裹以織物。《明史・輿服志》說：“洪武三年定制，凡宮中供奉女樂、奉鑾等官妻，本色𩭹髻。”“本色”即本等服色，指𩭹髻上所裹織物的顏色。此時明甫開國，所以這種作法大概元代就有。《西遊記》第二三回說：“時樣𩭹髻皂紗漫。”當是社會上一般通行的式樣。再簡便些則用頭髮編成𩭹髻戴在髮髻上，如《金瓶梅》第二回說：“頭上戴著黑油油頭髮𩭹髻。”守喪帶孝，則戴“白縐紗𩭹髻”，簡稱“孝𩭹髻”或“孝髻”[30]。於是𩭹髻就由指髮髻本身，變成指罩在髮髻之外的包裹物而言了。及至明中葉，隨著經濟的發展和習俗的侈糜，又興起以金銀絲編結𩭹髻之不尋常的風尚，而且當時認為只有這樣的製品才算是夠規格的𩭹髻。《金瓶梅》第二五回中宋惠蓮說：“你許我編𩭹髻，怎的還不替我編？……只教我成日戴這頭髮殼子兒。”西門慶道：“不打緊，到明日將八兩銀子往銀匠家，替你拔絲去。”這裏說的“頭髮殼子兒”指頭髮編的𩭹髻，乃是貶稱；而找銀匠拔絲，就是準備編銀絲𩭹髻了。南京棲霞山與無錫出土的就是這類貴重的金絲𩭹髻。棲霞山那一頂高 9.2 厘米，有兩道金樑，正面用金絲盤繞出一朵牡丹花，側面扭出旋捲的曲綫。無錫出土的高 8.5 厘米，也是兩道樑，側面也有旋紋。它們或即所謂“時樣扭心䯼髻”[31]。已出之金銀絲䯼髻，大部分側面無此旋卷。如江蘇武進橫山橋嘉靖十九年（1540 年）王洛妻盛氏墓與上海浦東萬曆間陸氏墓出土的銀絲䯼髻、江蘇無錫陶店橋萬曆三年（1575 年）華復誠妻曹氏墓出土的鎏金銀絲䯼髻，外輪廓都像小尖帽，且於中部偏下攔腰用粗銀絲隔成上下兩部分。上部接近圓錐形，自底至頂略有收分；下部外侈，像一圈帽簷。它們都是編成的，通體結出勻淨的網孔[32]。盛氏那件高 13.5 厘米，在銀絲網子之外尚覆以黑紗；不過也有將色紗襯在䯼髻裏面的[33]。而陸氏墓與曹氏墓所出者都在中腰的粗銀絲之上留出拱形窗眼，陸氏那件的拱眼內是空的，曹氏那件還在裏面盤出圖案化的“福”字；背面則均留出長條形窗眼，其中結出套錢紋（**圖 9-14：1、2**）。曹氏的䯼髻高 9 厘米，發掘簡報對它的結構和所附飾件之配置描述較詳。其上部的尖帽用於容髮髻，下部的寬簷用於罩住腦頂的頭髮。這種䯼髻的式樣仍接近包髻，所以與更接近平武銀冠之棲霞山等地出土之䯼髻各代表不同的類型。還有一種上半部較圓鈍，像小圓帽，如浙江義烏青口鄉嘉靖三十七年（1558 年）吳鶴山妻金氏墓出土的金絲䯼髻。它的高度為 6.5 厘米，簷部也向外侈，但正背兩面都是長條形的窗眼[34]（**圖 9-14：3**）。上海李惠利中學明墓出土之銀絲䯼髻頂部更圓些，高度為 5.7 厘米[35]（**圖 9-14：4**）。一般說來，䯼髻不像男子戴在巾下的束髮冠那樣，它不受頭巾的制約，所以比束髮冠高；束髮冠的平均高度在 4 厘米左右，而䯼髻的平均高度約為 8 厘米。

䯼髻是明代已婚婦女的正裝[36]，家居、外出或會見親友時都可以戴，而像上灶丫頭那種身份的女子，就沒有戴䯼髻的資格。《金瓶梅》第九〇回寫春梅仗勢報復孫雪娥，她令家人：“與我把這賤人扯去了䯼髻，剝了上蓋衣服，打入廚下，與我燒火做飯！”[37] 可見主婦被扯去䯼髻有如官員被褫去冠帶，地位一下子就降到低等級裏去了。明人說部中有時也將䯼髻通稱為冠兒。如《水滸全傳》第二八回中，蔣門神的妾要滋事，被武松“一手把冠兒捏作粉

◎圖 9-14　明代䯼髻（1、4. 銀　2. 銀鎏金　3. 金）

① 上海浦東明・陸氏墓出土

② 無錫明・華復誠妻曹氏墓出土

③ 浙江義烏明・吳鶴山妻金氏墓出土

④ 上海李惠利中學明墓出土

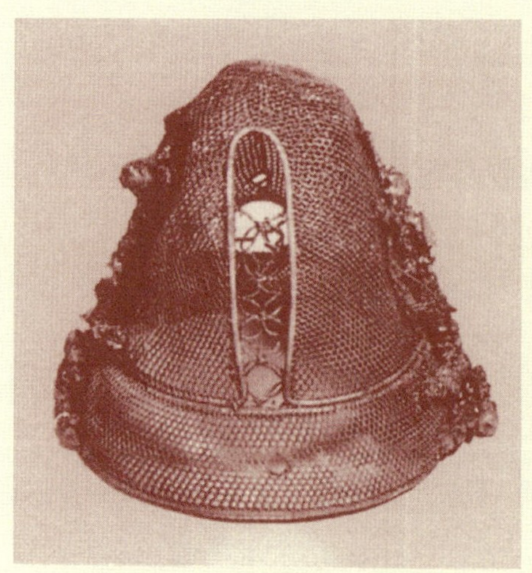

1

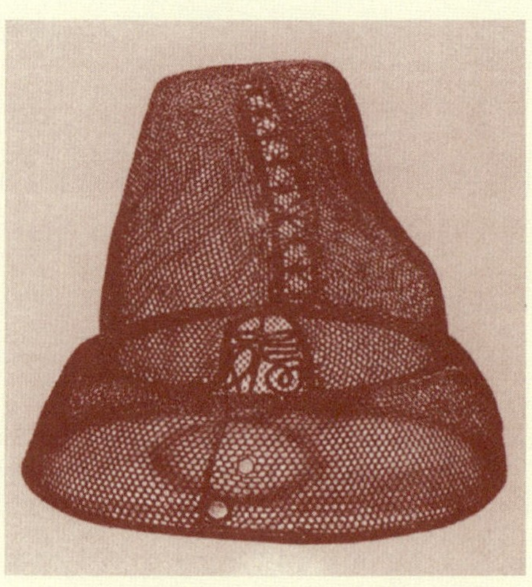

2

3

4

碎”。其所謂“冠兒”，在這裏似指䯼髻。然而從圖像材料中看，有些婦女戴的雖很像䯼髻，卻是別一物。如明代繪本《朱夫人像》，頭部正中聳起的似是一頂罩著黑紗的䯼髻（圖 9–15：1）。但周錫保先生認為：據《明史·輿服志》，三品命婦“特髻上金孔雀六，口銜珠結。正面珠翠孔雀一”，與此像符合；故朱夫人戴的是特髻[38]。其說可從。特髻之名早見於宋代。《東京夢華錄》卷三“相國寺內萬姓交易條”所舉諸寺師姑出售的小商品中，就有“特髻冠子”一目。但宋代的特髻在存世文物中尚難辨識。至明代，由於品官命婦和內命婦均戴特髻，皇后著常服時冠制亦如特髻[39]，所以能認出來。如《明憲宗元宵行樂圖》中，皇帝身邊的嬪妃貴人戴的都是特髻（圖 9–16）。甚至定陵中孝端、孝靖二後遺骨上戴的“黑紗尖棕帽”，也是特髻[40]（圖 9–17）。惟豪家僭濫逾制，有些出土物分外富麗，如湖北蘄春蘄州鎮劉娘井嘉靖三十九年（1560年）荊端王次妃劉氏墓所出鑲嵌紅藍寶石的鎏金銀特髻，就是很突出的一例[41]（圖 9–18）。不僅特髻踵事增華，束髮冠如《明宮史》所說，有的也“用金累絲造之，上嵌睛綠珠石，每一座有值數百金或千余金、二千金者。……凡遇出外遊幸，先帝（熹宗）聖駕尚此冠，則自王體乾起，至暖殿牌子上，皆戴之。各穿窄袖，束玉帶，佩茄袋、刀、帨，如唱《咬臍郎打圍》故事”。群閹挾天啟冶遊，其輕狂浮浪之狀，在劉若愚筆下亦不無微詞。但風氣所扇，女冠中也出現了這類極品。如雲南呈貢王家營嘉靖十五年（1536 年）沐崧妻徐氏墓出土的金冠，高 10.5 厘米，以薄金葉錘製，四周焊接多層雲朵形飾片，並鑲嵌紅、藍、綠、白諸色寶石。冠兩側各有兩個小孔，其中插有四支金簪[42]（圖 9–19：2）。再如江西南城長塘街萬曆十九年（1591 年）益莊王妃萬氏墓出土的小金冠，則是以細金絲編的，其上鑲嵌寶石四十餘塊，精緻而瑰麗[43]（圖 9–19：1）。萬氏小金冠之冠體有如一件覆扣著的橢圓形鉢盂，而覆盂形女冠在明代自成系列，實應代表一種類型。如南京江寧殷巷正統四年（1439 年）沐晟墓出土金冠，闊 14.3、高約 5.6 厘米，冠面錘鍱出如意紋[44]（圖 9–20：3）。南京鄧府山明·佟卜年妻陳氏墓出土的金冠更低矮，闊 9.4、

◎圖 9-15　明代戴特髻（1）和鬏髻（2）的人像

① 朱夫人像

② 金安人像

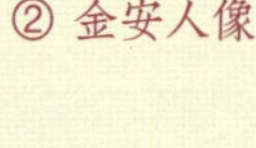

1

2

◎圖 9-16 《明憲宗元宵行樂圖》中所見戴特髻的嬪妃貴人

◎圖 9-17　明孝靖皇后頭戴特髻的遺骨（定陵出土）

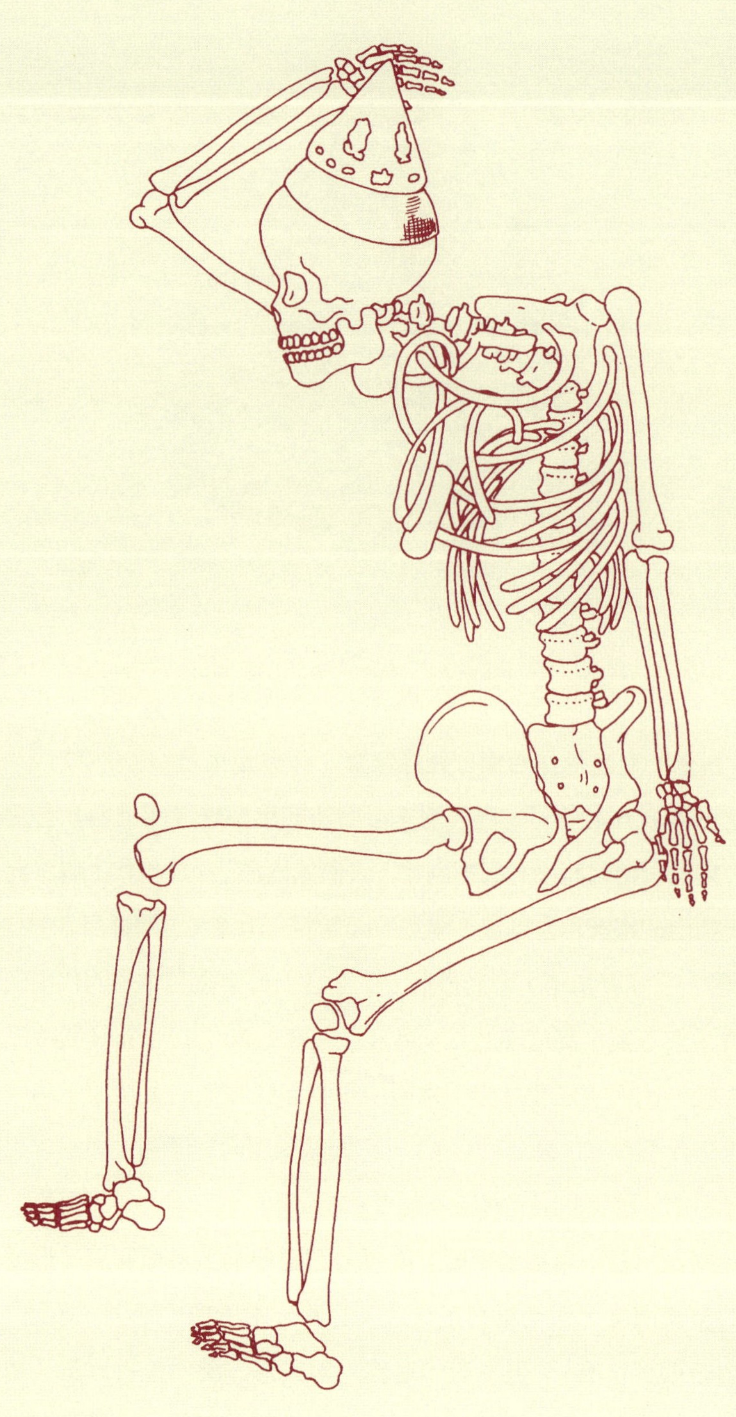

◎圖 9-18　鑲寶石的鎏金銀特髻（湖北蘄春劉娘井明墓出土）

高僅 2.5 厘米，冠身份作七欄，錘鍱雜寶、祥雲圖案[45]（圖 9-20：1）。陳氏歿於順治四年（1647 年），已入清季。而清初葉夢珠《閱世編》卷八說，冠髻"其後變勢，髻扁而小，高不過寸，大僅如酒杯"。從年代上說，此式矮冠似與葉氏指出的趨勢相合；實不儘然。因為明·范濂《雲間據目鈔》卷二說："婦人頭髻，在隆慶初年，皆尚員褊。"而且上海李惠利中學明代中晚期墓葬中所出覆盂形玉冠，高度亦為 2.5 厘米[46]（圖 9-20：2），故其開始流行的時間不會太晚。山西平遙雙林寺千佛殿中景泰年間塑造的女功德主馮妙喜像，戴的就正是此型女冠（圖 9-20：4）。它的輪廓趨向於矮橢，與追求聳立效果之高䯼髻相比，審美的眼光有所不同[47]。

明代婦女一般不單獨戴䯼髻，圍繞著它還要插上各種簪釵，形成以䯼髻為主體的整套頭飾，即明雜劇正旦之"穿關"中所稱"䯼髻、頭面"[48]。頭面的內涵略近"首飾"，但後者的定義不太嚴格。漢代曾將冠冕、鏡櫛、脂粉等都算作首飾[49]，現代則將髮飾、耳飾、頸飾、腕飾、指飾甚至足飾概稱

◎圖 9-19　明代女用金冠

① 江西南城明益莊王妃萬氏棺內出土

② 雲南呈貢王家營明・沐崧妻徐氏墓出土

1

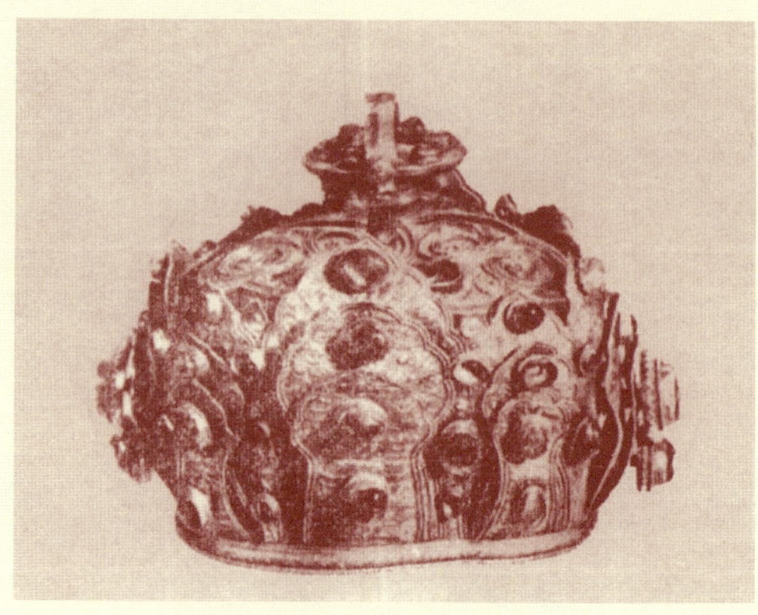

2

◎圖 9-20　覆盂形女冠

① 南京鄧府山明・佟卜年妻陳氏墓出土

② 上海李惠利中學明墓出土

③ 南京江寧殷巷明・沐晟墓出土

④ 山西平遙雙林寺千佛殿塑像

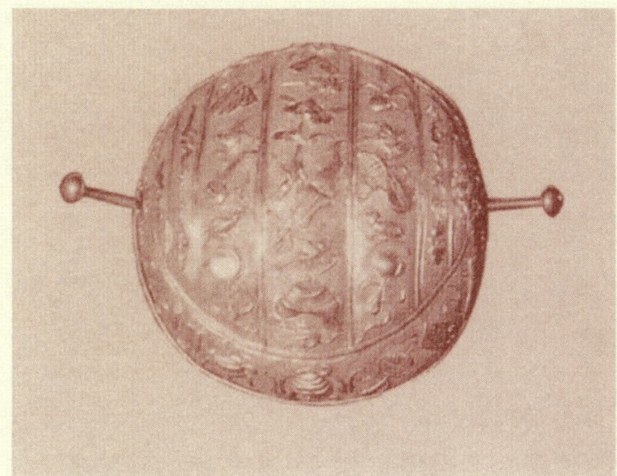

1

2

4

3

首飾；均與明代所謂頭面不盡相合。頭面中不包括鬏髻。《金瓶梅》第九一回說："一副金絲冠兒，一副金頭面。"又第九七回說："一頂鬏髻，全副金銀頭面，簪、環之類。"都把鬏髻和頭面分別舉出。記載明代珍寶飾物的文獻，本來《天水冰山錄》最具參考價值，因為它是查抄嚴嵩家產的清單，所列名目準確翔實。可惜當時將"首飾"造冊時，乃以"副"為單位；一副多的達二十一件，少的也有七件，均未注明細目，今不知其詳。從其中接著"首飾"登錄的單項飾物清單看，有頭箍、圍髻、耳環、耳墜、墜領、墜胸、金簪、鐲釧等，也很難說它們就代表整副頭面的品種。所以本文只能根據出土物的組合、位置及插戴情況，並參照文獻與圖像，對明代頭面的部件及用途試略作探討。

仍以無錫華復誠妻曹氏墓中所見頭飾的情況為例。墓主先用角質簪子綰起髮髻，然後戴上銀絲鬏髻，用兩根長 8.2 厘米的銀簪橫插於鬏髻簷部加以固定。再在鬏髻正面的上方插一支大簪，名挑心。《雲間據目鈔》說：頭髻"頂用寶花，謂之挑心"。因為此簪飾於髻心，而且其背面裝有斜挑向上的簪腳，是由下而上插入的。曹氏的挑心為佛像簪，當中嵌有骨雕佛坐像，下設仰蓮座，背光飾菩提樹。這種作法在明代相當普遍，武進王洛家族墓出土的兩頂鬏髻，以及明代繪本《汪太孺人像》與清初倪仁吉所繪《金安人像》，都在鬏髻中心插佛像簪[50]（圖 9-15：2）。定陵中，孝靖後頭上的鎏金銀簪嵌白玉立佛像，作觸地印，其上又有小坐佛；背光與蓮座皆累絲而成，底托嵌紅、藍寶石[51]（圖 9-21：1）。清代皇帝的夏朝冠在冠前中部綴金累絲佛像之制，似亦曾受到佛像簪的影響。此外，有些挑心上還鑲嵌仙人，即《金瓶梅》第七五回所說"正面戴的仙子兒"。上海浦東陸氏墓出的挑心上嵌有穿道服的玉仙人，流出國外的金挑心並有作成南極老人星之像的（圖 9-21：2）。定陵出土的一件挑心，徑以"心"字為飾，似隱含其名（圖 9-21：3）。

曹氏墓中的頭飾雖較齊備，但缺了一個重要的部件：頂簪。當扣穩鬏髻、綰往下簷、簪上挑心之後，還應自髻頂向下直插一枚頂簪，也叫關頂

◎圖 9-21　挑心

① 佛像挑心（明定陵出土）

② 南極老人星像挑心（英國猷氏舊藏）

③ “心”字挑心（明定陵出土）

1　2　3

◎圖 9-22　頂簪

① 鑲珠寶玉龍戲珠金頂簪（定陵出土，孝端皇后首飾）

② 鑲珠寶花蝶鎏金銀頂簪（定陵出土，孝靖皇后首飾）

③ 鑲珠寶花蝶金頂簪（北京八里莊明·李偉妻王氏墓出土）

簪[52]。因為鬏髻上的飾物掩映重疊，分量不輕。《天水冰山錄》中最重的一副首飾計十一件，共 33 兩 7 錢，約合 1225 克。要使鬏髻不致由於負重而畸斜，頂簪所起的支持和固定作用就是必要的了。有時頂簪未與鬏髻伴出，或緣那副頭面較輕之故。同樣在《天水冰山錄》中，一副“金廂珠寶首飾”，計十件，才 6 兩 7 錢，約合 243 克；如插戴這副首飾，似可免去頂簪。不過也有為美觀而加頂簪的。仕女嚴妝，其爭奇鬥妍的心理追求，難以被限制在純技術層面上。武進王洛家族墓出土的鬏髻，都帶頂簪。《金安人像》中鬏髻頂端的花朵，亦應代表頂簪。有些頂簪製作考究。北京海淀八里莊明・武清侯李偉妻王氏墓出土的頂簪長 23.8 厘米，簪頂的大花以白玉作花瓣，紅寶石作花心，旁有金蝶[53]（圖 9-22：3）。它的結構與定陵孝靖後隨葬品中之 J126 號頂簪相近（圖 9-22：2）。王氏之女係萬曆帝生母慈聖李太后，王氏墓中曾出御用監所造帶“慈寧宮”銘記的銀洗和銀盆；故上述頂簪可能也是內府製品。已知之明代最富麗的頂簪為定陵孝端皇后隨葬品中的 D112：1 號簪。其頂部的金托上還疊加一片玉托，托下垂珠網；托上的裝飾又分兩層，下層密排嵌寶石心的白玉花朵，上層為白玉蹲龍和火珠。這件頂簪共鑲寶石八十塊、珍珠一百零七顆，璀璨華貴，堪與其高踞皇后首服之巔的位置相稱（圖 9-22：1）。王氏墓與定陵內均未發現鬏髻，作為皇親、皇后，她們應戴特髻，但其上之頂簪的用法當無大殊。從實物看，有些頂簪的托片平置，簪腳向下伸出，與簪身垂直連接。也有些頂簪的頂端呈側立狀，以使其花飾在正面展現，上海李惠利中學明墓所出及《金安人像》上所繪的頂簪均是如此。

無錫曹氏墓中的頭飾在鬏髻正面之底部有頭箍。這是一條弧形夾層銀帶，表面用綫結繫上十一枚鎏金的雲朵形飾片，兩頭穿有細帶，將它拴在插入鬏髻兩側之銀簪頂端的圓帽上（圖 9-23）。《朱夫人像》上的頭箍也飾以雲朵，與曹氏墓所出的近似。裝在這裏的此類飾片名“鈿兒”[54]。《金瓶梅》第九五回提到一條“大翠重雲子鈿兒”，“果然做的好樣範，約四指寬，通掩過鬏髻來”。“大翠”指鈿兒上鋪了翠羽，“重雲子”指其形為重疊的雲朵；而

◎圖 9-23　頭箍（無錫明・華復誠妻曹氏墓出土）

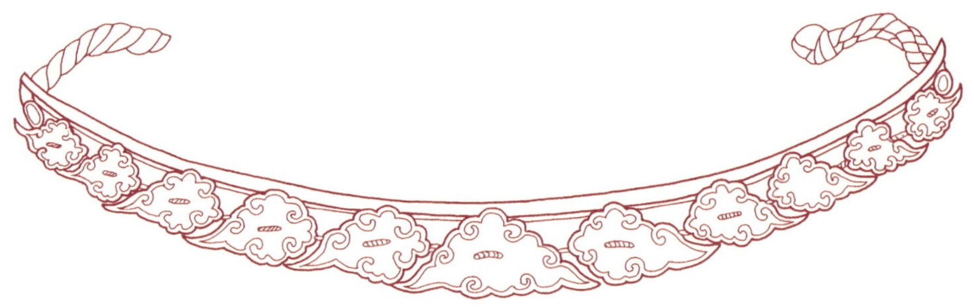

結合下一句看，更可知它正是掩在䯼髻底部的頭箍。寖假"鈿兒"就成了頭箍的別名。同書第七五回說吳月娘梳妝時，先戴上冠兒，然後孟玉樓替她掠後鬢，"李姣兒替他勒鈿兒"。"勒"指紮緊，正是縛頭箍的動作；很顯然，其所稱"鈿兒"為繫在"冠兒"即䯼髻前方的頭箍。頭箍上雖以裝雲朵形飾片者居多，但它的花樣固不限於這一種。江西南城七寶山明・益宣王妃孫氏墓出土的頭箍是在 4.5 厘米寬的金帶上嵌以白玉雕琢的壽星和八仙，每件小玉像周邊還鑲有寶石。這條金頭箍長 21 厘米，兩端也有供繫結用的帶子[55]。用帶子繫結的作法反映出頭箍的底襯本來是用織物製作的。《雲間據目鈔》說，婦人"年少者用頭箍，綴以團花方塊"。上海打浦橋明墓出土的布製頭箍上正綴有形狀不一的金鑲玉飾十七件，適可與文獻相印證[56]。所以儘管有些頭箍形式變化，裝飾繁縟，但仍用紡織品作襯。《天水冰山錄》中登錄之"金廂珠寶頭箍七件"，注明"連絹共重二十七兩九錢八分"，就反映出這種情況。大部分出土頭箍的原狀亦應沿襲此制。

曹氏頭飾在䯼髻背面中部插分心。分心一詞可能與挑心有連帶關係，但命名的由來尚不清楚。這件飾物目前在發掘簡報中的叫法很不統一，有"鈿"、"冠飾"、"如意簪"、"月牙形飾件"、"花瓣形彎弧狀飾件"諸種[57]。其造型若群峰並峙之山巒，當中一峰最高，兩側對稱，正視之有如筆架。出土時尚保持原位置者多插在鬏髻背面；除曹氏墓之例以外，武進王洛家族墓與上海李惠利中學明墓之分心，出土時的情況也是如此[58]。《金瓶梅》第二回說，戴頭髮鬏髻者，“排草梳兒後押”。可見插後分心的作法當與婦女在髻後插梳的古老習俗有關。但《雲間據目鈔》列舉頭髻周圍的飾件時稱：“後用滿冠倒插。”則此物又名滿冠。《三才圖會》認為：滿冠“不過以首飾副滿冠上，故有是名耳”。因為背面插分心後，冠上的飾件遂已基本佈滿之故。又《金瓶梅》第九〇回說：“滿冠擎出廣寒宮，掩鬢鑿成桃源境。”此滿冠恰與同書第一九回所寫“金廂玉蟾宮折桂分心”之構圖相當，皆以月宮景色作為裝飾的主題，指的應是同一類器物。曹氏的分心上雖未飾此種圖案，但它將鏤空的玉飾片嵌在鎏金的銀分心正中，則與“金廂玉”的作法相合（圖 9-24：1）。《金瓶梅》第六七回提到“金赤虎分心”，出土物中則有金雙獅分心[59]（圖 9-24：3）。《金瓶梅》第二〇回提到“觀音滿池嬌分心”，出土物中則有文殊滿池嬌分心。後者在四川平武明龍州土司王氏家族墓地正德七年（1512 年）王文淵妻墓中出土[60]。這件分心中部飾一道欄杆，上部為乘獅之文殊，兩旁立脅侍；下部為荷塘紋，當即所謂“滿池嬌”。元．柯九思《宮詞》：“觀蓮太液泛蘭橈，翡翠鴛鴦戲碧苕。說與小娃牢記取，御衫繡作滿池嬌。”原注：“天曆間御衣多為池塘小景，名滿池嬌。”[61]實物與文獻正相符合。此文殊滿池嬌分心闊 10.6、高 8.5 厘米，估計也是插在鬏髻背面的（圖 9-24：2）。但同墓還出土一件闊 18.8、高 6.3 厘米的分心，可能原插於鬏髻正面；《金瓶梅》第二〇、七五、九〇回中都提到插在正面的前分心。前分心的位置往往鄰近頭箍，有時甚至是用它取代頭箍，故二者均呈扁闊之形。江蘇無錫青山灣嘉靖四十年（1561 年）黃鉞妻顧氏墓出土的一件金質前分心，高 2.4、闊約 20 厘米，呈弧形，表面紅、藍相間，共鑲嵌七顆寶石，看起來很像頭箍。但它的背面有垂直向後的簪腳，和無簪腳、用帶子繫結的頭箍不同，因知乃是前分心[62]。以顧氏的前分心與王文淵妻墓所出扁闊的分心相較，可初步認定後者也是前分心。其紋飾極精細，中部有兩株葡萄，高

◎圖 9-24　分心

① 鎏金廂玉銀分心（無錫明・華復誠妻曹氏墓出土）

② 文殊滿池嬌金分心（四川平武明・王文淵妻墓出土）

③ 雙獅金分心（上海浦東明・陸氏墓出土）

④ 仙宮夜遊金分心（四川平武明・王文淵妻墓出土）

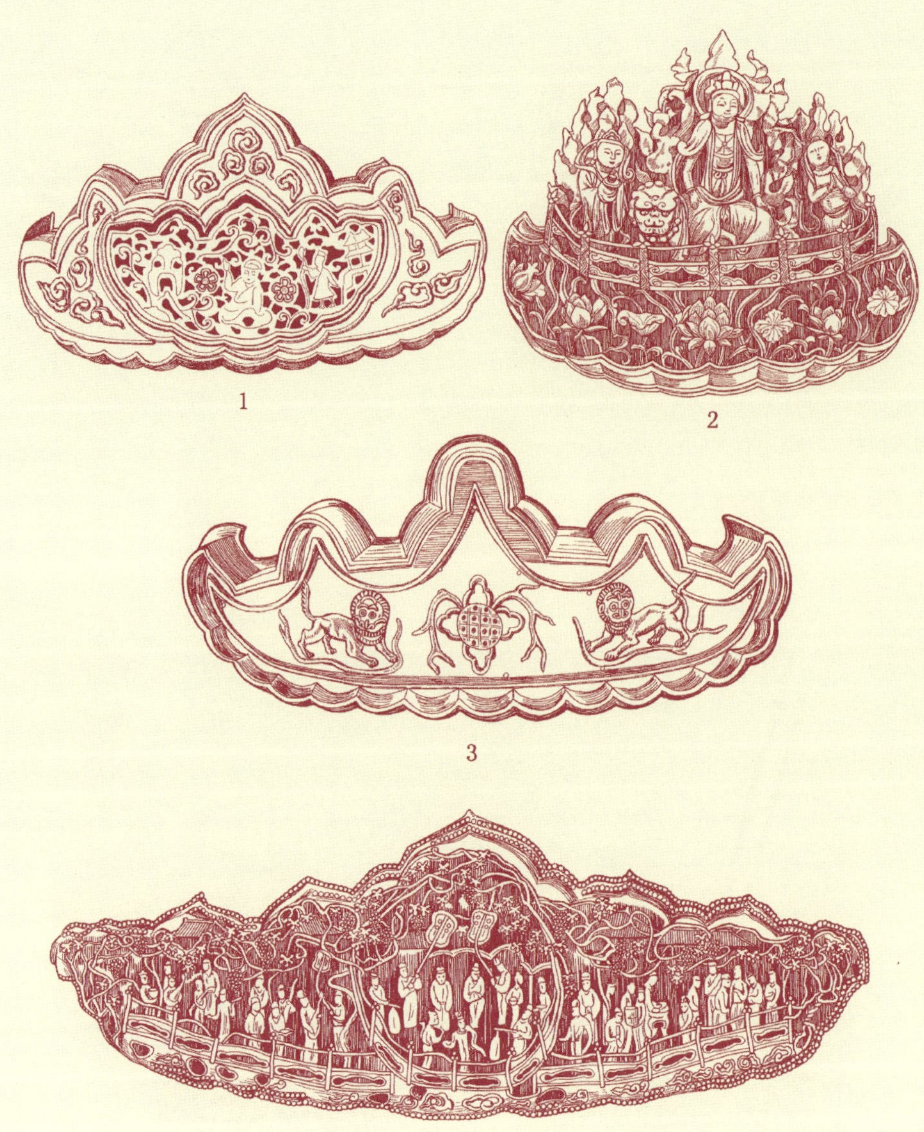

◎圖 9-25　髻上之首飾的配置（示意圖，據江蘇武進芳茂山明・王昶妻徐氏墓出土實例繪製）

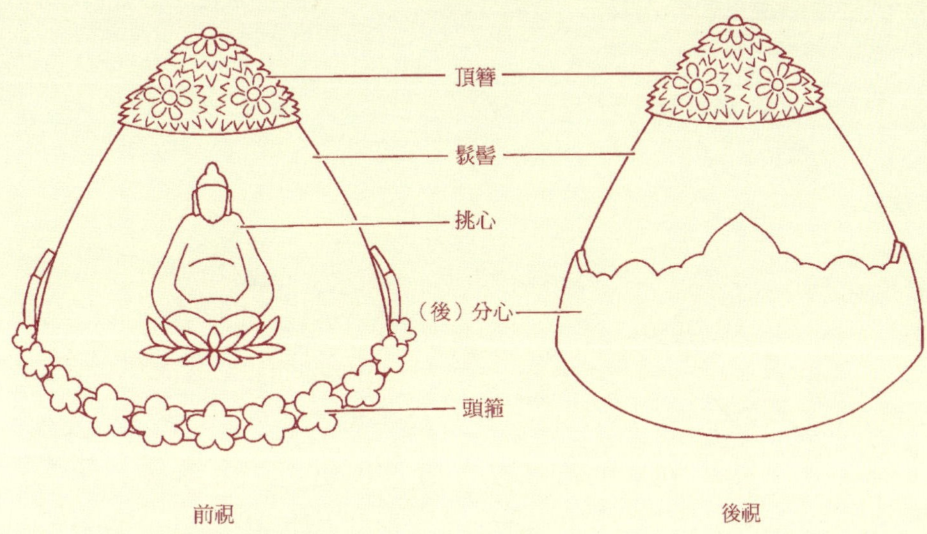

◎圖 9-26　掩鬢

① 閬苑朝回金掩鬢（重慶明・簡芳墓出土）

② 樓閣人物金掩鬢（江西南城明・益莊王妃墓出土）

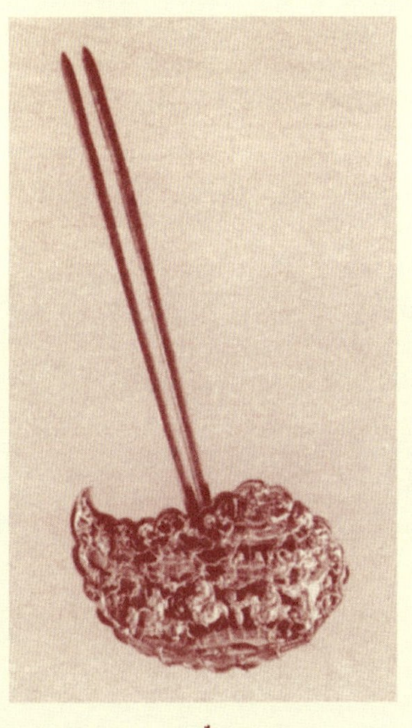
1

2

柯擁接，抱成圓框，一人騎馬穿行其間，馬前有提燈開路者，馬後有舉扇侍奉者，且前部有樂隊，後部有隨從。行列下方為一道欄杆，欄杆下方為朵朵流雲，背景為宮殿樓閣，似表示此處係仙境。鑒於馬前須提燈，故應是夤夜出遊。《天水冰山錄》中記有“金廂樓閣群仙首飾”、“金累絲夜遊人物掩耳”等名目；試循其例，此件似可稱為“金仙宮夜遊分心”（圖 9-24：4）。其上有人物四十多個，皆是立雕或高浮雕，玲瓏剔透，層次分明，給人以縱深的立體感。整個行列中的人物身姿舒展，繁而不亂；焊上去的欄杆和枝梗也安排得當，無疑是明代黃金細工中的上乘之作。江蘇武進芳茂山明·王昶妻徐氏墓中出土的鬏髻上，分心與頭箍、挑心、頂簪等首飾的位置未變，清楚地反映出當時插戴的情況[63]（圖 9-25）。

曹氏頭飾在鬏髻下部的側面插“鎏金桃形銀簪”一件，此物應名掩鬢。明·顧起元《客座贅語》:“掩鬢或作雲形，或作團花形，插於兩鬢。”《雲間據目鈔》中則稱作“捧髩”。江西南城明·益端王妃彭氏、益宣王妃孫氏墓中出的掩鬢皆為兩件一組，雲頭的曳腳向外，自下而上相對插戴，故又名倒插鬢[64]。曹氏墓所出不足兩件，應是佚失了一件。在皇后的鳳冠上，此物稍稍改型而稱為博鬢，左右各三件，比掩鬢就隆重得多了。但明代的掩鬢亦有製作極精者。如重慶明·簡芳墓出土之金掩鬢，圖紋的背景為雲氣中的宮殿，其下三人策馬徐行；雖不如王文淵妻之前分心上的場面闊大，但刻畫得細緻入微，更覺生動。其背面鐫七律《三學士詩》，中有“閬苑朝回春滿袖，宮壺醉後筆如神”之句，故此件可名“金閬苑朝回掩鬢”[65]（圖 9-26：1）。又江西南城明·益莊王妃墓出土的掩鬢，金累絲編的底托優美嚴謹，一絲不苟；而當中的樓閣人物處處交代清楚，彷彿他們正在一座建築模型裏進行活動（圖 9-26：2）。妙手神工，令人嘆為觀止[66]。

曹氏頭飾在充作挑心的佛像簪左右各插一件玉葉金蟬簪，其簪頭在銀托上嵌玉葉，葉上棲金蟬（圖 9-27：3）。江蘇吳縣五峰山出土的玉葉金蟬飾片，即是脫失了金銀底托和簪腳的此型簪首[67]（圖 9-27：4）。明代的頭

◎圖 9-27　草蟲簪

① 鑲玉石蜘蛛簪（南京鄧府山明·佟卜年妻陳氏墓出土）

② 艾蠍簪（北京八里莊明·李偉妻王氏墓出土）

③ 玉葉金蟬簪（無錫明·華復誠妻曹氏墓出土）

④ 玉葉金蟬簪首（江蘇吳縣五峰山出土）

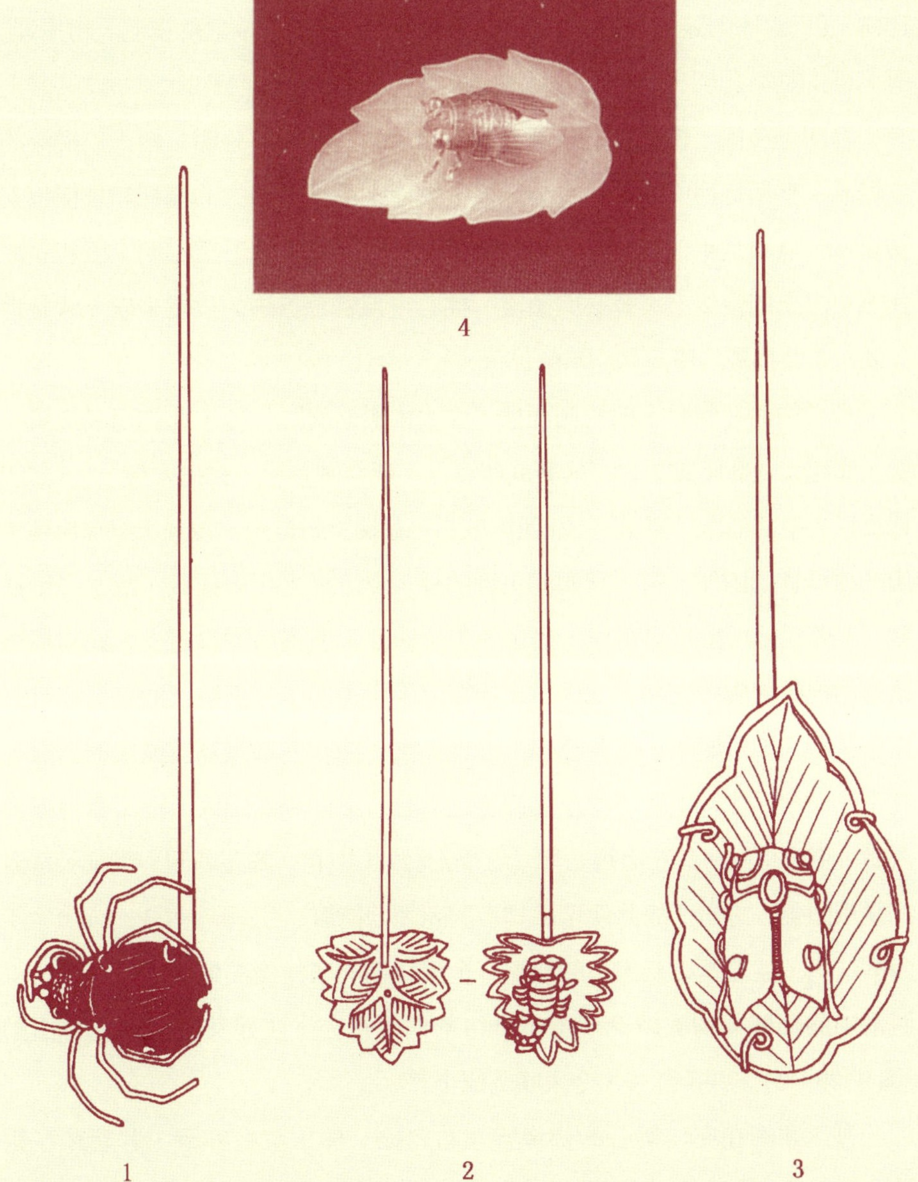

面喜用蟲介等小生物作裝飾題材，如北京李偉妻王氏墓出土胡蝶簪、艾蝋簪（圖 9-27：2），上海李惠利中學明墓出土蝦簪、螽斯簪，南京鄧府山佟卜年妻陳氏墓出土蜘蛛簪（圖 9-27：1）。《天水冰山錄》中一再提到的“草蟲首飾”，《金瓶梅》第二〇回中說的“金玲瓏草蟲兒頭面”，應是此類飾件的通稱。曹氏頭飾在玉葉金蟬簪外側還各插嵌寶石的梅花簪二件（圖 9-28：2）。造型極肖似的梅花簪各地屢屢出土。上海浦東陸氏墓與北京李偉妻王氏墓出土的，皆為玉花瓣、金花蕊、寶石花心（圖 9-28：1、3）。簪戴起來，則和《雲間據目鈔》中，髻“旁插金玉梅花一二對”的說法正合。又曹氏的頭飾之最外側，還插戴頂端飾小花骨朵的鎏金銀簪各二件（圖 9-29）。《金瓶梅》第一二回說的“啄針兒”，同書第五八回說的“撇杖兒”，《明宮史》中說的“桃杖”（桃疑應作挑），大約指的都是此類小簪子。出土物中亦不乏其例。

還有一種雖在《天水冰山錄》造冊時清點出一件，但明代遺物中罕覯，曹氏墓內亦未發現的頭飾：圍髻。此物初見於宋代。湖南臨湘陸城 1 號南宋墓中的金圍髻，闊 10.2 厘米，上部為鏤花的弧形樑，懸繫四五排花朵，互相牽絡，成為網狀，底部的花朵下且各繫一墜[68]（圖 9-30：2）。其使用情況見於江西德安桃源山南宋・周氏墓。此墓墓主頭部的髮飾保存完好，用細金絲編成的網狀圍髻，自髻前一直覆到額際[69]（圖 9-30：1）。此類圍髻尚有較完整之品傳世（圖 9-30：3）。其中還發現過形制更簡化的，弧形金樑下的垂飾僅三排（圖 9-30：4），與江西南城明益宣王妃孫氏隨葬者近似。這件圍髻闊 16.2、高 8 厘米，在上緣的弧形金樑下懸掛十串小珠子。故圖 9-30：4 所舉之例，或為元至明初的作品。明代的圍髻在定陵孝端皇后的隨葬品中還有一件，闊 20.5、高 6 厘米，網形，上部結綴石珠，中部為薏米珠，底端繫寶石墜（圖 9-30：5）。形制比臨湘出土的宋代圍髻簡易得多[70]。

頭面中還應包括耳環。《金瓶梅》第九七回將“金銀頭面”解釋為“簪、環之類”，就說明了這一點。《天水冰山錄》中立“耳環、耳墜”一目，共登錄二百六十七副，其中耳環約佔 70%，耳墜約佔 30%，則二者肯定有所區

◎圖 9-28（左） 梅花簪

① 上海浦東明·陸氏墓出土

② 無錫明·華復誠妻曹氏墓出土

③ 北京明·李偉妻王氏墓出土

◎圖 9-29（右） 啄針（無錫明·華復誠妻曹氏墓出土）

1

2

3

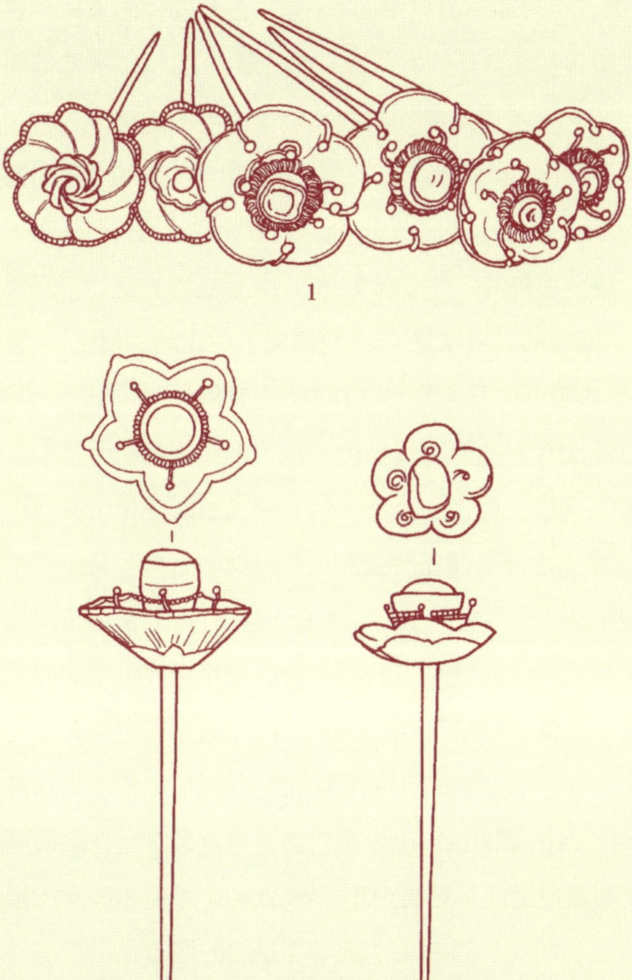

◎圖 9-30　圍髻

① 江西德安南宋・周氏墓中圍髻出土時的位置

② 湖南臨湘陸城 1 號南宋墓出土圍髻

③ 私家收藏的宋代圍髻

④ 私家收藏的元或明初圍髻

⑤ 定陵出土的明孝端后的圍髻

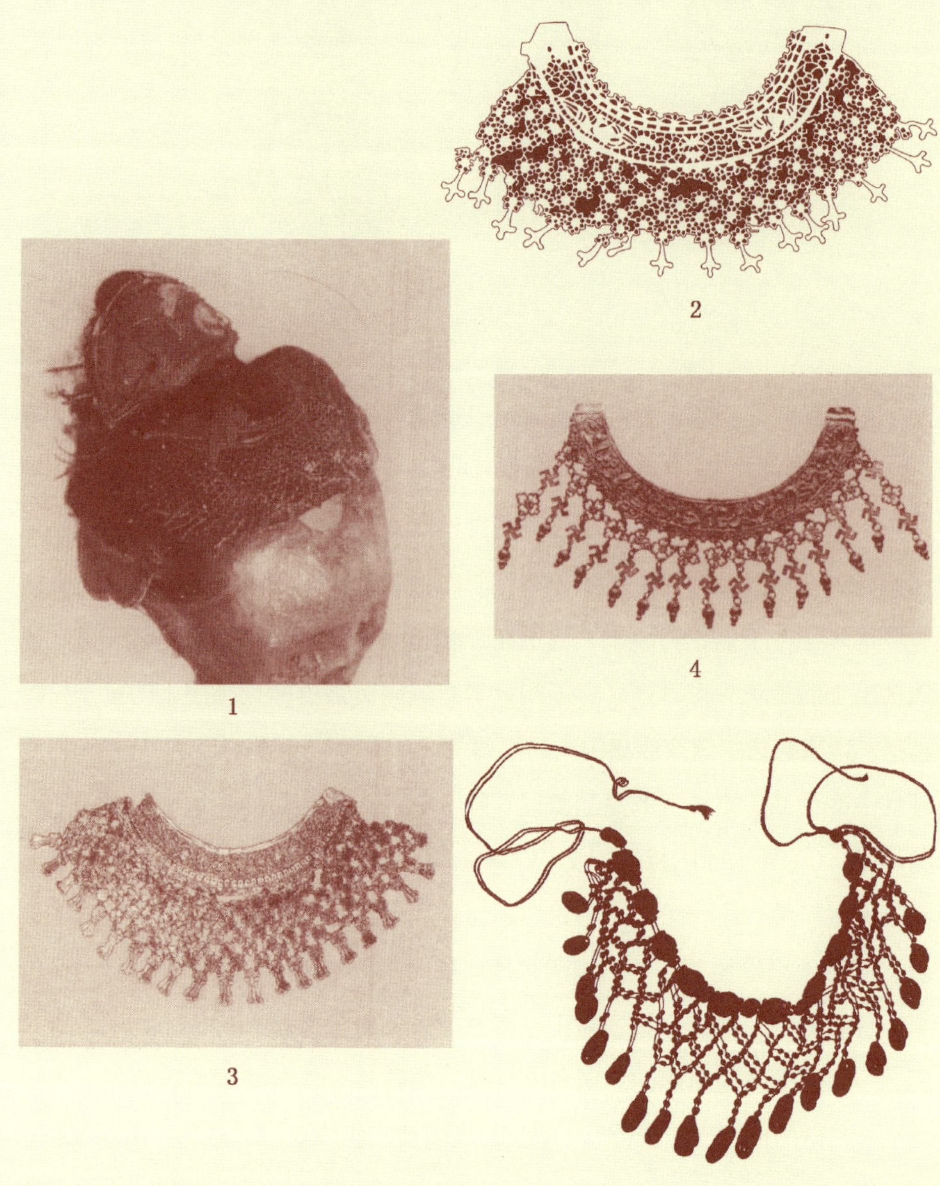

2

1

4

3

5

◎圖 9-31　採藥女仙耳墜（南京板倉明・徐氏墓出土）

別。但從所載名稱看，既有"金珠茄子耳環"，又有"金廂玉茄耳墜"；既有"金珠串燈籠耳環"，又有"金燈籠珠耳墜"；所以明代當時究竟是根據哪些標準來劃分耳環和耳墜的，目前尚難明確地回答。只能依照現代的習慣，將圓環形者，或在圓環形的主體上稍增花飾者稱為耳環；將其下部有稍長之垂飾者概稱耳墜。不過相對說來，耳環在工藝上的精美程度一般略遜於耳墜。曹氏墓出土的是玉人形耳墜，與之相近者有無錫黃鉞妻顧氏墓出土的童子騎鹿耳墜，南京板倉徐達家族墓出土的採藥女仙耳墜等[71]（圖 9-31）；皆為人物型耳墜中的精品。更多見的是葫蘆形耳墜，它大約受到用兩顆珠子串成的"二珠耳墜"（《天水冰山錄》）或"二珠金環"（《金瓶梅》第七回）的影響。因為如果二珠一小一大，上下相連，正呈葫蘆形。明墓中發現的此型耳墜最多：江蘇南京徐俌墓、四川劍閣趙炳然墓、四川平武王璽墓、雲南昆明潘得墓、甘肅蘭州彭澤墓、遼寧鞍山崔鑒墓、廣州東山戴縉墓之出土物中皆有其例[72]。而且不僅是素面的，還有飾棱綫、飾花絲、飾各式鏤空花紋的，不一而足。其他如樓閣形、玉兔形、甜瓜形及嵌寶石構成新異之形的，更難縷述。

總之，挑心、頂簪、頭箍、分心、掩鬢、圍髻、釵簪、耳墜，大約都應算作頭面的內容。至於飾於頭部以下的墜領、墜胸、鐲釧以及近年出土之總數相當可觀的金銀領扣等，儘管也和前者相接近，但與頭面之“頭”、首飾之“首”的距離遠了些，故暫不放在一起討論。

從束髮冠到頭面，絕大部分都是用貴重材料製作的，是明代出土文物中的珍寶。但過去對其定名和用途均不無隔膜，雖然它們的藝術水平備受推崇。像若干分心，花紋的層次豐富，疊曲縈迴，引人入勝；有的還構成故事情節，更耐尋味。可是陳列和介紹時，卻往往只當作單件藝術品看待，使之遊離於原有的組合關係之外。這樣不僅看不到明代頭面之整體的風貌，而且在理解和借鑒上也常難準確把握。在各地收藏明代文物的博物館裏，幾乎很少能見到一套恢復成原狀的明代頭面。有些品種的遺物不多，寫實的圖像不足，固然也是重要原因。然而卻使當代藝術家描繪明代婦女的形象時，感到缺乏充足的依據了。

注　釋

1　陸詩前二句引自《初夏》，見《劍南詩稿》卷七六。後二句引自《春日》，見同書卷二。

2　《欒城集．後集》卷二。

3　此玉冠藏南京博物院，見《中國玉器全集》卷 5，圖 97，河北美術出版社，1993 年。戴冠本是道家裝束。《金真玉光經》“元景道君曳玄黃之綬，建七色玉冠”（《御覽》卷六七五引）。由於男女道士都戴冠，故女道士又稱女冠子，唐時已然。五代前蜀王衍奉道，祀神仙王子晉為遠祖，上尊號：聖祖至道玉宸皇帝。《花蕊夫人宮詞》：“焚修每遇三元節，天子親簪白玉冠。”此王衍自戴白玉冠之實錄。宮人隨駕出遊，亦“皆衣道服，頂金蓮花冠，衣畫雲霧，望之若神仙”（《舊五代史．王衍傳》）。後人詠前蜀事，其蓮花冠常被提到。《十國宮詞》：“臉夾胭脂冠帶蓮，醉妝相對坐生憐。”可見此冠亦一世之盛飾。宋代的白玉蓮花冠乃承其餘緒。

4　見《明史．輿服志》。這裏將烏紗帽列為常服，而《明會典》卷六一則以“烏紗帽、團領衫、束帶為公服”。因為展角襆頭在明代多與蟒服配套，難以代表服制中一個單獨的系列。

5　鄧雲鄉：《紅樓風俗譚．服裝真與假》，中華書局，1987 年。關於這個問題於 1992 年在《北京日報》上曾開展一次討論，見尤戈《〈紅樓夢〉中的服飾》（7 月 17 日），劉心武《〈紅樓夢〉中的服飾並非"戲裝"》（8 月 24 日），周汝昌《紅樓服飾談屑》（9 月 21 日），尤戈《莫把"唐寅"作"庚黃"》（10 月 30 日）等文。

6 報恩寺壁畫，見向遠木：《四川平武明報恩寺勘察報告》，《文物》1991 年第 4 期。寶寧寺水陸畫，見山西省博物館編：《寶寧寺明代水陸畫》，文物出版社，1988 年。《御世仁風》版畫摹本，見沈從文：《中國古代服飾研究．明代巾帽》，香港商務印書館，1981 年。

7 南京市文物保管委員會：《南京中華門外明墓清理簡報》，《考古》1962 年第 9 期。

8 薛堯：《江西南城明墓出土文物》，《考古》1965 年第 6 期。

9 《明史．輿服志．文武官朝服》："一品至九品以冠上樑數為差。公冠八樑，加籠巾貂蟬。"

10 南京市博物館：《江蘇南京市明黔國公沐昌祚、沐睿墓》，《考古》1999 年第 10 期。

11 南京市博物館編：《明朝首飾冠服》頁 51，科學出版社，2000 年。

12 上海博物館：《上海浦東明陸氏墓記述》，《考古》1985 年第 6 期。

13 江西省文物工作隊：《江西南城明益宣王朱翊鈏夫婦合葬墓》，《文物》1982 年第 8 期。蘇州市博物館：《蘇州虎丘王錫爵墓清理紀略》，《文物》1975 年第 3 期。

14 南京市文物保管委員會等：《明徐達五世孫徐俌夫婦墓》，《文物》1982 年第 2 期。

15 上海市文物保管委員會編：《上海古代歷史文物圖錄》頁 96，上海教育出版社，1981 年。

16 蘇州市文物保管委員會等：《蘇州張士誠母曹氏墓清理簡報》，《考古》1965 年第 6 期。

17 大同市文物陳列館等：《山西省大同市元代馮道真、王青墓清理簡報》，《文物》1962 年第 10 期。

18 馮安貴：《四川平武發現兩處宋代窖藏》，《文物》1991 年第 4 期。

19 Museum Rietberg Zürich, *Chinesisches Gold und Silber.* Switzerland 1994.

20 肖夢龍、汪青青：《江蘇溧陽平橋出土宋代銀器窖藏》，《文物》1986 年第 5 期。

21 懷化地區文物工作隊等：《湖南通道發現南明窖藏銀器》，《文物》1984 年第 2 期。

22 宋．王林：《燕翼詒謀錄》卷四。

23 宋．王得臣：《麈史》卷上。

24 宿白：《白沙宋墓》，文物出版社，1957 年。

25 宋．王得臣：《麈史》卷上。

26 晉祠宋塑，見彭海：《晉祠文物透視》，山西人民出版社，1997 年。偃師磚刻，見石志廉：《北宋婦女畫像磚》，《文物》1979 年第 3 期。新密宋墓壁畫見鄭州市文物考古研究所等：《河南新密市平陌宋墓壁畫》，《文物》1998 年第 12 期。《瑤台步月圖》，見沈從文：《中國古代服飾研究》

第108篇。

27 棲霞山出土的䯼髻，見南京博物院珍藏系列《金銀器》圖43，上海古籍出版社，1999年。無錫出土的䯼髻，見《無錫文博》1995年第1期。

28 《金史・輿服志》說："婦人服襜裙，多以黑紫，上遍繡全枝花，周身六襞積，謂之團衫。""年老者以皂紗籠髻如巾狀。"即指包髻團衫。

29 張家口市宣化區文物保管所：《河北宣化下八裏遼韓師訓墓》，《文物》1992年第6期。

30 婦女服喪期間戴白色䯼髻。《金瓶梅》第六八回說吳銀兒"戴著白縐紗䯼髻"，西門慶見了便問："你戴的誰人孝？"同書第一六回說花子虛死後，李瓶兒戴著"孝䯼髻"，即白䯼髻。《警世通言〔卷五〕・呂大郎還金完骨肉》中，呂大郎之弟逼嫂改嫁。王氏說："既要我嫁人，罷了。怎好戴孝髻出門！"此孝髻亦指白䯼髻。

31 見《金瓶梅》第四二回。

32 盛氏的䯼髻，見武進市博物館：《武進明代王洛家族墓》，《東南文化》1999年第2期。陸氏的䯼髻，見本文注12。曹氏的䯼髻，見無錫市博物館：《江蘇無錫明華覆誠夫婦墓發掘簡報》，《文物資料叢刊》第2集，1978年。

33 清・葉夢珠《閱世編》卷八說："銀絲䯼髻內襯紅綾，光采煥發。"因知䯼髻上的綾紗可蒙可襯，作法不一。

34 吳高彬：《浙江義烏明代金冠》，《收藏家》1997年第6期。

35 何民華：《上海市李惠利中學明代墓群發掘簡報》，《東南文化》1999年第6期。

36 《醒世姻緣傳》第四四回說素姐出嫁前，"狄婆子把他臉上十字繳了兩綫，上了䯼髻，戴了排環首飾"。則婦女婚後應戴䯼髻。

37 參看揚之水：《終朝採綠・"洗髮膏"及其他》，浙江人民出版社，1997年。

38 見周錫保：《中國古代服飾史》頁423，女圖8的說明，中國戲劇出版社，1984年。

39 《明史・輿服志・皇后常服》：洪武四年更定"冠制如特髻，上加龍鳳飾"。同《志》"內命婦冠服"與"品官命婦冠服"部分，說她們也戴"山松特髻"。

40 中國社會科學院考古研究所等：《定陵》上冊，頁24、25，文物出版社，1990年。

41 小屯：《劉娘井明墓的清理》，《文物參考資料》1958年第5期。

42 雲南省文物工作隊：《雲南呈貢王家營明清墓清理報告》，《考古》1965年第4期。

43 江西省文物管理委員會：《江西南城明益莊王墓出土文物》，《文物》1959年第1期。

44 《明朝首飾冠服》頁49。

45 南京市博物館等：《江蘇南京市鄧府山明佟卜年妻陳氏墓》，《考古》1999年第10期。

46 何民華：《上海市李惠利中學明代墓群發掘簡報》，《東南文化》1999 年第 6 期。

47 《金瓶梅》第二二回說宋惠蓮“把䯼髻墊的高高的，梳的虛籠籠的頭髮，把水鬢描的長長的”。可見䯼髻以高為尚。

48 如《望江亭》中正旦譚記兒的穿關是：“䯼髻，頭面，補子襖兒，裙兒，布襪，鞋。”此類例子很多，不備舉。

49 漢．劉熙《釋名．釋首飾》中列舉的物品有冠、笄、弁、幘、簪、導、鏡、梳、脂、粉等。《續漢書．輿服志》說：“上古穴居而野處，衣毛而冒皮，未有制度。後世聖人……見鳥獸有冠角䫙胡之制，遂作冠冕纓蕤，以為首飾。”

50 《汪太孺人像》見本文注 38 所揭書，頁 423，女圖 9。《金安人像》見本文注 34 所揭文。

51 中國社會科學院考古研究院考古研究所、北京市文物研究所：《定陵》下冊，圖版 106，文物出版社，1990 年。

52 如《金瓶梅》第一三回中所稱“䦆頂的金簪兒”。

53 張先得、劉精義、呼玉恆：《北京市郊明武清侯李偉夫婦墓清理簡報》，《文物》1979 年第 4 期。

54 從漢代以來，“鈿”一直作為飾品的名稱，但不同的時代裏所指之物不同。《說文．金部》：“鈿，金華也。”這是其原始的、也是使用得最廣泛的概念。在唐代，“神女花鈿落”（杜甫句）之鈿指貼在眉間的花子；著“鈿釵禮衣”時所用“九鈿、八鈿”（《新唐書．車服志》）之鈿則指花釵。而在清代宮廷的衣飾中，所謂“鈿子”卻指插滿珠寶和花朵的一種箕形頭飾。因此對“鈿”的用意必須作具體分析。這裏說的“鈿兒”，也只是在這一時期中特指頭箍。

55 江西省文物考古研究所：《塵封瑰寶》圖版 5-5，江西美術出版社，1999 年。

56 王正書：《上海打浦橋明墓出土玉器》，《文物》2000 年第 4 期。

57 如平武王璽墓簡報稱之為“鈿”（見本文注 60），上海陸氏墓簡報稱之為“冠飾”（見本文注 12），無錫曹氏墓簡報稱之為“如意簪”（見本文注 32 之三），武進王氏簡報稱之為“月牙形飾件”（見本文注 32 之一），上海李惠利中學明墓簡報則稱之為“花瓣形彎弧狀飾件”（見本文注 35）。

58 《上海李惠利中學明代墓群發掘簡報》稱：“其中一件發罩（按：即䯼髻）……前面有一銀質鎏金花瓣形彎弧狀飾件（按：即分心），……髮罩後為銀質鎏金條形彎弧狀飾件（按：即頭箍）。”從所附照片看，插在䯼髻後面的是分心，插在前面的是頭箍。

59 上海博物館：《上海浦東明陸氏墓記述》，《考古》1985 年第 6 期。

60 四川省文管會等：《四川平武明王璽家族墓》，《文物》1989 年第 7 期。

61 柯九思《宮詞》見《草堂雅集》卷一。又元．張昱《宮中詞》“鴛鴦鸂鶒滿池嬌，彩繡金茸日幾條。早晚君王天壽節，要將著御大明朝”（《張光弼詩集》卷二）。又《樸通事》中“鴉青段子滿刺嬌護膝”注“以蓮花、荷葉、藕、鴛鴦、峰蝶之形，或用五色絨繡，或用彩色畫於段帛上，謂之滿刺嬌。今按‘刺’，新舊原本皆作‘池’”，則“池”字不應作“刺”。作為一種廣泛流行的圖案，滿池嬌既可用於繪瓷、織繡，也可用作首飾上的紋樣。參看尚剛：《鴛鴦鸂鶒滿池嬌——由元青花蓮池圖案引出的話題》，《裝飾》1995 年第 2 期。

62 無錫市博物館：《江蘇無錫青山灣明黃鉞家族墓》，《考古學集刊》第 3 集，1983 年。

63 見本文注 32 之一。

64 彭氏的掩鬢，見江西省博物館：《江西南城明益王朱祐檳墓發掘報告》，《文物》1973 年第 3 期。孫氏的掩鬢見本文注 13 所揭江西省文物工作隊文。

65 重慶市文物調查小組：《重慶市發現漢、宋、明代墓葬》，《文物參考資料》1958 年第 8 期。

66 中國歷史博物館編：《中國歷史博物館》圖版 187，文物出版社 / 講談社，1984 年。

67 見本文注 27 之一，圖 40。

68 湖南省博物館：《湖南臨湘陸城宋元墓清理簡報》，《考古》1988 年第 1 期。

69 江西省文物考古研究所等：《江西德安南宋周氏墓清理簡報》，《文物》1990 年第 9 期。

70 孝端後的圍髻見《定陵》下冊，圖版 238。孫氏的圍髻見《文物》1982 年第 8 期，圖版 4：5。此物或名"絡索"。元・熊進德《西湖竹枝詞》"金絲絡索雙鳳頭，小葉尖眉未著愁"（此據《元詩紀事》引。《西湖集覽》中楊維楨編《西湖竹枝集》作"絡條"）。《碎金》所收"南首飾"中有"落索"，似亦是此物。

71 見本文注 11 所揭書，頁 128。

72 徐俌墓出土者，見本文注 14。趙炳然墓所出者，見四川省博物館等：《明兵部尚書趙炳然夫婦合葬墓》，《文物》1982 年第 2 期。王璽墓所出者，見本文注 60。潘得墓所出者，見雲南省博物館文物工作隊：《雲南昆明虹山明墓發掘簡報》，《文物》1983 年第 2 期。彭澤墓所出者，見甘肅省文管會：《蘭州上西園明彭澤墓清理簡報》，《考古通訊》1957 年第 1 期。崔鑒墓所出者，見遼寧省博物館文物隊等：《鞍山倪家台明崔源族墓的發掘》，《文物》1978 年第 11 期。戴縉墓所出者，見黃文寬：《戴縉夫婦墓清理報告》，《考古學報》1957 年第 3 期。

拾 · 中國古代服飾文化考釋三則

洛陽金村出土銀著衣人像族屬考辨

20 世紀 20 年代末，著名的洛陽金村古墓群被盜掘。從地望上看，這群墓葬不應屬列國，而應屬周。李學勤先生說："金村墓葬群不是秦墓、韓墓，也不是東周君墓，而是周朝的墓葬，可能包括周王及其附葬臣屬。"[1] 此說是正確的。由於墓群中可能埋葬著當時雖漸趨式微，但仍擁有天子名號的周王，所以出土物異常精美，在考古學以至文化史上具有非常重要的意義。不過由於不是科學發掘，沒有留下準確的記錄，加上出土物大都已流散國外，從而給研究工作帶來了不少困難。經過半個多世紀的研討，情況不斷廓清，認識逐漸深入；可是也還存在著不少疑竇。比如，出土的一件銀著衣人像的族屬，仍然是一個值得討論的問題。

據說，金村出土的銀人像共有兩件。一件是裸體男像，已流入美國，茲不涉及。另一件著衣男像，已流入日本，且被定為"重要美術品"。這件銀像高約 9 厘米，兩臂下垂，兩手半握，從握姿觀察，其中原未持物。銀像科頭露髻，身著僅抵膝部的半長衣，窄褲，跣足（圖 10-1）。梅原末治在《洛陽金村古墓聚英》一書中，認為此像表現的是一個"胡人"。容庚先生在《海外吉金圖錄》一書中，也認為它"令人想像為胡人之小像"。由於這兩位著名的學者影響很大，所以這種雖未經充分論證的見解，被不少著作視為成說援引。但循名責實，這一說法卻難以成立。

東漢以前，所謂胡，主要指匈奴。《考工記》："胡無弓車。"鄭注："今匈奴。"匈奴人亦自稱為胡，狐鹿姑單于遺漢書云："南有大漢，北有強胡。胡者，天之驕子也。"[2] 戰國時，它已是華夏各國的近鄰。《史記・匈奴列傳》

編者按：因《洛陽金村出土銀著衣人像族屬考辨》、《漢代軍服上的徽識》、《說"金紫"》三篇文章篇幅較短，遂編排為一篇《中國古代服飾文化考釋三則》。

◎圖 10-1　洛陽金村出土銀著衣人像（前、側、背面）

說："冠帶戰國七，而三國邊於匈奴。"[3] 如果在東周王室的墓葬中出現了匈奴人的銀像，當然是具有特殊意義的史料。但根據此像的髮式、面型、服裝，以及從其跣足所反映出的禮俗等方面考察，它代表的不是胡人，而是華夏人。

先看髮式。銀像在腦後綰髻。髻的位置和形狀，與甘肅寧縣西周墓出土的銅人頭、始皇陵側馬廄坑中出土的圉人俑及滿城 1 號西漢墓出土的石俑基本相同[4]（圖 10-2），證明銀像的髮式屬華夏族類型。匈奴族的髮式不是這樣的。《漢書・李陵傳》說："衛律持牛酒勞漢使，博飲，兩人皆胡服椎結。……（陵）熟視而自循其髮曰：'吾已胡服矣。'"可見匈奴族的髮式是椎髻。椎髻一詞曾被長期使用，在不同的時代所指各異[5]。漢代的椎髻應如《漢書・西南夷傳》顏注所說："為髻如椎之形也。"同書《陸賈傳》顏注："椎髻者，一撮之髻，其形如椎。"又《後漢書・度尚傳》李注："椎，獨髻也。"椎、錘字通。漢代緯書《尚書帝命驗》注："椎，讀曰錘。"可見這是一種單個的、像一把錘子一樣拖在腦後的小髻。漢代婦女也綰這種髻。《後漢書・梁鴻

◎圖 10-2　男式髮髻

① 甘肅寧縣西周墓出土銅人頭

② 秦始皇陵馬廄坑出土陶圉人俑

③ 滿城 1 號西漢墓出土石俑

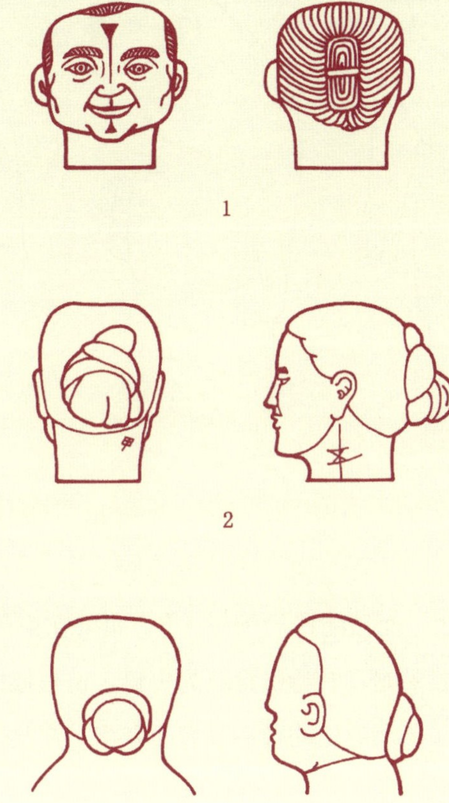

◎圖 10-3　椎髻

① 山東菏澤豆堌堆出土西漢陶女俑

② 陝西西安客省莊 104 號墓出土銅帶鐍上的匈奴人像

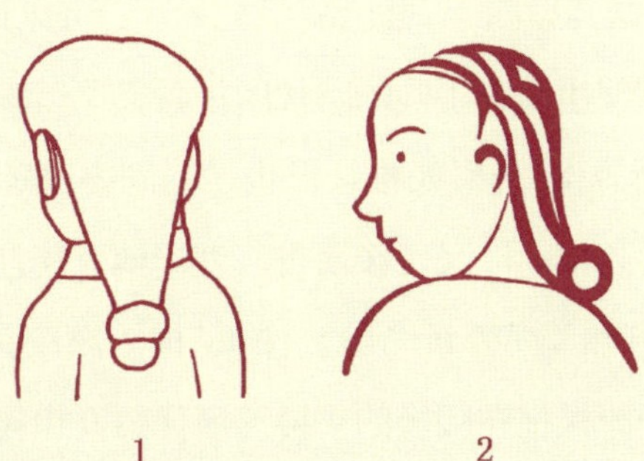

傳》：“梁鴻妻為椎髻，著布衣，操作而前。” 漢墓所出女俑綰這種髻的例子極多（圖 10-3：1），而匈奴髮式如西安灃西客省莊 104 號墓所出角抵紋銅帶鐍上的人物所綰者[6]（圖 10-3：2），亦與之相近，和文獻記載也正相符合。但《淮南子・齊俗》說：“胡貉匈奴之國，縱體拖髮，箕踞反言。” 似乎與椎髻的記載相矛盾。其實，這是由於觀察的角度不同之故。就髻形而言，是為椎髻；就在腦後拖垂而言，是為拖髮，說的本是一回事。

銀像除腦後之髻外，額前、兩鬢及耳後皆有成綹的頭髮下垂。額前那一綹恰與眉齊，應即所謂鬏。《說文・髟部》：“鬏，髮至眉也。” 鬢旁的兩綹，該是兩髦。《詩・鄘風・柏舟》：“髧彼兩髦。” 玄應《一切經音義》卷五引《說文》：“髦，髮也，髮中豪者也。”《釋名・釋形體》：“髦，冒也，覆冒頭頸也。” 左右有兩綹豪髮披拂，古人以為可以使相貌顯得英俊，所以《爾雅・釋言》、《詩・小雅・甫田》及《大雅・棫朴》毛傳、《儀禮・士冠禮》鄭注皆謂：“髦，俊也。” 這種髮式在東周時已經流行。河南光山春秋早期黃君孟墓 2 號椁中所出玉雕人頭[7]（圖 10-4：1），在腦後相當秦園人俑綰髻的位置上亦有一髻，表明他屬華夏族。他的額頂又有突起物，左右兩角下垂，但不像金村銀像垂得那樣低。同墓 1 號椁中所出人首玉飾（圖 10-4：2）額上亦有突起物，此突起物也代表兩綹豪髮，所以也是兩髦。至西漢，如咸陽安陵 11 號陪葬墓之從葬坑中出土的彩繪陶俑[8]，將額上的頭髮左右分開，梳掠向後，掩於弁下，還可以看出從兩髦演變過來的痕跡。至東漢，這種髮式乃全然過時了。所以鄭玄注《禮記・內則》時，只說髦“象幼時鬌，其制未聞也”。在注《儀禮・既夕禮》時，他也說：“兒生三月，鬋以為鬌。⋯⋯長大猶為飾存之，謂之髦。⋯⋯髦之形象未聞。” 根據金村此像，可以約略窺知它的形狀。但這與匈奴的髮式，並沒有共同點。

再看面型。銀像的面型屬黃種人，更具體地說，它和秦陵兵馬俑中一些人物的相貌頗為相似。因此，至少根據面型得不出此像並不屬華夏族的結論來。相反，匈奴族的人種歸屬卻是一個有爭議的問題，主突厥族說與主蒙古

◎圖 10-4　兩髦與髮髻

① 河南光山春秋墓出土玉人首

② 河南光山春秋墓出土人首蛇身玉飾

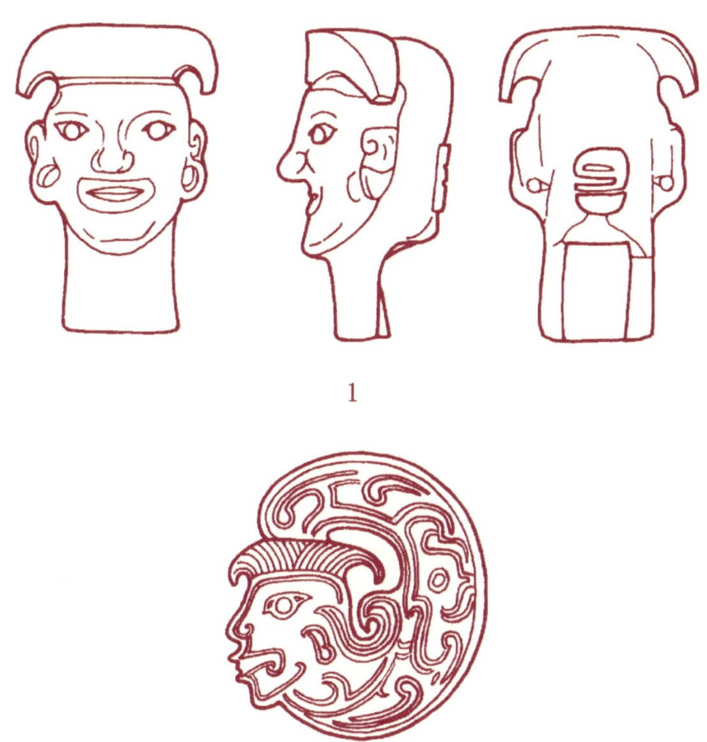

族說的兩派意見聚訟紛紜，莫衷一是。在我國古文獻中，匈奴族的面貌有時被描寫得很像是白種人。如，羯胡是南匈奴的後裔，《魏書．羯胡傳》說：“匈奴別部分散居於上黨武鄉羯室，因號羯胡。”而據《晉書．石季龍載記》：“冉閔躬率趙人誅諸胡羯，……高鼻多鬚至有濫死者。”可見他們鼻高鬚多，具有白種人的特徵。久居塞內已與本地各族部分混血的南匈奴之後尚且如此，秦漢以前遊牧於塞外的匈奴人自不應例外。可是僅據散見於古文獻之隻鱗片羽的記載，問題仍不易論定。因為如冉閔時之事，早在 20 世紀初已為夏曾佑、王國維等人作為例證舉出[9]，然而卻不能持之說服主張匈奴為蒙古族的學者。這主要是由於缺乏實物資料相印證，致使這些記載的準確性受到懷疑之故[10]。

當然，解決這個問題的最理想的途徑，是根據出土的匈奴遺骨進行體質人類學的分析，從中得出應有的結論。但在國內對先秦時的匈奴遺骨進行鑒定，且已公佈結果的，迄今只有內蒙古伊克昭盟杭錦旗桃紅巴拉 1 號墓出土的一具男性頭骨。鑒定結果認為該遺骨接近北亞蒙古人種類型[11]。但桃紅巴拉墓群的年代早到春秋晚期，所以可能屬白狄[12]。在部族眾多、流動頻繁的蒙古草原上，如果一處墓葬的族屬尚未明確，則對其骨殖的鑒定將完全無助於解決上述問題。何況匈牙利人類學家托思研究了蒙古呼尼河沿岸乃門托勒蓋匈奴時期的墓葬的人骨後認為，“有蒙古人種和歐洲人種兩個大人種共存的現象”[13]。亦鄰真也說：“目前，對匈奴人的人類學特徵還不能作出最後的定論，尤其不好說同蒙古族一定有什麼必然的聯繫。”[14]所以儘管對匈奴遺骨的人類學研究尚不充分，還有很大的開拓餘地，但就已有的成果而論，這方面的工作仍未能打破過去主要以比較語言學的資料為基礎而形成的兩派意見之相持不下的膠著狀態。

退而求其次，雕塑繪畫等形象材料遂為研究者所注意。但這要有兩個前提：一、所表現的對象必須能證明是匈奴人。這一點本無須指出，可是事實上被當作匈奴人像的材料，有的只在疑似之間，並不肯定。比如有人曾據本文所討論的這件銀像來研究匈奴人的族屬[15]，則南轅北轍，其難中鵠，自不待言。二、人種的特點必須表現得很鮮明。因為古代的雕塑繪畫囿於技巧，對人物面部的刻畫常失之簡略。比如陝西興平霍去病墓所立“馬踏匈奴”像，雖然馬腹下的人物可能與匈奴有關，但由於面目過於粗獷，也就難以為判定其族屬提供明確的根據了。

山東地區出土的漢畫像石，情況卻有所不同。這裏屢次出現“胡漢交戰”的題材。畫面上常在一側刻出宮室，另一側刻出山巒。自宮室一側出擊的戰士多戴武弁大冠，應代表漢族；自山巒一側出擊的戰士多戴尖頂帽，應代表胡族。因為這些畫像石出自漢族大墓，所以總是漢族戰士得勝，且出現過上功首虜、獻俘納降的場景。但是，又怎麼知道戴尖頂帽的戰士是胡人呢？這

◎圖 10－5　山東滕縣西戶口東漢畫像石上的胡漢交戰圖

上：胡人一側　下中與右：漢人一側

◎圖 10-6　匈奴人頭部

① 山東滕縣西戶口畫像石

② 山東滕縣萬莊畫像石

③ 山東濟寧南張畫像石（此例為斫下的首級）

④ 西伯利亞出土匈奴金飾（聖彼得堡愛米塔契博物館藏）

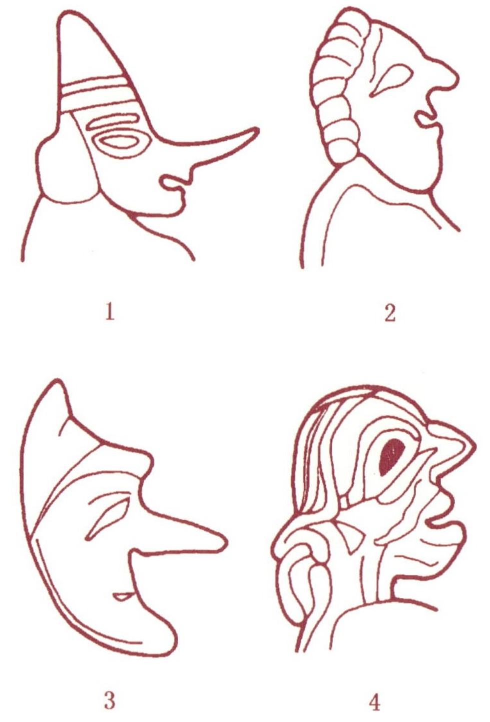

是可以從榜題中得到解答的。山東肥城孝堂山畫像石在他們這一側的首領身邊刻出“胡王”二字，山東微山兩城山畫像石則刻出“胡將軍”三字[16]。因而其族屬可以被確認。值得注意的是，這些匈奴戰士的鼻子有時被刻畫得極其高聳，和同他們對陣的漢人的面型絕不相同（圖 10-5）。不但正在作戰的胡族戰士的鼻子如此，被斫下的首級的鼻子也是如此（圖 10-6：3）。聯繫到上引《晉書》的記載，他們很可能就是那些高鼻多鬚的羯胡的先人，即東漢時的匈奴人。如果這一判斷能夠成立，那麼，再上溯到戰國，匈奴人與外族當更少混血，白種人的特點會更為充分。聖彼得堡愛米塔契博物館所藏彼得一世自西伯利亞搜集的古物中，有一件黃金飾牌，其年代相當於戰國時期。牌上兩個人物的髮式、服裝與馬身上的杏仁狀串飾，均與我國東北、內蒙古及西安客省莊等地出土的匈奴遺物的作風相同。因知這件飾牌上的人物是匈奴人，他們的面型也具有白種人的某些特徵（圖 10-6：4）。再考慮到托思的鑒定結果，遂有理由相信，戰國時的匈奴人的面型與金村銀像差得很遠。縱使退一步說，這一點目前不作定論，那麼，至少也不能以銀像的面型作為斷定他屬匈奴族的根據。

再看服裝。銀像穿的是深衣，即將上衣下裳連屬在一起的長衣。如《禮記．深衣篇》所說，深衣在裁製上的特點是"續衽鉤邊"，即將下衽接以曲裾而掩於腰後。關於深衣的基本形制，本書《深衣與楚服》一文已試加說明，此處不再贅述。不過應當指出的是，深衣是一種通乎上下的服制。《禮記．玉藻》謂諸侯"朝玄端，夕深衣"。但《內則》鄭注又說："玄端，士服也，庶人深衣。"庶人須要勞作，衣服不能太長、太肥大。並且深衣"可以為文，可以為武"，武士也穿。同樣，他們的深衣也應與庶人所穿的相近。《深衣篇》說這種衣服"短毋見膚，長毋被土"，可見它本來就有長、短兩種。貴族穿的深衣，不僅長，而且接出的曲裾也很寬闊；有些女裝，甚至可用曲裾在腰下纏繞好幾層。短的深衣則不然，長度止於膝部。寧戚《飯牛歌》"短布單衣適至骭"[17]，說的就是這種情況。它的曲裾也比較窄小，掩到背後，遂所剩無幾。金村銀像與始皇陵兵馬俑穿的都是這種短深衣。匈奴族的上衣雖然也較短，但不帶曲裾，是直襟的，無論諾顏烏拉匈奴墓出土的衣服（圖 10-7：1），或滿城 1 號墓所出"當戶燈"座上的匈奴當戶像都是如此[18]（圖 10-7：2）。趙武靈王所用胡服，其形制大約與此式服裝類似，而與深衣有明顯的區別。關於這一點，《鹽鐵論．論功篇》已指出：匈奴"無文采裙褘曲襟之制"。可見匈奴人根本不穿深衣。銀像上衣的袖子較窄，且下臂有臂褠，則與金村所出錯金銀狩獵紋鏡上的武士相同（圖 10-8）。鏡上的武士頭戴插兩根羽毛的鶡冠，是華夏族武士的典型裝束。所以銀像的袖子狹窄，並不與華夏族服制相悖。雖然深衣比起上衣下裳式的玄端來，與胡服有一定程度的接近，但它卻具有自己的民族特點，是華夏族通用的服裝。

◎圖 10-7　匈奴服式

① 匈奴的衣、褌、襪、靴（蒙古諾顏烏拉出土）

② “當戶燈”（滿城 1 號漢墓出土）

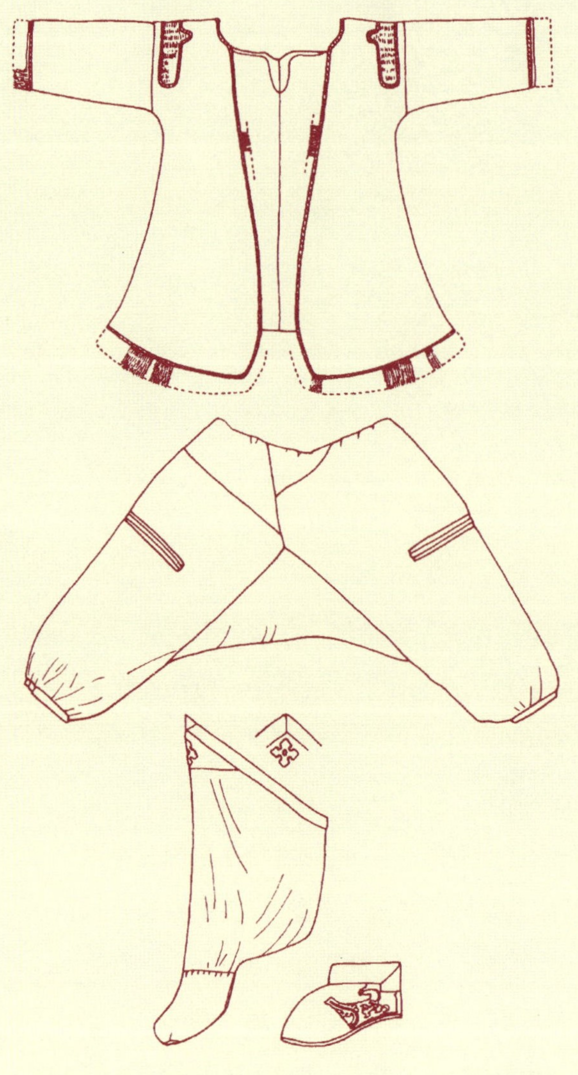

1

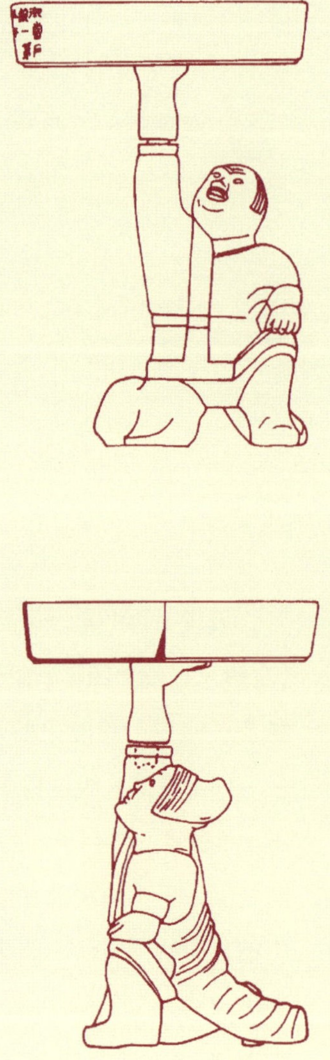

2

◎圖 10-8　錯金銀狩獵紋鏡上的武士（洛陽金村出土）

最後，再討論一下銀像跣足的問題。我國先秦時代，在室內不穿鞋子。《左傳・宣公十四年》說楚莊王聽到宋國殺了他的使臣，於室中“投袂而起，屨及於窒皇（路寢之前庭），劍及於寢門之外，車及於蒲胥之市”。又《莊子・列御寇篇》說伯昏瞀人到列御寇的寓所，見“戶外之屨滿矣”，他不言而出，“賓者以告列子，列子提屨，跣而走，暨乎門”。可見當時在室內皆不履而坐。如果不解履就升堂踐席，會被認為是極不禮貌的舉動。《呂氏春秋・至忠篇》說齊王有病，請來醫士文摯。“文摯至，不解履登床，履王衣”。齊王最後大怒，“將生烹文摯”。特別是對於臣下事奉君主來說，這一禮節更須認真遵守。《左傳・哀公二十五年》:“衛侯為靈台於藉圃，與諸大夫飲酒焉。褚師聲子襪而登席。公怒。辭曰：‘臣有疾，異於人，若見之，君將瞉（嘔吐）之，是以不敢。’公愈怒，大夫辭之，不可。褚師出，公戟其手曰：‘必斷而足！’”杜注：“古者見君解襪。”則這時不惟不穿鞋，而且不穿襪，只能跣足，也就是《隋書・禮儀志》所說："極敬之所，莫不皆跣。" 直到漢代，雖然平時臣僚可以穿襪登殿，但在待罪謝罪之時，仍要免冠跣足。《漢書》有不少這方面的記載，如："免冠徒跣待罪"（《蕭何傳》、《匡衡傳》），"詣闕免冠徒跣謝"（《董賢傳》）等。而對於身份低微的小史、宮女等人說來，大約平日在宮廷的建築物內活動時，都要跣足。滿城 2 號漢墓出土的長信宮燈，執燈的宮女就是跣足的。《淮南子・泰族》說："子婦跣而上堂，跪而斟羹。" 事親猶如此，事君則更不待言。這種禮俗行使的範圍，戰國時會比漢代更廣泛些。如，山西長治戰國韓墓所出及瑞典斯德哥爾摩遠東古物館、美國納爾遜美術館所藏之充當器座的銅人，也是跣足的[19]（圖 10-9），其性質當與長信宮燈相近。從而可知金村銀像所以跣足，可能也是因為陳設於君前，故徒跣以示敬之意。匈奴人的情況則不同。北方遊牧民族，逐水草遷徙，習慣騎行，日常多著靴。麥高文《中亞古國史》認為斯基泰人和薩爾馬泰人首先著靴[20]。雖然，靴的起源從世界範圍說可能是多元的，但古代烏拉爾—阿爾泰諸族和匈奴人皆著靴，這有圖像材料和諾顏烏拉匈奴墓出土的遺物為證（圖 10-7：1；10-10；6-5：1）。靴不便穿脫，亦不聞匈奴人有入室脫靴的禮俗[21]。所以，金村銀像如果代表匈奴人，就不應作成跣足的樣子了。

綜上所述，金村著衣銀像所代表的不應是胡人即匈奴人，而當是華夏族人。從它的製作看，亦不應是明器。金村出土的器物中有不少刻有"甘游宰"銘文，"甘游"即"甘"地之離宮。故銀像可能是此離宮中原有的陳設品；銀像後裾上刻記衡量之銘文"十四兩二分□二分卅二厼"[22]，制明器時一般不如此精審。它是在秦兵馬俑之前，我國雕塑中最富於寫實風格的人像之一。在先秦時，具有這種水平的作品不多見。它以真實細緻的表現手法，向我們展示出當時宮廷小臣的裝束與風貌。特別是銀器在當時很珍罕，作為銀人像，它是我國已發現的最早的兩例之一，所以就更可寶貴了。

◎圖 10-9　戰國跣足銅人

① 山西長治韓墓出土

② 美國納爾遜美術館藏

③ 瑞典斯德哥爾摩遠東古物館藏

1　　3

2

◎圖 10-10　著靴的騎馬者（帕澤雷克巨冢出土掛毯）

漢代軍服上的徽識

在軍服上標出徽識，本是先秦時代沿用已久的制度，不過因為沒有見到當時的具體形象，情況尚說不清楚。漢代留下的實物資料雖仍不完備，若干細節仍無從查考，但畢竟出現了一些實例，從而有可能與文獻記載相印證，對漢代軍服的徽識問題進行研究。這篇小文就此作一點初步的探索。

《說文・衣部》："褚，卒也。卒，衣有題識者。" 則卒是由於衣上帶有徽識而得名。《詩・小雅・六月》："織文鳥章。" 鄭箋："織，徽織也。……將帥以下衣皆著焉。" 徽的正字當作徽。《說文・巾部》："徽，徽識也，以絳徽帛著於背。……《春秋傳》曰'揚徽者公徒'；若今救火衣然也。"《戰國策・齊策》記齊、秦交戰，齊將章子命齊軍 "變其徽章以雜秦軍"，可見這種作法通行於列國。但是這時的軍服上為什麼要綴以徽識呢？其中大約包含兩重意義：首先是標明該人的身份、姓名；如若在戰場上陣亡，便於辨認其遺體。《尉繚子・兵教篇》說："將異其旗，卒異其章。""書其章曰某甲某士。"《周禮・春官・司常》鄭注："徽識之書則云：某某之事，某某之名，某某之號。……兵，凶事，若有死事者，亦當以相別也。" 同書《夏官・大司馬》賈疏更明確地說，徽識 "皆綴之於膊上，以別死者也"。其次，則可通過徽識之不同的顏色、形狀及佩戴的位置，以區別部伍；在分兵佈陣時，便於將領指揮調遣。因為在古代戰爭中，號令主要由金鼓的疾徐輕重、旗旃的麾動舒捲來傳達。而士卒在進退周旋、奇正變化的戰陣之中，要保持隊形整齊、行動一致，也大有賴於對徽識的注意跟蹤。所以金鼓—旗旃—徽識，構成了指揮作戰的一套信號系統，具有重要的作用。在一支部隊中，旗旃與徽識的顏色大抵相同。青海大通上孫家寨漢簡說："左騎都尉翼青"，"〔左〕部司馬旃胡青"，"左什肩章青"，可證。而什伍的肩章還有進一步的區分，亦即上孫家寨漢簡所說："什以肩章別，伍以肩左右別，士以肩章□色別。"[23] 這和《尉繚子・兵教篇》中的"左軍章左肩，右軍章右肩，中軍章胸前"等規定顯然有相通之處。由於士卒的徽識關係到指揮意圖能否順利貫徹，所以《尉繚子・經卒令》中又強調："亡章者有誅。"可見當時對於不佩戴徽章的士卒的處理是很森嚴的。

從廣義上說，徽識不僅士卒的軍服上要有，"將帥以下衣皆著"；而且據《逸周書・世俘篇》說："謁戎殷於牧野，王佩赤白旂。"則於作戰之時，最高統帥也要佩戴代表自己的身份的徽識。所以它的種類較繁。就目前的認識來說，大致可分為章、幡和負羽三種。

章是士卒以及其他參戰的平民皆應佩戴的徽識。《墨子・旗幟篇》說："吏卒民男女，皆辨異衣章微職（徽識）。"又說："城上吏卒置之背，卒於頭上。城下吏卒置之肩，左軍於左肩，中軍置之胸。"其說與上引《尉繚子・兵教篇》及上孫家寨漢簡的記述大致相類，指的都是佩章的方式。陝西咸陽楊家灣西漢大墓陪葬坑出土的陶士卒俑背後佩戴的長方形徽識或即章[24]（圖10-11：1）。此物的體積不大。孫詒讓《墨子間詁》卷一五說章是"小徽識"，與實際情況正合。章上本應書寫名號，這裏僅以交叉綫代之。

幡的等級或許比章高一些，在漢代，大約是軍官佩戴的。它有時也被徑稱為徽。《文選・東京賦》"戎士介而揚揮"，薛綜注："揮為肩上絳幟，如燕尾者也。"揮是徽的借字，唐寫本《文選》揮字作徽，可證。楊家灣陶俑中有的在肩部披有帶許多尖角的長巾，與所謂"肩上絳幟"極相近[25]（圖10-11：2）。這上面的尖角就是文獻中所說的燕尾。《釋名・釋兵》"雜帛為物，以雜色綴其邊為燕尾"，指的也是一種在邊緣上飾以尖角的旗幟。不過楊家灣陶俑所披之長巾的正式名稱應為幡。在《說文・巾部》中，"幡"字與"徽"字相次，表示它們是相近之物，而許釋幡為"幡幟也"。這和《續漢書・輿服志》所稱"宮殿門吏、僕射……負赤幡，青翅燕尾；諸僕射幡皆如之"的提法恰相一致。鄭注《周禮・司常》時也認為"今城門僕射所被"之物，是"旌旗之細者也"，是先秦時"有屬（徽識）"之旗的"舊象"。諸說相互

◎圖 10-11　漢代軍服上的三種徽識

①、② 咸陽楊家灣西漢墓出土陶俑

③ 徐州獅子山西漢墓出土陶俑

〔1. 佩章　2. 被幡　3. 負羽（此俑只餘插羽之扁盒）〕

1

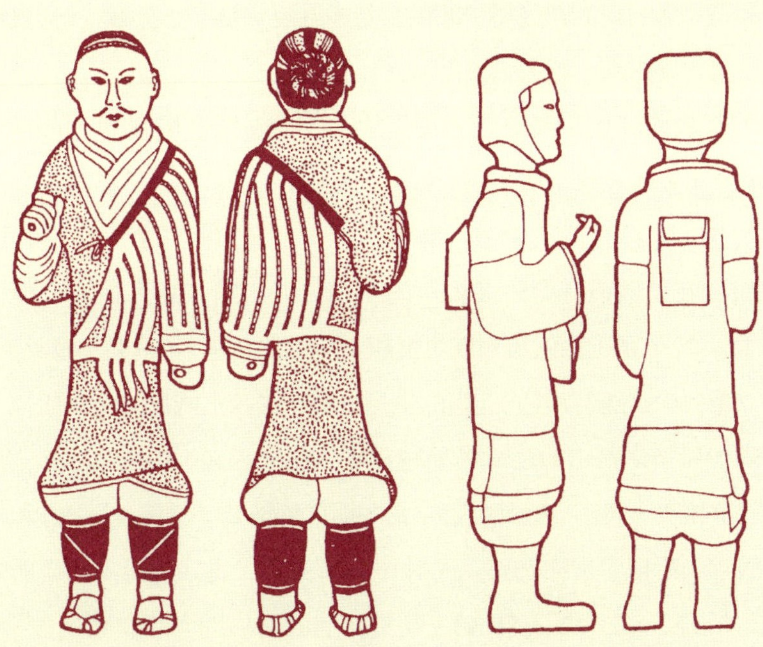

2　　3

補充發明，則軍官所負之幡的形狀可以被確認。其下部尖角參差，也正與鳥翅燕尾相彷彿。雖然它的顏色不一定都是赤色的。

至於負羽，大約軍官和士卒均可用。《國語．晉語》“被羽先登”，韋注：“羽，鳥羽，繫於背，若今軍將負眊矣。”眊為“毛飾”（《玄應音義》卷二引《通俗文》），亦即羽飾。《尉繚子．經卒令》：“左軍蒼旗，卒戴蒼羽；右軍白旗，卒戴白羽；中軍黃旗，卒戴黃羽。”《韓詩外傳》卷九之一五：“孔子喟然嘆曰：‘二三子各言爾志，予將覽焉。由，爾何如？’對曰：‘得白羽如月，赤羽如日，……使將而攻之，惟由為能。’”子路說的白羽、赤羽，即指負此二色羽毛的部伍。負羽之制亦行於漢代。揚雄《羽獵賦》：“賁育之倫，蒙盾負羽……者以萬計。”《漢書．王莽傳》：“五威將乘乾文車，駕坤六馬，背負鷩鳥之毛，服飾甚偉。”《後漢書．賈復傳》：“於是被羽先登，所向皆靡。”延及三國、六朝，此風猶存。《三國志．吳志．甘寧傳》說他“負眊帶鈴”，則與上引《國語》韋注正合。《文選．江文通雜體詩》：“羽衛藹流景。”李注：“羽衛，負羽侍衛也。”又張協《七命》：“屯羽隊於外林。”李善注：“羽隊，士負羽而為隊也。”說的都是這種情況。軍人負羽的作法在我國古代曾長期流行，河南汲縣山彪鎮出土的水陸攻戰圖鑒與山西潞城戰國墓出土的銅匜的刻紋中均有負羽者（**圖 10-12**），惟其所負之羽的裝置方法圖中未表現清楚[26]。始皇陵兵馬俑坑中的陶俑有的在背後裝兩個環，出土時其上空無一物，不知道當時供繫何物之用，似乎不排除它用於負羽的可能性。又江蘇徐州獅子山兵馬俑坑與北洞山西漢墓所出陶俑，均有背負長方形盒狀物者（**圖 10-11：3**），發掘簡報稱之為箭箙[27]。雖外觀約略近似，但也令人產生若干疑問。比如在盒狀物中未曾發現箭鏃（即便是它的模型）。而且在這兩批陶俑中亦無持弓或佩弓韣者。箭不與弓配套，則將失掉其存在的意義。如果認為當時將弓和箭一並裝在此盒中，它就是《釋名．釋兵》所說“弓矢並建，立於其中”的韊，也仍然難以成立。因為在孝堂山畫像石中看到的韊呈長筒形，式樣和它大不相同（**圖 10-13：1**）。何況此盒位於俑體上部，將弓箭背得

◎圖 10-12　負羽者

① 河南汲縣戰國墓出土水陸攻戰圖鑒

② 山西潞城戰國墓出土銅匜

1　　2

◎圖 10-13　佩韅與負箭箙的武士

① 孝堂山畫像石中的佩韅者

② 河北磁縣東陳村東魏墓出土背箭箙俑

1

2

這麼高，取用時似亦有所不便。無論在淮陰高莊戰國銅器刻紋中或在北朝陶俑中看到的背箭箙者，其箭箙的位置都要低得多[28]（圖 10-13：2）。另外在北洞山陶俑上，還發現其佩盒狀物所用的帶子通過俑的雙腋與肩之一側，這種方式與楊家灣陶俑佩章的方式正同。而且後者所佩之章，有的雖僅僅是一薄片，但也有呈盒狀的。不過比徐州這兩批俑所負之盒更扁些，其頂部有的開一狹縫，有的則是封閉的，只留下四個小圓孔。這種扁盒顯然不宜盛箭，看來它似乎是插羽用的底座。只不過由於所插之物無存，故此說尚有待用日後新出的材料加以驗證。

說“金紫”

《後漢書・馮衍傳》記馮衍感慨生平時曾說自己：“經歷顯位，懷金垂紫。”而唐・白居易《早春雪後詩》中也有“有何功德紆金紫，若比同年是幸人”之句[29]。兩處都用“金紫”代表高官顯宦的服章。但漢之“金紫”與唐之“金紫”，卻是毫不相干的兩回事。

高官之用金紫，本不始於漢，戰國時的蔡澤曾說：“懷黃金之印，結紫綬於腰……足矣。”[30]其所謂金紫是指金印紫綬。漢代仍然如此。在漢代的官服上，用以區別官階高低的標誌，一是文官進賢冠的樑數，二是綬的稀密、長度和色彩。但進賢冠裝樑的展筒較窄，公侯不過裝三樑，中二千石以下至博士兩樑，自博士以下至小史都是一樑。每一階的跨度太大，等級分得不細，因而“以采之粗縟異尊卑”的綬就成為權貴們最重要的標識了。秦末農民大起義時，項氏叔姪入會稽郡治，“籍遂拔劍斬守頭，項梁持守頭，佩其印綬。門下大驚，擾亂，籍所擊殺數十百人。一府中皆慴伏，莫敢起”[31]。可見他們是把印綬當作權力的象徵看待的。新莽末年，商人杜吳攻上漸台殺死王莽後，首先解去王莽的綬，而未割去王莽的頭。隨後趕到的校尉、軍人等，才“斬莽首”、“分裂莽身”，“爭相殺者數十人”[32]。而從杜吳看來，似乎王莽的綬比他的頭還重要，這也正反映出當日市井居民的社會心理之一般。東漢末年，曹操要拉攏呂布，與布書云：“國家無好金，孤自取家好金更相為作印。國家無紫綬，自取所帶紫綬以藉心。”[33]則直到這時，金印紫綬還有它的吸引力，有些軍閥也還吃這一套。

綬原自佩玉的繫組轉化而來。《爾雅・釋器》：“璲，綬也。”郭注：“即佩玉之組，所以連繫瑞者，因通謂之璲。”《續漢書・輿服志》：“五伯迭興，戰兵不息。於是解去韍佩，留其繫璲，以為章表。……韍佩既廢，秦乃以采組連結於璲，光明章表，轉相結受，故謂之綬。”綬的形制據《漢官儀》說：

“長一丈二尺，法十二月；闊三尺，法天、地、人。舊用赤韋，示不忘古也，秦漢易之為絲，今綬如此。”所謂長一丈二尺是指百石官員的綬。實際上地位愈尊貴綬也愈長：皇帝之綬長二丈九尺九寸，諸侯王綬長二丈一尺，公、侯、將軍綬長一丈七尺，以下各有等差。漢代用綬繫印，平時把印納入腰側的鞶囊，而將綬垂於腹前；有時也連綬一並放進囊中。《隋書・禮儀志》：“古佩印皆儲懸之，故有囊稱，或帶於旁。”《晉書・輿服志》：“漢世著鞶囊者，側在腰間，或謂之旁囊，或謂之綬囊。然則以紫囊盛綬也。或盛或散，各有其時。”在班固的書信中曾提到若干種高級鞶囊，如“虎頭金鞶囊”、“虎頭繡鞶囊”等[34]。東漢末年的沂南畫像石中刻出了它們的形象（圖 10-14）。但如果把印和綬都塞在囊裏，那就難以識別佩帶者的身份了。《漢書・朱買臣傳》說他拜為會稽太守後，“衣故衣，懷其印綬，步歸郡邸。直上計時，會稽吏方相與群飲，不視買臣。買臣入室中，守邸與共食，食且飽，少見其綬，守邸怪之，前引其綬，視其印，‘會稽太守章’也”。群吏於是大驚，擠在中庭拜謁。將印綬顯露出來之後，原先被認為免職賦閒、等於一介平民的朱買臣，一下子就變成了威風凜凜的大官。

漢代一官必有一印，一印則隨一綬。《漢書・酷吏傳》記漢武帝敕責楊僕說：“將軍請乘傳行塞，因用歸家，懷銀、黃，垂三組，誇鄉里。”顏注：“銀，銀印也；黃，金印也。僕為主爵都尉，又為樓船將軍，並將梁侯；三印故三組也。組，印綬也。”《後漢書・張奐傳》說：“吾前後仕進，十要銀艾。”銀指銀印，艾指綠綬，十腰謂其歷十官。張奐只有銀印艾綬，那是因為他的官還不夠大。漢代的丞相、列侯、太尉、大司馬、御史大夫、太傅、太師、太保、前後左右將軍均佩金印紫綬，那就更加煊赫了。漢代的官印並不太大，即《漢書・嚴助傳》所謂“方寸之印，丈二之組”。自實物觀察，一般不超過 2.5 厘米見方。

漢綬的織法，依《續漢書・輿服志》說：“凡先合單紡為一系，四系為一扶，五扶為一首，五首成一文，文采淳為一圭。首多者系細，少者系粗。

◎圖 10-14　沂南畫像石中

佩戴虎頭鞶囊的武士（囊旁露出一段綬）

◎圖 10-15　齊王向鍾離春授綬（武氏祠畫像石）

皆廣尺六寸。”首指經縷而言。《說文》絩字下引《漢律》：“綺絲數謂之絩，布謂之總（即緵、升），綬謂之首。”一首合 20 糸；皇帝的綬為 500 首，得 10000 糸。綬的幅寬為 1.6 漢尺，合 36.8 厘米，則每厘米有經糸 271.7 根。這個數字很大，因為現代普通棉布每厘米僅有經紗 25.2 根，所以綬的織法應為多重組織，即是包含若干層裏經的提花織物。

漢代佩綬的情況在山東濟寧武氏祠畫像石中表現得很清楚。這裏的歷史故事部分中出現的帝王或官僚，腰下各有一段垂下復摺起的大帶子。黃帝、顓頊、帝嚳、堯、舜、桀、齊桓公、管仲、吳王、秦王、韓王、藺相如、范且等都有，禹因為戴笠執臿作農民打扮，所以沒有這種帶子。公孫杵臼、何饋等無官職者，雖著衣冠，卻也無此帶。因知這種帶子就是綬。尤其是齊王與鍾離春那一節，故事的結局是齊王冊鍾為后。畫面上的齊王正將王后的印綬授給鍾，她則端立恭受（**圖 10-15**）。方寸之印固然不容易表現，但綬卻刻畫得極清楚，其織紋和王身上佩帶的綬完全一致。過去曾有人認為這幅畫上的齊王“右袖披物如帨巾”，那是因為當時沒有把綬認出來的緣故[35]。《隋書·禮儀志》說還有一種小雙綬，“間施三玉環”。施環之綬在江蘇睢寧雙溝漢畫像石和晉·顧愷之《列女傳圖》中都能見到（**圖 10-16**），則此類綬的出現亦不晚於東漢。

但是這一套懷金紆紫的堂堂“漢官威儀”，卻受到了初看起來與之風馬牛不相及的另一種事物的衝擊而退下了歷史舞台，這就是紙的應用。自東漢以來，紙在書寫領域中的地位日益重要。東漢末年，東萊一帶已能生產質地優良的左伯紙。東晉·范寧說：“土紙不可作文書，皆令用藤、角（即穀）紙。”[36] 可見紙在這時已取簡牘的地位而代之。而漢代的官印原本是用於簡牘緘封時押印封泥的。紙流行開來以後，印藉朱色蓋在紙上。這樣就擺脫了填泥之檢槽的面積的限制，於是印愈來愈大。南齊“永興郡印”，5 厘米見方；隋“廣納府印”，5.6 厘米見方。這麼大的印已不便佩帶，所以《隋書·禮儀志》說：“璽，今文曰印。又並歸官府，身不自佩。”既然不佩印，綬也就無所附麗，

◎圖 10-16　施玉環的綬（江蘇睢寧漢畫像石）

失掉了存在的意義。

與此同時，我國服裝史上又有一種新制度興起，這就是品官服色的制定。原先在漢代，文官都穿黑色的衣服，它的傳統已很久遠。《荀子·富國篇》說戰國時“諸侯玄裷衣冕”。秦自以為得水德，衣服尚黑。漢因秦制，仍尚“袀玄之色”。《漢書·文帝紀》說文帝“身衣弋綈”，可見皇帝平常穿黑色衣服；而《漢書·張安世傳》說“安世身衣弋綈”，則大臣也穿黑色衣服，其他文官亦不例外。如《漢書·蕭望之傳》說：“敞備皂衣二十餘年。”顏注引如淳曰：“雖有五時服，至朝皆著皂衣。”《論衡·衡材篇》：“吏衣黑衣。”《獨斷》：“公卿、尚書衣皂而朝者曰朝臣。”河北望都 1 號漢墓壁畫中官員的服色正是如此。黑衣既然通乎上下，所以從顏色上無法分辨大官小官。北周時，才有所謂“品色衣”出現。《隋書·禮儀志》說：“大象二年下詔，天台近侍及宿衛之官，皆著五色衣，以錦、綺、繢、繡為緣，名曰‘品色衣’。”但北周品色衣的使用範圍小，其制度亦莫能詳徵。隋大業六年，“詔從駕涉遠者，文武官皆戎衣，貴賤異等，雜用五色。五品以上通著紫袍，六品以下兼用緋、綠”[37]。從這時起，歷唐、宋、元、明各代，原則上就都採用這一制度了。

唐代品官的服色，據《隋唐嘉話》說：“舊官人所服，唯黃、紫二色而已。貞觀中，始令三品以上服紫。”其後雖然三品以下官員的服色屢有變動，但唐代三品以上之官始終服紫。其所謂紫，指青紫色。龍朔三年，司禮少常伯孫茂道奏稱：“深青亂紫，非卑品所服。”[38]就是因為深青與青紫容易相混的緣故。敦煌莫高窟 130 窟壁畫中，榜題“朝議大夫、使持節都督晉昌郡諸軍事、守晉昌郡太守、兼墨離軍使、賜紫、金魚袋、上柱國樂庭瑰供養”一像，所著自當是紫袍。但壁畫年久，袍泛青色，所以潘潔茲先生乃說他“穿藍袍”[39]；也正是由於“深青亂紫”之故。紫袍上並應織出花紋。《唐會要》卷三二載，節度使袍上的花紋為鶻銜綬帶，觀察使的為雁銜儀委（即瑞草）。不過當時的袍料皆為生織（先織後染）的本色花綾，所以在壁畫上就難以表現這些細節了。

唐代的高官還要佩魚符。原來隋開皇十五年時，京官五品以上已有佩銅魚符之制，唐代沿襲了這一制度而又與瑞應說相附會。唐·張鷟《耳目記》說，唐“以鯉為符瑞，為銅魚符以佩之”。視玄宗時兩度禁捕鯉魚[40]，則此說不為無因。隨身魚符之用，本為出入宮廷時防止發生詐偽等事故而設。《新唐書·車服志》：“高宗給五品以上隨身魚、銀袋，以防召命之詐，出內必合之。三品以上金飾袋。”盛魚符之袋名魚袋，飾以金者名金魚袋，本有其實際用途。高宗頒發的魚符只給五品以上官員，本人去職或亡歿，魚符便須收繳。但永徽五年（654 年）時又規定：“恩榮所加，本緣品命，帶魚之法，事彰要重。豈可生平在官，用為褒飾，才正亡歿，便即追收？尋其終始，情不可忍。自今以後，五品以上有薨亡者，其隨身魚不須追收。”[41]於是魚符遂失其本義。武則天垂拱二年（686 年）以後，地方上的都督、刺史亦准京官帶魚。外官遠離禁闕，本無須佩帶出入宮廷的隨身魚，讓他們也佩魚袋，反映出此物已成為高官的一種褒飾了。天授二年以後，品卑不足以服紫者還可

◎圖 10-17　魚袋

① 乾縣唐 · 李賢墓壁畫中的佩魚袋者

② 莫高窟 156 窟晚唐壁畫中的佩魚袋者

③ 魚袋（據《倭漢三才圖會》）

1　　2

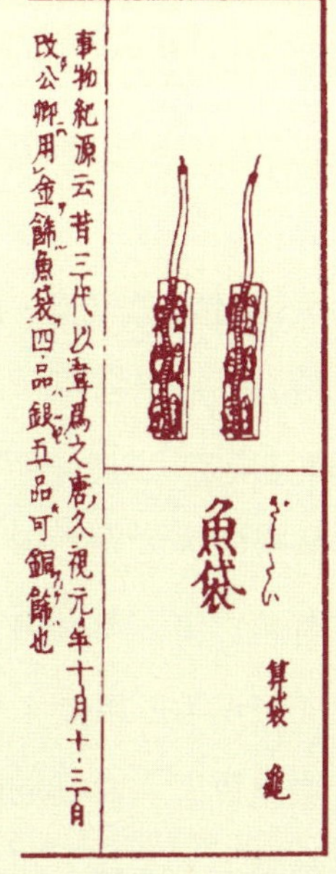

魚袋

算袋　龜

事物紀源云昔三代以韋爲之唐久視元年十月十三日改公卿用金飾魚袋四品銀五品可銅飾也

3

以借紫，同時一並借魚袋。開元時，“百官賞緋、紫，必兼魚袋，謂之章服。當時服朱紫佩魚者眾矣”[42]。這時魚袋還成為褒賞軍功之物。《冊府元龜》卷六〇：靈武、和戎各軍“各封賞金魚袋五十枚，並委軍將臨時行賞”。日本藤井有鄰館藏新疆出土的北庭都護府第 32 號文書：“〔首缺〕斬賊首一，獲馬一匹……右使注殊功第壹等，賞緋、魚袋。”這是一份敘勳文書，此人即因戰功獲緋袍、銀魚袋。濫賞之餘，魚袋已成徒具形式之物。宋以後，魚袋之制漸湮。宋・程大昌《演繁露》卷六說：“本朝……所給魚袋，特存遺制，以為品服之別耳。其飾魚者，因以為文；而革韋之中，不復有契，但以木楦滿充其中，人亦不復能明其何用何象也。”又說：“黑韋方直附身者，始是唐世所用以儲魚符者。”其所狀與日本奈良正倉院所藏實物及日本正德二年（1712年）成書的《倭漢三才圖會》卷二六中所繪魚袋圖像均相符合（**圖 10-17：3**）。從而可知乾縣唐章懷太子李賢墓、莫高窟 108、156 窟等處壁畫中男像腰間佩帶的長方形、頂面有連續拱形突起物的小囊匣就是魚袋（**圖 10-17：1、2**）。同時也發現傳世的《凌煙閣功臣像》拓片及《文苑圖》等繪畫中，也有佩魚袋者。在宋代，雖然文獻仍提及此物，但圖像中未見其例。出入宮禁時，北宋是驗門符、銅契；南渡以後，改用絹號。降至明、清，則已經很少有人認識魚袋了。

由於在我國歷史上，唐代以前與以後的“金紫”的區別如此之大，所以讀史者不可不察。如《魏書・袁翻傳》載翻上表請“以安南（安南將軍）、尚書（度支尚書）換一金紫”。而《新唐書・李泌傳》說泌“入議國事，出陪輿輦。眾指曰：‘著黃者聖人，著白者山人。’帝聞，因賜金紫”。前一事發生在品官服色之制尚未成立之前，所指當是金印紫綬；後一事發生在此制久行之後，所指自然是紫袍和金魚袋了。

注釋

1 李學勤：《東周與秦代文明》頁 29，文物出版社，1984 年。

2 《漢書．匈奴傳．上》。

3 《史記》此語含有追敘的意味，或與漢代習慣的說法相混。"三國"指秦、趙、燕。秦拒匈奴，有《秦本紀》惠文君更元七年"韓、趙、魏、燕、齊帥匈奴共攻秦"之記事可證。但趙自武靈王時，"北破林胡、樓煩，築長城，自代並陰山下，至高闕為塞"。惠文王二十六年，又取東胡歐代地，可知趙所拒為三胡。燕將秦開"襲破走東胡，卻千餘里。……築長城，自造陽至襄平"。燕所拒者則為東胡。因戰國時匈奴的勢力尚未坐大，所以內蒙古發掘的戰國墓，不易明確判斷哪些是匈奴墓。如，杭錦旗的阿魯柴登、準格爾旗的玉隆太與速機溝等地的戰國墓或屬林胡；烏蘭察布盟涼城毛慶溝戰國墓則可能屬樓煩。

4 西周銅人頭，見慶陽地區博物館：《甘肅寧縣焦村西溝出土的一座西周墓》，《考古與文物》1989 年第 6 期。秦圉人俑，見秦俑坑考古隊：《秦始皇陵東側馬廄坑鑽探清理簡報》，《考古與文物》1980 年第 4 期；趙康民：《秦始皇陵東側發現五座馬廄坑》，《考古與文物》1983 年第 5 期；程學華：《始皇陵東側又發現馬廄坑》，《考古與文物》1985 年第 2 期。西漢石俑見《滿城漢墓發掘報告》下冊，圖版 184。

5 如《續通考．禮考六》論元代服制時說："其髮或打辮，或打紗練，唯庶民椎髻。"但此處所說的椎髻與漢代的式樣全然不同。

6 中國科學院考古研究所：《灃西發掘報告》頁 138–140，文物出版社，1963 年。

7 河南信陽地區文管會、光山縣文管會：《春秋早期黃君孟夫婦墓發掘報告》，《考古》1984 年第 4 期。

8 此從葬坑的發掘情況，見咸陽市博物館：《漢安陵的勘查及其陪葬墓中的彩繪陶俑》，《考古》1981 年第 5 期。

9 夏曾佑：《中國古代史》頁 427，三聯書店，1955 年（此書約寫成於 1920 年前後）。王國維：《觀堂集林》卷一三《西胡續考》，1923 年。

10 黃文弼：《論匈奴族之起源》（《邊政公論》卷 2，第 3–5 合期，1943 年）謂："《晉書．載記》又稱胡羯為高鼻多鬚者何耶？余疑高鼻多鬚，非必專指匈奴人。《晉書．石季龍載記》稱：'閔宣示內外六夷，敢稱兵仗者斬之。胡人或斬關或逾城而出者，不可勝數。'則所謂'胡'，乃泛指'六夷'之人也。"縱如其說，亦不能將胡羯排除在高鼻多鬚者之外。

11 潘其風、韓康信：《內蒙古桃紅巴拉古墓和青海大通匈奴墓人骨的研究》，《考古》1984 年第 4 期。

12 田廣金、郭素新：《鄂爾多斯式青銅器》，文物出版社，1986 年。

13 潘其風、韓康信：《內蒙古桃紅巴拉古墓和青海大通匈奴墓人骨的研究》，《考古》1984 年第 4 期。

14 亦鄰真：《中國北方民族與蒙古族族源》，《元史論集》，人民出版社，1984 年。

15 見注 10 所揭文。

16 孝堂山者，見羅哲文：《孝堂山郭氏墓石祠》，《文物》1961 年第 4、5 期合刊。兩城山者，見山東省博物館、山東省文物考古研究所：《山東漢畫像石選集》圖版 7，圖 13，齊魯書社，1982 年。

17 《史記．鄒陽列傳》裴駰集解引。

18 前者見梅原末治：《蒙古ノイン・ウラ發見の遺物》頁 50-60，東京，1960 年；後者見《滿城漢墓發掘報告》上冊，頁 69-72，文物出版社，1980 年。

19 長治銅人，見《新中國的考古發現與研究》圖版 86：2，文物出版社，1984 年。斯德哥爾摩與納爾遜美術館所藏銅人，見林巳奈夫：《春秋戰國時代の金人と玉人》插圖 9、17，載《戰國時代出土文物の研究》，京都，1985 年。

20 麥高文：《中亞古國史》章巽譯本，頁 57，中華書局，1958 年。

21 《後漢書．南匈奴傳》說："單于脫帽徒跣，對龐雄等陳道死罪，於是赦之。"這是因為他久居塞內，襲用漢禮之故，並非匈奴本俗。

22 李學勤：《新出青銅器研究．考古發現與東周王都》，文物出版社，1990 年。

23 國家文物局古文獻研究室大通上孫家寨漢簡整理小組：《大通上孫家寨漢簡釋文》，《文物》1981 年第 2 期。陳公柔、徐元邦、曹延尊、格桑本： 《青海大通馬良墓出土漢簡的整理與研究》，《考古學集刊》第 5 集，1987 年。

24 陝西省文物管理委員會、咸陽市博物館：《陝西省咸陽市楊家灣出土大批西漢彩繪陶俑》，《文物》1966 年第 3 期。陝西省文管會等：《咸陽楊家灣漢墓發掘簡報》，《文物》1977 年第 10 期。

25 陝西省文物管理委員會、咸陽市博物館：《陝西省咸陽市楊家灣出土大批西漢彩繪陶俑》，《文物》1966 年第 3 期。陝西省文管會等：《咸陽楊家灣漢墓發掘簡報》，《文物》1977 年第 10 期。

26 郭寶鈞：《山彪鎮與琉璃閣》，科學出版社，1959 年。山西省考古研究所等：《山西省潞城縣潞河戰國墓》，《文物》1986 年第 6 期。

27 徐州博物館：《徐州獅子山兵馬俑坑第一次發掘簡報》，《文物》1986 年第 12 期。徐州博物館、南京大學歷史系考古專業：《徐州北洞山西漢墓發掘簡報》，《文物》1988 年第 2 期。

28 如東魏．趙胡仁墓出土俑，見《考古》1977 年第 6 期，頁 393。

29 《全唐詩》七函六冊。

30 《史記．蔡澤列傳》。

31 《史記．項羽本紀》。

32 《漢書．王莽傳下》。

33 《三國志．魏志．呂布傳》裴注引《英雄記》。

34 《太平御覽》卷四七八、六八八。

35 容庚：《武梁祠畫像錄》，哈佛燕京學社，1946 年。

36 《北堂書鈔》卷一〇四。

37 《舊唐書．輿服志》。

38 《舊唐書．輿服志》。

39 潘潔茲：《敦煌的故事》頁 47，中國青年出版社，1961 年。

40 《舊唐書．玄宗紀》開元三年、十九年。

41 《唐會要》卷三二。

42 《新唐書．車服志》。